国立社会保障・人口問題研究所研究叢書

地域包括ケアシステム
「住み慣れた地域で老いる」社会をめざして

西村周三 監修
国立社会保障・人口問題研究所 編

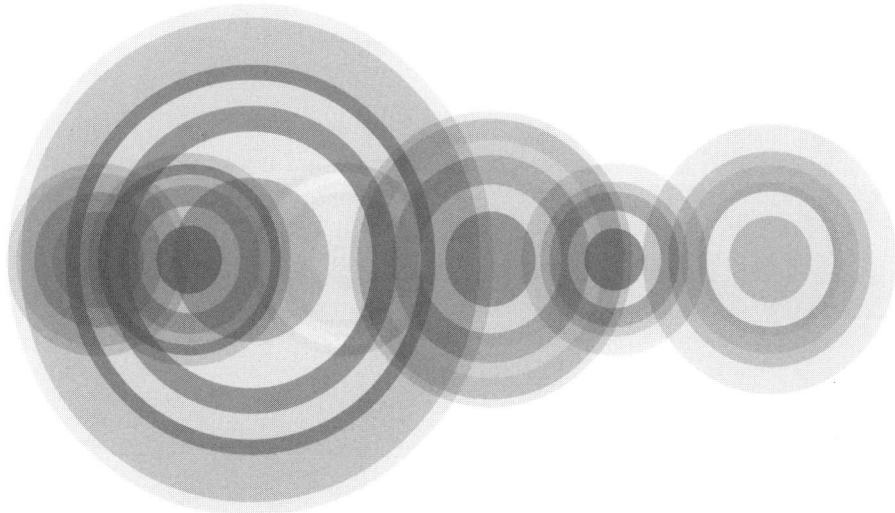

はしがき

　国立社会保障・人口問題研究所では、政府の政策の大きな課題の1つとなりつつある「地域包括ケアシステム」に関する研究を折にふれ進めてきた。また海外の動向に関しては、2008年春期号（No.162）の『海外社会保障研究』において「地域包括ケアシステムをめぐる国際的動向」と題する特集を組んだ。この概念は、同特集冒頭の髙橋紘士氏の「特集の趣旨」に示されているように、日本ではかなり長い歴史を経験している。

　しかし75歳以上の高齢者の絶対数の増加と人口減少が、ますます多くの国民に現実のものと認識されるこの時期、改めてこの課題を取り上げることが時宜を得ていると考えた。そこで、外部の有識者の強力な支援を得て、本書を世に問うことができた。最初に、多大な協力を得た外部の研究者にこの場を借りて謝辞を述べたい。

　私どもの研究所では、ほぼ毎年1冊のペースで研究叢書を公にしている。これまでの叢書では、人口問題を真正面から捉える研究はやや少なめであった。他方で、近年、日本では、社会保障研究と人口研究の相互の協力が求められるような政策課題が山積している。

　地域包括ケアは、文字どおり地域ごとに独自の展開が図られるべき政策課題であり、特に地域ごとの人口数、高齢者数の現状と将来推計を基礎に展開される必要がある。本書は類書と比べて、このような人口の推移にも特段の配慮をしている。このような問題意識に立つ研究の嚆矢の1つであると確信している。

　本書はいま1つの特徴を持つと考えている。「地域」という概念についての考察である。地域という言葉は、きわめて多様に用いられている現状があり、学問分野が異なると、微妙に異なることも多くの人々に認識されている。

これを統一することに意味があるとは思わないが、異なる専門分野の多数の研究者が協力した本書では、「地域」の意味について考える機会を提供できていると自負している。

　さらに本書の執筆者には、（現在は研究職に就いている人を含め）広く国や地方の行政の現場に関わってきた、あるいは関わりつつある人々が多く含まれている。現場からの報告と政策立案の場との有機的な連携を目指す研究叢書ではないかと考えている。

　もとよりこのテーマは、刻々変化を遂げている内容のものであり、最新の動向の報告であるという自負はあるものの、数年先にはやや陳腐化する内容が生まれるかもしれない。しかしながら、タイミングとしては、おそらく現在が、今後の大きな政策の具体化のための、転換点ではないかと理解している。このことも意識しながら一読願えれば幸いである。

国立社会保障・人口問題研究所
所長　西村　周三

目 次

はしがき　*iii*

序章　地域包括ケア──国際的視角から ……………………… 西村　周三　*1*
　1　地域包括ケアと Ageing in Place　*1*
　2　Ageing in Place 研究の動向　*2*

第1部　日本の人口動態と社会保障への影響

第1章　人口構造と世帯構成の変化 …………………………… 鈴木　透　*9*
　1　はじめに　*9*
　2　人口高齢化とその都道府県格差　*9*
　3　市区町村別将来人口推計からみた高齢化　*15*
　4　高齢者の居住状態の地域構造　*17*

第2章　医療・介護サービスへの影響 ………………………… 西村　周三　*27*
　1　はじめに　*27*
　2　地域ごとの人口構造、世帯構造の変化　*30*
　　（1）地域のとらえ方　*30*
　　（2）今後の高齢化の地域ごとの特徴　*31*
　3　地域包括ケアを踏まえた今後の医療・介護　*34*
　　（1）計画 vs. 競争　*34*
　　（2）利用者視点への転換はいかにして可能か？
　　　　──地域の多様性の視点　*36*
　　（3）ICT 活用への期待　*38*
　4　地域機能の維持──人材確保と財源　*41*

第3章　社会保障財政および個人負担への影響

……………… 金子　能宏　47

1　はじめに　47
2　社会保障の給付と負担——日本と先進諸国の動向　48
3　医療保険・介護保険の給付と負担の推移　52
   （1）医療保険の給付費の推移　52
   （2）介護保険の給付費の推移　53
   （3）医療保険の財源構成と国庫負担の推移　55
   （4）介護保険の財源構成と国庫負担の推移　58
4　少子高齢化が社会保障財政に及ぼす影響
   ——世代別にみた給付と負担への影響　60
   （1）世代間の給付と負担の関係を測る方法——世代会計　60
   （2）人口動態の社会保障負担への影響——世代別の影響　61
5　社会保険料・租税負担の公平性——負担の現状と逆進性緩和の方策　65
6　まとめと今後の課題　67

第2部　社会保障・税一体改革と地域包括ケア

第4章　医療・介護制度の展開と社会保障・税一体改革

……………… 岩渕　豊　73

1　医療・介護制度の展開と社会保障財政　73
   （1）社会保障の機能強化　73
   （2）医療・介護政策の新たな展開　74
2　社会保障・税一体改革　76
   （1）持続可能な社会保障制度構築と安定財源の確保　76
   （2）社会保障・税一体改革大綱　81
3　2012年度診療報酬・介護報酬同時改定　84
   （1）2012年度診療報酬改定　84
   （2）2012年度介護報酬改定　86
4　今後の展開と課題　89

第5章　地域包括ケアにおける自助、互助、共助、公助の関係
.... 髙橋　紘士　97

1　共助と公助——介護保険法と老人福祉法　97
2　介護保険の制度原理　99
3　自助、互助、共助、公助のパラダイムの意義　102
4　低所得者から生活困難層へ——自助と互助の喪失への対応　104
5　生活困難層への支援モデル確立へ　108

第6章　地域包括ケアの前提となる住宅確保にかかる政策的課題
.... 白川　泰之　113

1　はじめに　113
2　住宅確保にかかる政策の限界　114
3　政策展開の方向性　115
　(1)　憲法第25条と住宅　115
　(2)　低所得者型かアフォーダビリティ向上型か　116
　(3)　現物給付と現金給付　117
4　住宅手当をめぐる論点　118
　(1)　誰に保障をするのか　118
　(2)　どの水準を保障するのか　119
　(3)　他の給付との関係　120
5　むすび　121

第3部　各サービス供給の現状と諸課題

第7章　在宅医療の現状・理念・課題 .... 島崎　謙治　127

1　はじめに　127
2　在宅医療の現状　128
　(1)　在宅医療の政策の動向と沿革　128
　(2)　在宅医療の普及状況　129
　(3)　家族介護の実態　130

3 在宅医療の理念　*132*
      (1) 患者中心の医療と在宅医療　*132*
      (2) 個人の意思の尊重と憲法上の根拠　*133*
      (3) 在宅医療の本質　*134*
      (4) 在宅医療の定義と地域包括ケアとの関係　*135*
    4 在宅医療の課題　*137*
      (1) 国民の意識からみた在宅医療の阻害要因　*137*
      (2) 在宅医療が進まない本質的な理由　*140*
      (3) 在宅医療を進めるための制度的な政策課題　*142*
    5 おわりに　*145*

第8章　介護予防とリハビリテーションの現状と課題
　　　　　　　　　　　　　　　………………備酒 伸彦　*149*
    1 はじめに　*149*
    2 高齢者の障害概念の変遷（時代とともに変わるケア）　*149*
    3 生活期にある高齢者の機能および機能低下の特徴　*151*
      (1) 成長と老化のベクトル　*151*
      (2) 予備力の少なさへの備え　*152*
    4 介護予防の観点からみた現在のケアサービスの問題点　*153*
      (1) 何のための介護予防事業か（手段なのか目的なのか）　*153*
      (2) 介護職の意欲に関する問題　*154*
      (3) 人レベルのケアを実現するために
          （普通の暮らしを支援するケア）　*158*
      (4) 人としてのケアを実現するために（生活機能≠身体機能）　*159*
    5 おわりに　*160*

第9章　サービス付き高齢者向け住宅と生活支援サービス
................三浦　研・落合　明美　163

1　はじめに　163
2　高齢者向け住まいの整備状況　164
　（1）サービス付き高齢者向け住宅創設の背景　164
　（2）サービス付き高齢者向け住宅の登録情報の分析　166
　（3）分析結果からみた現状と課題の整理　170
3　サービス付き高齢者向け住宅における生活支援サービス　173
　（1）生活支援サービスの実態と課題　173
　（2）生活支援サービスの提供および実施状況　174
　（3）生活支援サービスの提供主体　175
　（4）生活支援サービスの費用の支払い方法　175
　（5）利潤を生みにくい生活支援サービスの実態　177
　（6）ハードから浮かび上がる課題1──狭い住戸面積　179
　（7）ハードから浮かび上がる課題2──行政指導のあり方　180
4　高齢者が多数集住する団地や地域の課題　181
　（1）高齢者が多数集住する団地や地域における訪問介護の実態　182
　（2）高齢者が多数集住する団地や地域におけるシミュレーション　183
　（3）地域全体をマネジメントする視点の必要性　188

第10章　退院支援／退院時ケアマネジメントの現状・課題と改善策
──要介護高齢者の退院後のADL向上の観点から
................川越　雅弘　191

1　はじめに　191
2　退院支援／退院時ケアマネジメントとは──用語の操作的定義　193
　（1）退院支援とは　193
　（2）退院支援の流れ　193
　（3）退院支援／退院時ケアマネジメントの定義──用語の操作的定義　194
3　退院支援／退院時ケアマネジメントの現状と課題
──退院事例調査から　195
　（1）回答者（介護支援専門員）の基礎資格　196

(2) 入院の状況　*196*

           (3) 退院支援プロセス　*197*

           (4) まとめ　*198*

       4　訪問リハの新規導入要因分析
           ——リハの継続性を確保するための介入ポイントとは　*199*

           (1) 独立変数として分析に用いた変数名　*199*

           (2) 分析方法　*200*

           (3) 結果　*201*

           (4) まとめ　*202*

       5　多職種協働ケアマネジメントの効果評価　*203*

           (1) 調査方法　*203*

           (2) 結果　*204*

           (3) まとめ　*207*

       6　退院支援／退院時ケアマネジメントの質向上に向けて　*209*

           (1) 病院スタッフと介護支援専門員間の具体的な連携方法を提示する　*209*

           (2) 退院後の多職種による課題認識
               ／ケア方針策定のプロセスを強化する　*211*

       7　おわりに　*211*

第4部　財源／利用者負担からみた持続可能性

第11章　2025年の医療・介護費用試算と高齢者世帯の家計
                                        ……………… 山本　克也　*217*

       1　はじめに　*217*

       2　医療・介護費用の試算　*218*

       3　医療・介護費用が高齢者家計に与える影響　*225*

           (1) 年金額の試算方法　*225*

           (2) 年金の試算結果と世帯の作成　*227*

           (3) 高齢者世帯の可処分所得の試算　*229*

           (4) 夫婦世帯と医療・介護支出　*231*

       4　おわりに　*236*

第12章　都道府県別推計年金可処分所得からみた医療・介護の負担能力 …………………… 山本 克也　241

1　はじめに　241
2　年金試算の先行研究　242
3　都道府県別医療・介護費用、年金受給額の試算　243
　（1）医療・介護保険料の試算　243
　（2）厚生年金保険の受給額の試算　244
　（3）高齢者世帯の推計年金可処分所得の試算　249
4　試算の結果と評価　254
5　おわりに　257

第5部　地域包括ケアの先行事例

第13章　民間・行政のコラボレーションによる地域包括ケア
　　　　──住まいと連続的ケアの連携事例 ………………… 小山　剛　263

1　地域に対する取り組みと気づき　263
2　地域包括ケア、サポートセンターへの道　265
　（1）短期入所生活介護　265
　（2）訪問介護　265
　（3）通所介護　266
　（4）訪問看護　268
　（5）配食サービス　269
　（6）認知症対応型共同生活介護　269
　（7）バリアフリー住宅　269
　（8）健康の駅　270
　（9）小規模多機能型居宅介護　271
　（10）サテライト型居住施設　272
3　民間・行政のコラボレーション　274

第14章　長寿社会のまちづくりプロジェクト
　　　　――千葉県柏市豊四季地域の事例 ………………… 松本　直樹　279

1　柏市豊四季台地域高齢社会総合研究会発足の背景　279
　（1）柏市の高齢化の現状と将来推計　279
　（2）豊四季台地域の現状と課題　280
　（3）研究会の発足と目指すべき方向性　280

2　在宅医療の推進　281
　（1）在宅医療の必要性　281
　（2）行政としての役割　284
　（3）在宅医療推進のための取り組み　286

3　高齢者の住まいと医療・介護サービスの組み合わせ　290
4　高齢者の生きがい就労の創設　291
5　おわりに　292

第15章　高齢化の課題解決プロセスと日常生活圏域ニーズ調査
　　　　――大分県臼杵市の事例 ……………………………… 西岡　隆　293

1　はじめに　293
2　臼杵市の高齢化の現状と今後の見通し　293
3　高齢者が抱える課題の抽出と地域のつながりを重視した取り組み
　　事例　297
　（1）高齢者が抱える日常生活上の課題の抽出
　　　――日常生活圏域ニーズ調査を用いて　297
　（2）大学、医師会、行政、そして地域が連携した"認知症対策"　300
　（3）「安心生活お守りキット」の普及　303
　（4）「地域振興協議会」の設置　305
4　持続可能な地域づくりと豊かな老後生活　307

終章　地域包括ケアの将来展望
……………金子 能宏・川越 雅弘・西村 周三　*311*

1. はじめに　*311*
2. 財源の確保　*311*
3. 地域包括ケア提供体制構築上の課題とは　*313*
    - (1) 地域包括ケア提供体制の構築が求められる背景とは　*313*
    - (2) 地域包括ケア提供体制構築上の課題
        ——在宅生活の継続性の確保に向けて　*313*
4. 高齢者は変われるか？
    ——参加型地域包括ケアシステムに向けて　*316*

索引　*319*

図表一覧

第1章

表1-1　日本人口の高齢化　*10*
表1-2　65歳以上・75歳以上割合の都道府県別順位　*12*
表1-3　2005〜2025年の65歳以上・75歳以上割合増分の都道府県別順位　*13*
表1-4　2005〜2025年65歳以上割合増分に対する重回帰分析　*14*
表1-5　2005〜2025年75歳以上割合増分に対する重回帰分析　*15*
表1-6　市区町村別65歳以上・75歳以上割合の記述統計　*16*
表1-7　市区町村別65歳以上・75歳以上割合の増分（2005〜2025年）の記述統計　*17*
表1-8　地域ブロック別、独居・近居・遠居の割合（2005年）　*20*
表1-9　地域ブロック別、独居・近居・遠居の割合（2025年）　*21*
付表1-1　都道府県別、年齢（4区分）別人口（2005年、2025年）　*23*
付表1-2　都道府県別、年齢（4区分）別割合（2005年、2025年）　*24*
付表1-3　都道府県別、近居子の有無別、65歳以上独居人口　*25*
付表1-4　都道府県別、近居子の有無別、65歳以上独居人口割合　*26*

第2章

図2-1　都道府県別人口比較（2010年→2025年）　*32*
図2-2　年齢別にみたがん患者数推計値および予測値　*40*
図2-3　性・年齢階級別にみた65歳以上人口に占める介護給付受給者数の割合　*43*

第3章

図3-1　社会保障給付費の部門別推移　*50*
図3-2　政策分野別社会支出の構成割合の国際比較（2009年度）　*51*
図3-3　介護保険制度の仕組み　*54*
図3-4　制度別医療費にかかる国庫負担額の推移　*56*
図3-5　国の一般歳出に占める医療費国庫負担額の割合　*57*
図3-6　2005年の介護保険改正の基本的な視点と主な内容　*60*

表 3-1　社会支出と国民負担率の国際比較（2009 年度）　　*49*
表 3-2　世代別にみた給付と負担の比較（世代会計による推計結果の比較）　　*63*
表 3-3　租税関数と社会保険料関数の推定結果　　*67*

第 4 章
図 4-1　介護サービスの基盤強化のための介護保険法等の一部を改正する法律（平成 23 年法律第 72 号）の概要　　*77*
図 4-2　医療・介護機能再編の方向性イメージ　　*79*
図 4-3　2012 年度診療報酬改定の概要　　*85*
図 4-4　2012 年度介護報酬改定の概要　　*87*
図 4-5　社会保障制度改革推進法（平成 24 年法律第 64 号）（抄）　　*91*
表 4-1　改革シナリオにおける主な充実、重点化・効率化要素（2025 年）　　*80*

第 5 章
図 5-1　地域包括ケアの考え方　　*105*
表 5-1　自助、互助、共助、公助の関係　　*108*

第 7 章
図 7-1　在宅医療推進の阻害要因　　*137*
図 7-2　疾患別の死に至るパターンの相違　　*139*
図 7-3　病院・施設等の将来像のイメージ　　*144*

第 8 章
図 8-1　身体機能の成長と老化のイメージ図　　*152*
図 8-2　あなた自身が介護される場合どこで介護を受けたいですか　　*156*
図 8-3　あなた自身が最期を迎える場所としてどこを選びますか　　*156*
図 8-4　勤務している施設の介護について　　*157*
図 8-5　自分自身の介護について　　*157*
図 8-6　生活機能の構成要素とその関係　　*159*
表 8-1　介護に関する意識調査対象　　*155*
写真 8-1　退院翌日に庭先に座る高齢者の姿　　*150*

写真 8-2　高齢者ケアの現場・さまざまな高齢者像　*153*
写真 8-3　運動機能特化型デイサービスセンター　*154*
写真 8-4　スウェーデンのグループホームの食事風景　*158*

第 9 章
図 9-1　身体状況と経済状況からみた高齢者向け住まいの位置づけ　*165*
図 9-2　高齢者向け住まいの戸数・定員数　*165*
図 9-3　サービス付き高齢者向け住宅（高専賃）登録戸数推移　*167*
図 9-4　主な業種（N = 2,072 件）　*168*
図 9-5　住宅戸数（N = 2,065 件）　*168*
図 9-6　併設施設の種類（複数回答、N = 2,065 件）　*169*
図 9-7　専用部分の床面積（N = 65,647 戸）　*169*
図 9-8　月額家賃（N = 65,647 戸）　*170*
図 9-9　収支計画の考え方　*172*
図 9-10　事前に行った市場調査・ニーズ把握（複数回答）　*172*
図 9-11　生活支援サービスの採算と赤字の場合の補塡状況　*177*
図 9-12　訪問介護の提供方法の違い　*182*
図 9-13　現行のモデル団地におけるホームヘルプの実態（○印は 30 分以内の空き時間）　*184*
図 9-14　自立者・要支援のホームヘルプの時間を一部変更した場合（○印は 30 分以内の空き時間）　*186*
図 9-15　全員のホームヘルプの時間を一部変更した場合（○印は 30 分以内の空き時間）　*186*
図 9-16　ホームヘルプ間の空き時間（○印は 30 分以内の空き時間）に加えて、前後 15 分（●印）を活用した場合　*187*
図 9-17　地域包括支援センターを中核とする集住型ケアマネジメントのイメージ　*189*
表 9-1　提供される高齢者生活支援サービス（N = 2,065 件）　*169*
表 9-2　併設施設の有無（N = 2,065 件）　*169*
表 9-3　住戸内設備の整備状況（N = 65,647 戸）　*169*
表 9-4　共同利用設備の設置状況（N = 2,065 件）　*170*
表 9-5　高専賃・住宅型有料の生活支援サービスの実施の有無等　*176*

表 9-6　生活支援サービスを提供する職員の兼務状況　　178
表 9-7　訪問介護職員による生活支援サービスの実施　　178
表 9-8　南芦屋浜団地の概要　　183

第 10 章

図 10-1　退院支援／退院時ケアマネジメントの流れと用語の定義　　195
図 10-2　病床種類別にみた退院時 CC への職種別参加率　　198
図 10-3　ADL およびリハ導入の必要性に関する評価票（記入例）　　205
表 10-1　入院原因疾患　　196
表 10-2　多重ロジスティック回帰分析結果　　202
表 10-3　本人属性に関するベースライン比較　　206
表 10-4　各指標の経時変化の 2 群間比較　　208
表 10-5　リハサービス導入率／内容別リハ導入率の経時変化　　209

第 11 章

図 11-1　厚労省の医療費試算の変遷　　220
図 11-2　賃金プロファイル（産業計・企業規模計）　　227
図 11-3　年金所得階級別月の推計年金可処分所得と消費支出の散布図（夫婦世帯）　　232
図 11-4　年金所得階級別月の推計年金可処分所得と消費支出の散布図（単身世帯）　　236
表 11-1　2012 年 3 月試算の結果（現状投影ケース）　　224
表 11-2　厚生年金支給額の試算（男女別）　　228
表 11-3　厚生年金支給額の試算（夫婦世帯）　　229
表 11-4　推計年金可処分所得の試算（夫婦世帯）　　233
表 11-5　推計年金可処分所得の試算（遺族世帯）　　234
表 11-6　推計年金可処分所得の試算（単身世帯）　　235

第 12 章

図 12-1　都道府県別国民健康保険料の推移　　244
図 12-2　都道府県の賃金、賞与格差と年金格差　　245
図 12-3　厚生年金受給額の推移（65〜74 歳）　　248

図12-4　夫婦世帯の推計年金可処分所得と消費支出　*254*
図12-5　単身世帯の推計年金可処分所得と消費支出　*256*
図12-6　ベンチマーク推計の都道府県名（参考）　*258*
表12-1　都道府県別推計年金可処分所得の値（2025年）　*250*
表12-2　遺族世帯の推計年金可処分所得（2025年）　*252*
表12-3　単身世帯の推計年金可処分所得（2025年）　*253*

第13章

図13-1　IT機器活用の連絡・訪問・活動内容報告・証明のシステム　*267*
図13-2　利用料出来高負担から定額制への移行　*267*
図13-3　健康の駅ながおか　*271*
図13-4　サテライト施設のモデル　*273*
図13-5　地域包括ケアシステム　*274*
図13-6　地域包括ケアと包括報酬の提案　*275*
図13-7　地域包括ケア（複合サービス）の地域展開　*276*

第14章

図14-1　柏市の人口グラフ　*282*
図14-2　在宅医療に関する患者の希望と現状　*283*
図14-3　在宅介護に関する利用者の希望　*284*

第15章

図15-1　臼杵市の人口および年齢構成の見通し　*295*
図15-2　我が国の人口および年齢構成の見通し　*296*
図15-3　地域別にみた臼杵市の高齢化　*296*
図15-4　日常生活圏域ニーズ調査に基づく基本チェックリスト得点の相対度数分布　*299*
図15-5　認知症地域資源マップ　*303*
図15-6　安心生活お守りキットの普及の状況　*305*
図15-7　あらゆる関係機関が連携し市民を見守る仕組み　*306*
図15-8　高齢期の暮らしの課題と課題解決プロセス　*308*

序章

地域包括ケア
──国際的視角から

西村 周三

1　地域包括ケアと Ageing in Place

　Ageing in Place という言葉がある。意訳すると「住み慣れた地域で老いる」とでも言うのが適切であろうか。この言葉はすでに1990年代から世界の多くの国々で、一種の合い言葉のようになっているが、これが日本においては「地域包括ケア」という言葉とほぼ同義であると多くの研究者が指摘している。この言葉の内実は、各国によってかなり異なり、また注目度も異なっているので、日本の「地域包括ケア」とまったく同じことをイメージすることが適切かどうかはわからない。

　本書は日本の「地域包括ケア」を扱うが、これに先立つ問題提起として、やや広い視角から類似のテーマの世界の研究動向などをみておきたい。Ageing in Place には施設や病院に入居、入院して老後の大部分を過ごすのではなく、住み慣れた地域で老いていくほうが幸せなのだというニュアンスだけは共通している。特に、この言葉に「in Late Life」という言葉が時に追加されることからもわかるように、終末期に近い時期を指すこともある。

　こういった議論の背後で、経済的費用という観点から、多数の高齢者を施設などでケアしていくことが難しいから、こういったことが行政によって喧伝されるといううがった見方もある。しかしやはり本来の発想は、住み慣れ

た地域で老いていくということこそが、高齢者たちの幸せにつながるという基本理念であろう。ただし、このケアのあり方は、富裕層にとってのあり方というより、多数の中所得以下の人々、貧困層の高齢者などをイメージして議論することが政策上の重要課題であることは言うまでもない。事実、国によっては低所得者への住宅提供という発想が強く出る概念であることもある。

以下、世界の動向を簡単にサーベイしよう。といっても以下に述べるように、世界で同種の政策や研究は、ここ最近、急速に質量の両面で大きく展開しつつあるので、海外の状況の紹介だけで、1冊の著作ができる。したがって本章は、そのほんの触りを紹介するにすぎないことをお断りしておく。

またそもそもの用語——地域包括ケアと Ageing in Place との違い——が違うのであるから、本書が取り上げる内容とまったく同じものの海外でのサーベイでもない。考えようによっては、むしろ日本における用語法の発想のほうが、豊かな内容を含意するとも受け取れる。しかし海外との異同を知ることで本書の位置づけが明確になるとも思われるので、あえて紹介しようというわけである。

2　Ageing in Place 研究の動向

最近、学術誌 *Journal of Ageing Research* において、このトピックの論文の特集が編集された[1]。その論文の1つとして、(英文で) 公刊されたこのトピックの論文が、近年国際的にいかに増加しているかを示すサーベイが掲載された (Vasunilashorn et al., 2012)。

これによると、Ageing in Place というトピックは1980年代頃から学術誌に取り上げられるようになったが、その後2000年代に入って急増し、2000年代前半には年平均25本程度、後半には年平均で50本ほどになっている。

このサーベイでは種類別の検討はあまりなされていないが、筆者が同特集をチェックした印象では、少なくとも次のような課題が重要視されている。以下の諸章の本書の分析ではあまり取り上げられていないテーマを中心に紹介する。

1つは認知症の人々のケアをどこで行うべきかである。それは、自宅か

施設のどちらが適切かという問題ではなくて、どの段階からどこでどのようなケアを行うかという課題である。認知症は、発症するよりももっと早い段階から、これに対する予防を行うことが重要であるという主張は、ほぼ常識となりつつあるが、このことを踏まえて、早期発見の努力にとどまらず、症状自体が発生しにくい環境がどのようなものであるかの研究も進められている。しかもそれは医学的要因以外の、居住や人間関係にまつわる話としてのそれである。

このトピックは、高齢者の所得や生活水準とは関係なく訪れる課題であるので、低所得者対策とは切り離して議論されるべきである。

次に、高齢者の「孤独」をいかに捉えるかという課題についても多数の研究が積み重ねられてきた。最もイメージしやすい孤独は、1つの住居に1人の高齢者が居住し、そこで発生する「孤独」であろうが、言うまでもなく、独居＝孤独ではない。近隣との接触があるかどうかが孤独かどうかを左右するし、また逆に、たとえ独居でなくても、孤独ということもありうる。

さらに言えば、あるいはそもそも他の人たちとの接触がないこと自体が問題なのかということも問われるべきであろう。いずれにせよ、これらの課題は近年単身の高齢者が急増するに伴い、次に述べる政策課題との関連で、研究の進展が著しい分野である。

政策課題として Ageing in Place が謳われている国の数も急増している。上記のサーベイによれば、少なくとも、スウェーデン、イギリス、日本、ニュージーランド、オーストラリア、アメリカ合衆国、マレーシア、中国、台湾などの国・地域で、政策課題としてこれが取り上げられている（2012年末現在）。まさに国際的な課題となりつつあると言える。

ただこの際注意したいのは、各国ごとに、たとえば人口密度が異なるので、比較的密度が高く集住している地域でのあり方と、オーストラリアの一部の地域のように、日本のイメージからすれば多数の地域が過疎地であるような地域での議論はかなり異なる。

また、特に根拠を示す論文に基づくわけではないが、日本では、一般的には、健康な間は、たとえば1人1人の高齢者が単独で個々の住宅で生活することには問題はないが、障害を持つに至ってからは、何らかのケアができ

る場所での生活が好ましいと考える人が多いのではないだろうか？

　しかし世界の政策の動向をみると、ことはそれほど単純ではないことがわかる。まず一般的には人々は、特に強調されなければ、認知症になってから、あるいは障害を持ってから対応を考える。しかしながら、たとえば認知症は、早期発見と初期での適切な対応が、その後の症状の進み具合を大きく左右すると言われる。しかもその対応は、単に医学的な診断技術の高さにとどまらず、初期段階で、どのような地域に居住するか、近隣との人間関係がどうかも、その後を左右する大きな要因となる。

　このことから推測すれば、比較的元気な間に、家族のみならず、近隣住民との人間関係をいかに円滑にしておくかが肝要である。しかしながら、よほどきめの細かい政策がなされないと、一般的に高齢者にこの種の対応を期待することは難しい。

　さらに言えば、「認知症になったときに困るから、事前に近隣住民と仲良くしておきなさい」などと強制的なことを言ってよいものかという倫理的な問題があるわけである。

　いまひとつ、日本で必ずや大きな深刻な問題となることはほぼ確実であるにもかかわらず、あまり注目されていない課題は、特に貧困者、あるいは急速に貧困化する可能性のある高齢者に対して、どのような地域包括ケアを行うべきかという課題である。住宅政策こそが地域包括ケアのコアであると主張する論者も少なくない。

　日本は持家率が高い一方、公営住宅の占める割合が低い。他方で、人々は高齢化とともに、所得を失ったり、年金給付額が少なかったりして、老後に貧困化する可能性の高い人々も多い。この場合、もともと公営住宅に居住する人々に対するケアについての政策の選択肢はかえって、持家居住者に対するよりも単純である。持家を処分するかどうかの手数がないからである。しかし持家を有していながら、貧困化した場合に、どの程度の利用者負担などを求めるかという新たな問題が発生する。

　しかも単に経済的負担にとどまらず、処分のタイミングなどに関する心理的負担も大きい。さらに、一戸建の場合とマンションとでも問題のあり方は異なる。とりわけ大都市部で超高齢化が進むと予想される現在、おそらくこ

の問題は近い将来大きな社会的問題を生む。ストックとしての資産は一定額有するが、フローとしての収入が少ない人々へのケアを、その保有資産額とは関係なく、社会的に保障していくという財政的余裕はなくなるかもしれない。これに対して、いまから論点を整理することが望まれる。

　この問題は、残念ながら本書の視野を超えている。そして所得分配のあり方などが異なる他国の状況は、必ずしも直接的には参考にならないが、貧困高齢者対策という観点からの視点は、今後の日本の地域包括ケアのありかたにとって避けて通れない課題であり、この問題への取り組みに関しては諸外国の実情を学ぶことも有益であろう[2]。

注
　1)　この内容の概略については、同誌の Fange, Oswald and Clemson (2012) のエディトリアルの記述を参照。
　2)　この点の参考文献の一例として、Heumann and Boldy (1993) を挙げておく。

参考文献

Fange, Agneta Malgren, Frank Oswald and Lindy Clemson (2012) "Ageing in Place in Late Life : Theory, Methodology, and Intervention," *Journal of Ageing Research*, Vol. 2012, Article ID 547562, pp. 1 - 2.

Heumann, Leonard F. and Duncan P. Boldy (1993) *Ageing in Place with Dignity : International Solutions Relating to the Low-Income and Frail Elderly*, Praeger Publishers.

Vasunilashorn, Sarinnapha, Bernarad A. Steinman, Phoebe S. Liebig and Jon Pynos (2012) "Ageing in Place : Evolution of a Research Topic Whose Time Has Come," *Journal of Ageing Research*, Vol. 2012, Article ID 120952, pp. 1 - 6.

第1部　日本の人口動態と社会保障への影響

第 1 章

人口構造と世帯構成の変化

鈴木　透

1　はじめに

　本章では国立社会保障・人口問題研究所の各種推計にもとづき、人口高齢化と高齢者の世帯・居住状態の地域パターンを叙述する。このうち2010年国勢調査を出発点とした新推計は全国の将来人口推計（国立社会保障・人口問題研究所、2012a）だけで、それ以外はいずれも2005年国勢調査を出発点とするものである。地域別将来人口推計については、本章執筆時点で2010年国勢調査を出発点とする新推計が進行中で、地域別世帯推計もいずれ更新される予定である。本章で示した結果のうち、たとえば高齢化やその速度に関する地域ランキングなどは、両推計の間である程度の変動が予想される。しかしより大局的な地域パターンや、各変動因の相対的影響力はより安定的と考えられ、新推計でも同じ結論になるものが多いだろう。なお、本章に示された結果には、統計法第32条にもとづき調査票情報を二次利用したものが含まれている。

2　人口高齢化とその都道府県格差

　国立社会保障・人口問題研究所の全国の将来人口推計（国立社会保障・人

表 1-1　日本人口の高齢化

(千人、％)

	2010 年		2025 年	
総人口	128,057	(100.0)	120,659	(100.0)
0〜14 歳	16,839	(13.1)	13,240	(11.0)
15〜64 歳	81,735	(63.8)	70,845	(58.7)
65 歳以上	29,484	(23.0)	36,573	(30.3)
65〜69 歳	8,272	(6.5)	7,072	(5.9)
70〜74 歳	7,018	(5.5)	7,716	(6.4)
75〜79 歳	5,992	(4.7)	8,397	(7.0)
80〜84 歳	4,376	(3.4)	6,027	(5.0)
85〜89 歳	2,454	(1.9)	4,057	(3.4)
90〜94 歳	1,029	(0.8)	2,298	(1.9)
95〜99 歳	298	(0.2)	833	(0.7)
100 歳以上	44	(0.0)	174	(0.1)

出所：国立社会保障・人口問題研究所（2012）より作成。

口問題研究所、2012a）は2010年国勢調査を出発点とし、女子の年齢別出生率、男女の年齢別死亡率、男女の年齢別入国超過率の将来仮定値にもとづくコーホート要因法によって行われた。方法の詳細は報告書を参照されたい。

表1-1は2010年から2025年にかけての、年齢構造の変化を示したものである。これによると65歳以上割合は2010年の23.0％から2025年には30.3％まで上昇すると予測されている。老年従属人口指数＝65歳以上／15〜64歳は2010年の36.1％から2025年には51.6％まで上昇し、2人の生産年齢人口が1人の高齢者を支える構造になる。老年化指数＝65歳以上／0〜14歳は2010年の1.75から2025年には2.76となり、高齢人口が年少人口の3倍に迫るという予想である。

1940年代後半生まれの戦後ベビーブーム・コーホート（団塊の世代）は2010年に60〜64歳であり、2015年に65〜69歳となってこの年齢階級のピークをもたらす。それ以後は65〜69歳人口は減少に転じ、2025年には2010年の827万人から707万人へと、14.5％の減少が見込まれる。このコーホートは2025年に75〜79歳であり、この年齢階級は2010〜2025年に40.1％の増加が見込まれる。ちなみに80〜84歳人口の増加率は37.7％である。しか

し85〜89歳は65.3％、90〜94歳は123.3％、95〜99歳は179.4％、100歳以上に至っては294.7％の増加が予想されている。これらの年齢層の増加は、出生時の規模よりは死亡率低下が大きく作用するものと考えられる。このため65歳以上人口内部での高齢化はますます進み、たとえば65歳以上に占める75歳以上の割合は2010年の48.1％から2025年には59.6％となる。65歳以上に占める85歳以上の割合は、2010年の13.0％から、2025年には20.1％となる。

　国立社会保障・人口問題研究所の都道府県別将来人口推計（国立社会保障・人口問題研究所、2007）は、2005年国勢調査を出発点とし、女子の年齢（5歳階級）別出生率、男女の年齢（5歳階級）別死亡率、男女の年齢（5歳階級）別純移動率の将来仮定値にもとづくコーホート要因法による。方法の詳細は報告書を参照されたい。

　このようにして得られた都道府県別の年齢（4区分）別人口および割合を、付表1-1、1-2に示した。表1-2は2005年と2025年の65歳以上および75歳以上割合をソートして示したものである。人口高齢化が著しい過疎県は、秋田・山形・岩手といった東北地方から、島根・山口のような中国地方、高知・徳島といった四国地方、鹿児島・大分のような九州地方まで広く分布している。後にみる高齢者の居住状態と異なり、高齢化の度合いには際立った東西差はみられない。高齢化の度合いが小さいのは、関東から東海・近畿（和歌山を除く）にかけての大都市圏周辺部と、沖縄県である。

　表1-3には2005〜2025年の増分が大きい順にソートした結果を示した。この期間に高齢化が急速に進むのは、まず埼玉・千葉・奈良・大阪といった大都市圏である。ただし愛知県の高齢化速度はさほど急速ではなく、東京都は非常に緩慢なので、都市的な地域ほど急速に高齢化するというわけではない。また2005年に最も高齢化していた島根県の今後の高齢化速度は緩慢だが、秋田・青森・長崎・宮崎のようにすでに高齢化が進んだ過疎県でも急速な高齢化が予想されており、過疎県で今後の高齢化の余地が小さいとも言えない。

　ここでは高齢化速度の差異を説明するため、初歩的な重回帰分析を試みる。従属変数は表1-3に示した2005〜2025年の65歳以上・75歳以上割合の増分とする。高齢化の速度を左右しうる要因として、まず考えられるのは

表 1-2　65 歳以上・75 歳以上割合の都道府県別順位

(%)

順位	65 歳以上割合 2005 年	65 歳以上割合 2025 年	75 歳以上割合 2005 年	75 歳以上割合 2025 年
1	島根 (27.1)	秋田 (38.7)	島根 (14.1)	秋田 (22.4)
2	秋田 (26.9)	島根 (36.2)	高知 (13.4)	山口 (22.2)
3	高知 (25.9)	山口 (36.0)	秋田 (12.9)	高知 (22.0)
4	山形 (25.5)	高知 (35.8)	山形 (12.9)	島根 (21.9)
5	山口 (25.0)	和歌山 (35.4)	鹿児島 (12.6)	和歌山 (21.6)
6	鹿児島 (24.8)	岩手 (35.0)	鳥取 (12.4)	富山 (21.1)
7	岩手 (24.6)	宮崎 (35.0)	山口 (12.2)	愛媛 (20.7)
8	徳島 (24.4)	青森 (34.9)	長野 (12.1)	香川 (20.6)
9	大分 (24.3)	長崎 (34.8)	徳島 (12.1)	徳島 (20.5)
10	和歌山 (24.1)	徳島 (34.7)	大分 (11.9)	岩手 (20.3)
11	鳥取 (24.1)	愛媛 (34.7)	熊本 (11.9)	奈良 (20.3)
12	愛媛 (24.0)	山形 (34.5)	愛媛 (11.8)	大分 (20.2)
13	新潟 (23.9)	大分 (34.3)	新潟 (11.8)	新潟 (20.1)
14	長野 (23.8)	新潟 (34.2)	岩手 (11.6)	北海道 (20.1)
15	熊本 (23.8)	北海道 (34.0)	和歌山 (11.6)	宮崎 (20.1)
16	長崎 (23.6)	香川 (33.9)	香川 (11.6)	長野 (20.0)
17	宮崎 (23.5)	鹿児島 (33.8)	長崎 (11.6)	長崎 (19.9)
18	香川 (23.3)	富山 (33.8)	富山 (11.4)	青森 (19.9)
19	富山 (23.3)	熊本 (33.5)	宮崎 (11.3)	山形 (19.8)
20	青森 (22.7)	奈良 (33.2)	福井 (11.3)	岡山 (19.4)
21	福島 (22.7)	鳥取 (33.0)	佐賀 (11.3)	石川 (19.4)
22	佐賀 (22.6)	福島 (32.9)	福島 (11.1)	広島 (19.4)
23	福井 (22.6)	長野 (32.8)	岡山 (10.9)	熊本 (19.3)
24	岡山 (22.5)	佐賀 (32.2)	山梨 (10.9)	鳥取 (19.3)
25	山梨 (21.9)	茨城 (31.9)	石川 (10.3)	福井 (18.9)
26	三重 (21.5)	広島 (31.8)	青森 (10.2)	鹿児島 (18.8)
27	北海道 (21.5)	石川 (31.8)	広島 (10.1)	静岡 (18.8)
28	岐阜 (21.0)	福井 (31.8)	三重 (10.0)	兵庫 (18.7)
29	広島 (21.0)	岡山 (31.8)	群馬 (9.8)	岐阜 (18.7)
30	石川 (20.9)	山梨 (31.7)	北海道 (9.7)	京都 (18.6)
31	群馬 (20.6)	静岡 (31.6)	岐阜 (9.7)	大阪 (18.6)
32	静岡 (20.6)	群馬 (31.1)	静岡 (9.4)	山梨 (18.6)
33	京都 (20.2)	岐阜 (31.1)	宮城 (9.3)	群馬 (18.5)
34	宮城 (20.0)	兵庫 (30.9)	京都 (9.2)	三重 (18.4)
35	奈良 (20.0)	三重 (30.8)	福岡 (9.2)	茨城 (18.4)
36	兵庫 (19.9)	宮城 (30.7)	栃木 (9.1)	福島 (18.3)
37	福岡 (19.9)	栃木 (30.6)	茨城 (9.0)	佐賀 (18.3)
38	栃木 (19.4)	千葉 (30.3)	奈良 (8.9)	千葉 (18.3)
39	茨城 (19.4)	福岡 (30.1)	兵庫 (8.8)	埼玉 (17.8)
40	大阪 (18.7)	京都 (29.9)	滋賀 (8.5)	福岡 (17.5)
41	東京 (18.5)	大阪 (29.7)	東京 (7.9)	宮城 (17.3)
42	滋賀 (18.1)	埼玉 (29.7)	大阪 (7.4)	栃木 (17.1)
43	千葉 (17.6)	神奈川 (27.3)	愛知 (7.2)	神奈川 (16.5)
44	愛知 (17.3)	滋賀 (27.2)	沖縄 (7.1)	愛知 (16.2)
45	神奈川 (16.9)	愛知 (26.5)	千葉 (7.1)	滋賀 (15.8)
46	埼玉 (16.4)	東京 (26.3)	神奈川 (6.8)	東京 (15.8)
47	沖縄 (16.1)	沖縄 (24.7)	埼玉 (6.3)	沖縄 (12.6)

出所：国立社会保障・人口問題研究所（2007）より作成。

表1-3 2005～2025年の65歳以上・75歳以上割合増分の都道府県別順位

(%ポイント)

順位	65歳以上割合	75歳以上割合	順位	65歳以上割合	75歳以上割合
1	埼玉 (13.25)	埼玉 (11.51)	25	神奈川 (10.36)	高知 (8.62)
2	奈良 (13.20)	奈良 (11.37)	26	福岡 (10.26)	岡山 (8.47)
3	千葉 (12.74)	大阪 (11.22)	27	新潟 (10.23)	徳島 (8.44)
4	茨城 (12.57)	千葉 (11.16)	28	福島 (10.16)	三重 (8.42)
5	北海道 (12.52)	北海道 (10.41)	29	岐阜 (10.07)	長崎 (8.36)
6	青森 (12.19)	山口 (10.00)	30	大分 (10.01)	大分 (8.35)
7	秋田 (11.74)	和歌山 (9.93)	31	高知 (9.90)	福岡 (8.34)
8	宮崎 (11.51)	兵庫 (9.91)	32	山梨 (9.76)	新潟 (8.25)
9	和歌山 (11.28)	青森 (9.76)	33	熊本 (9.74)	宮城 (8.06)
10	栃木 (11.21)	富山 (9.68)	34	京都 (9.71)	栃木 (8.02)
11	長崎 (11.20)	神奈川 (9.65)	35	佐賀 (9.58)	東京 (7.89)
12	大阪 (11.07)	秋田 (9.49)	36	岡山 (9.29)	長野 (7.82)
13	静岡 (10.98)	京都 (9.47)	37	三重 (9.27)	島根 (7.78)
14	兵庫 (10.96)	静岡 (9.44)	38	福井 (9.17)	山梨 (7.70)
15	山口 (10.94)	茨城 (9.42)	39	愛知 (9.17)	福井 (7.53)
16	広島 (10.87)	広島 (9.32)	40	滋賀 (9.16)	熊本 (7.45)
17	石川 (10.87)	石川 (9.15)	41	島根 (9.06)	滋賀 (7.36)
18	宮城 (10.73)	岐阜 (9.07)	42	鹿児島 (9.06)	福島 (7.17)
19	愛媛 (10.66)	香川 (8.99)	43	長野 (9.05)	佐賀 (6.97)
20	香川 (10.59)	愛媛 (8.88)	44	山形 (8.97)	山形 (6.90)
21	群馬 (10.54)	宮崎 (8.73)	45	鳥取 (8.96)	鳥取 (6.88)
22	富山 (10.52)	愛知 (8.68)	46	沖縄 (8.63)	鹿児島 (6.28)
23	岩手 (10.39)	群馬 (8.66)	47	東京 (7.78)	沖縄 (5.41)
24	徳島 (10.38)	岩手 (8.64)			

出所：国立社会保障・人口問題研究所（2007）より作成。

2005年時点の年齢構造である。過去の人口動態によって、2005年時点の45～64歳／0～44歳比が大きければ、2025年の65～84歳／20～64歳比が大きくなり、したがって65歳以上割合の増分も大きくなるだろう。75歳以上割合の増分の説明変数としては、2005年時点の55～74歳／0～54歳人口比を投入した。

その他の要因は、各都道府県の2005年または2005～2010年の人口動態に

表1-4　2005〜2025年65歳以上割合増分に対する重回帰分析

	b	t
45〜64歳／0〜44歳人口比（2005年）	-0.039	-0.97
純移動率の合計（期首0〜59歳）	-6.787	-5.10**
純移動率の合計（期首60歳以上）	25.238	3.54**
合計出生率（2005年）	-5.510	-4.39**
平均寿命、男女平均（2005年）	-0.275	-0.96
切片	40.568	1.71
決定係数	R^2	F
	0.6169	13.2**

注：** $p<0.01$
　　$b \to$ 偏回帰係数、$t \to t$ 値、$R^2 \to$ 決定係数、$F \to F$ 値

関するものである。出生率が低い都道府県は自然増加率、ひいては人口増加率が低くなり、したがって人口高齢化も急速に進むことになるだろう。そこで2005年時点の合計出生率をモデルに加えた。死亡率が低いと高齢者の生存率の高さを通じて高齢化を促進する可能性があるので、2005年時点の平均寿命（男女平均）をモデルに加えた。ただし低い死亡率は人口増加率を引き上げ高齢化を抑止する効果もあるため、死亡率の影響は限定的と考えられる。期首60歳未満の純移動率が低く、60歳以上の純移動率が高ければ、期末の65歳以上割合を押し上げる効果を持つだろう。そこで都道府県別将来人口推計で用いた2005〜2010年における60歳未満の純移動率の合計と、60歳以上の純移動率の合計をそれぞれモデルに投入した。75歳以上割合の増分の説明には、70歳未満と70歳以上の純移動率の合計をそれぞれ用いた。

表1-4は65歳以上割合、表1-5は75歳以上割合の増分に対する重回帰分析の結果である。これによると2005年初期人口の影響は有意でなく、高齢化速度の差は2005年以降の人口動態率によって生じている。純移動率の効果はいずれも有意で、予想どおり高齢者の純移動率が高いと高齢化は加速され、高齢者以外の純移動率が高いと高齢化は減速される。出生率の効果も有意で、予想どおり出生率が低い都道府県で高齢化の速度が速い。死亡率の効果はいずれも有意でなく、65歳以上と75歳以上では符号が逆で、影響の方向も曖昧である。結局のところ、表1-3で今後急速な高齢化が予想され

表1-5　2005～2025年75歳以上割合増分に対する重回帰分析

	b	t
55～74歳／0～54歳人口比（2005年）	0.056	1.38
純移動率の合計（期首0～69歳）	−3.693	−3.16[**]
純移動率の合計（期首70歳以上）	30.045	3.70[**]
合計出生率（2005年）	−7.378	−5.52[**]
平均寿命、男女平均（2005年）	0.105	0.39
切片	6.064	0.28
決定係数	R^2	F
	0.6915	18.38[**]

注：[**] $p<0.01$

る道府県は、出生率が低いか、高齢者の流入が多いか、高齢者以外の流出が多いかのうち、1つ以上の要因が影響していると考えられる。

3　市区町村別将来人口推計からみた高齢化

　国立社会保障・人口問題研究所（2008）は2005年国勢調査を出発点とし、全国の1782市町村と東京23区を合わせ、全部で1805市区町村の男女・5歳階級別人口を、2005～2035年の期間について将来推計している。推計方法は都道府県別推計と同じく、純移動率を用いたコーホート要因法による。詳細については、報告書を参照されたい。

　表1-6に市区町村別65歳以上・75歳以上割合の記述統計を示した。ここでは東京23区は市部と合わせて「市区」に含めた。過疎化を反映して、高齢化の度合いは市区、町、村の順に高くなっている。2025年には2005年に比べ、市区と町の差が拡大し、町と村の差は縮小する。

　2005年の65歳以上割合の全国値は付表1-2にみるように20.2%だが、市区町村別割合の平均は25.0%である。これは人口規模が小さい町村部が市区と同じウェイトを与えられることによる。同様に2025年の65歳以上割合の全国値は30.5%だが、市区町村別割合の平均は36.4%となっている。2005～2025年の間に、標準偏差は7.0から7.5へ、レンジは44.9から50.4へと拡

表1-6　市区町村別65歳以上・75歳以上割合の記述統計

			全体	市区	町	村
65歳以上 (%)	2005年	平均	25.0	22.2	26.7	29.9
		標準偏差	7.0	5.3	7.0	8.4
		最小	8.5	9.2	10.5	8.5
		最大	53.4	39.7	51.8	53.4
	2025年	平均	36.4	33.4	38.7	39.3
		標準偏差	7.5	5.8	7.5	8.7
		最小	17.4	19.8	18.1	17.4
		最大	67.9	51.5	67.9	65.9
75歳以上 (%)	2005年	平均	12.4	10.5	13.4	15.8
		標準偏差	4.5	3.4	4.4	5.2
		最小	3.2	3.2	3.6	3.8
		最大	31.1	20.3	29.9	31.1
	2025年	平均	21.8	19.9	23.3	23.4
		標準偏差	5.4	3.9	5.6	7.1
		最小	5.7	10.1	9.7	5.7
		最大	47.8	33.4	47.8	46.2

出所：国立社会保障・人口問題研究所（2008）より作成。

大し、地域格差が拡大することがわかる。市区、町、村のグループ内でも格差の拡大が予想されている。

　75歳以上割合は、2005年には全国値9.1％に対し市区町村平均は12.4％、2025年には全国値18.2％に対し市区町村平均は21.8％となる。65歳以上割合と同様、標準偏差でみてもレンジでみても2005～2025年の間に地域格差の拡大が進む。特に市区に比べ町村部内での格差拡大が著しい。

　表1-7には65歳以上および75歳以上割合の2005～2025年の増分の記述統計を示した。付表1-2でみると65歳以上割合の増分の全国値は30.5－20.2＝10.3％ポイントだが、市区町村別増分の平均は11.4％ポイントとなる。最も増加が著しいのは町部の12.0％ポイントで、村部はかえって若返りが予想される村があるなど多様性が著しく、平均では9.4％ポイントの増加にとどまると予想された。ちなみに2005～2025年に65歳以上割合がむしろ低下すると予想されたのは、沖縄県粟国村（－1.16％ポイント）と長野県王滝村（－0.22％ポイント）である。逆に65歳以上割合が最も急速に上昇すると予想

表 1-7　市区町村別 65 歳以上・75 歳以上割合の増分（2005～2025 年）の記述統計

		全体	市区	町	村
65 歳以上 （％ポイント）	平均	11.4	11.2	12.0	9.4
	標準偏差	3.2	2.6	3.2	4.2
	最小	-1.2	3.5	0.5	-1.2
	最大	29.1	21.7	29.1	22.5
75 歳以上 （％ポイント）	平均	9.4	9.4	9.8	7.6
	標準偏差	2.8	2.3	2.9	3.8
	最小	-5.0	3.7	0.4	-5.0
	最大	22.3	17.8	22.3	19.6

出所：国立社会保障・人口問題研究所（2008）より作成。

されたのは、大阪府豊能町（29.08％ポイント）、次いで埼玉県鳩山町（27.89％ポイント）、茨城県利根町（26.55％ポイント）であった。

75 歳以上割合の増分は、全国値の 18.2－9.1＝9.1％ポイントに対し、市区町村別増分の平均は 9.4％ポイントである。65 歳以上の場合と同じく、町部で最も増加が著しく、村部は多様性が著しい。75 歳以上割合が低下すると予想されたのは、いずれも沖縄県の 7 町村（粟国村、渡名喜村、伊平屋村、伊是名村、座間味村、渡嘉敷村、竹富町）である。逆に 75 歳以上割合が最も急速に増加すると予想されたのは、65 歳以上の場合と同じく、大阪府豊能町（22.28％ポイント）、次いで埼玉県鳩山町（21.56％ポイント）、茨城県利根町（21.43％ポイント）の順だった。これらは新推計によって変動が予想される情報だが、沖縄県の島嶼部で高齢化速度が緩慢で、大都市に近い町村部で急速に進むという傾向は続くと考えられる。

4　高齢者の居住状態の地域構造

国立社会保障・人口問題研究所の都道府県別世帯推計（国立社会保障・人口問題研究所、2010）は 2005 年国勢調査を出発点とし、世帯主率法によって「単独」「夫婦のみ」「夫婦と子」「ひとり親と子」「その他」の 5 つの家族類型について、世帯主数＝世帯数を推計している。方法の詳細は、報告書を参

照されたい。

　この都道府県別世帯推計によって、たとえば世帯主が65歳以上の世帯に占める各家族類型の割合を集計することができる。しかし、これはあくまで世帯主を中心とした集計であり、そうした世帯には65歳未満の成員も含まれる反面、世帯主が65歳未満である世帯に所属する高齢者については表示されない。世帯主の年齢にかかわらず、高齢者がどのような世帯に所属しているかを示すためには、世帯推計とはまた別の推計枠組が必要となる。

　そこで国立社会保障・人口問題研究所（2012b）では、都道府県別世帯推計に依拠しつつ、それを補完する高齢者の「居住状態」に関する将来推計を行った。居住状態としてはまず「単独」「夫婦のみ」「子と同居」「その他と同居」「施設」の5類型を区別した。さらに子が同居していなくても近くに住んでいれば（近居子）一定の接触や相互扶助が成り立つことを考慮し、「単独」「夫婦のみ」の高齢者については子が近居しているか否かを考慮した推計を行った。このようにして、合計7類型の居住状態が定義されることになる。

　近居子に関する情報は2005年国勢調査からは得られないため、主な情報源は2007年国民生活基礎調査になる。同調査では「最も近くに住んでいる子の居住場所」を尋ねている。選択肢は「同一家屋」「同一敷地」「近隣地区」「同一市区町村内」「その他の地域」の5つだが、このうち「同一敷地」「近隣地区」を「近居」、「同一市区町村内」「その他の地域」を「遠居」と定義することにした。こうして得られた男女別、5歳階級別（65〜69歳から85歳以上まで5階級）、家族類型別（単独および夫婦のみの2類型）の近居割合を2005年の値とし、2010年以降は、都道府県別将来推計人口（国立社会保障・人口問題研究所、2007）における老年従属人口指数＝65歳以上人口／15〜64歳人口の変化に連動すると仮定した。

　付表1-3、1-4に65歳以上の独居者数および割合を近居子の有無別に示した。全国の65歳以上独居者は2005年の386万人から2025年には673万人に、65歳以上の独居割合は15.0％から18.5％に増える予想である。近居子がいない独居者は276万人から546万人に、割合は10.7％から15.0％に増えると予想される。

付表1-4で2005年の独居割合をみると、明らかな東西差があることがわかる。まず青森から福島までの東北6県と新潟から福井までの北陸4県は、すべて全国値（15.0％）を下回っている。茨城・栃木・群馬の北関東はいずれも12％を下回り、東北・北陸的な特徴を共有していると言えるが、南関東は12％台の埼玉・千葉と顕著に全国値を上回る東京・神奈川に分かれる。北陸および北関東と隣接する長野（10.8％）、岐阜（10.1％）、滋賀（10.3％）の東山道3県も、独居割合が特に低い地域である。このように滋賀から新潟に至る日本海側各県と、東北・北関東は、子との同居が多く独居が少ない地域となっている。

一方で九州・沖縄8県は、佐賀（11.6％）と熊本（14.0％）を除いて全国値を上回っている。中国・四国は、鳥取（11.8％）と島根（12.1％）の山陰2県を除いて14％を超えており、山陽・四国は九州・沖縄と同じく独居割合が高いと言える。したがって例外はあるが、岡山から山口に至る山陽道と四国・九州・沖縄は、子との同居が少なく独居が多い地域である。

こうした東西差に加え、東京（21.4％）、神奈川（15.2％）、京都（17.3％）、大阪（20.7％）、兵庫（17.5％）といった中核都市を抱える都府県は、顕著に独居割合が高い。ただし愛知（13.4％）は、このカテゴリーに含まれない。また北海道（17.6％）は大都市圏並みに独居割合が高く、東日本的な特徴を示さない。

表1-8は地域ブロック別に独居、近居（独居で近居子あり）、遠居（独居で近居子なし）割合を再集計したものである。中核都市圏は独居割合が高いが近居割合も高く、したがって遠居割合でみると九州・沖縄や山陽・四国との差が小さくなり、遠居割合のほうが独居割合より地域格差が緩和される傾向にある。一方東北・北陸は近居割合が顕著に低く、独居割合は低いものの遠居割合でみると全国値に近づく傾向がある。いずれも遠居割合でみた地域差を独居割合の場合より小さくするが、地域差の基本的なパターンは残る。近居子まで含めると、子との接触・支援が最も多いと思われる地域ブロックは東山道である。ただし都道府県別では、最も遠居割合が低いのは山形（6.3％）である。

表1-9は同じ再集計を2025年について試みたものである。大局的なパタ

表1-8 地域ブロック別、独居・近居・遠居の割合（2005年）

(%)

地域ブロック	都道府県	独居	近居	遠居
全国		15.0	4.3	10.7
中核都市	東京、神奈川、京都、大阪、兵庫	19.0	6.3	12.8
九州・沖縄	福岡、佐賀、長崎、熊本、大分、宮崎、鹿児島、沖縄	16.9	4.4	12.5
山陽・四国	岡山、広島、山口、徳島、香川、愛媛、高知	16.4	3.8	12.6
東北・北陸	青森、岩手、宮城、秋田、山形、福島、新潟、富山、石川、福井	10.3	1.9	8.5
北関東	茨城、栃木、群馬	10.6	2.8	7.8
東山道	長野、岐阜、滋賀	10.4	2.7	7.7
その他	北海道、埼玉、千葉、山梨、静岡、愛知、三重、奈良、和歌山、鳥取、島根	13.6	4.2	9.4

注：「近居」は独居で近居子あり、「遠居」は独居で近居子なしを表す。
出所：国立社会保障・人口問題研究所（2012b）より作成。

ーンは2005年と変わっておらず、中核都市圏では独居割合が高いが近居も多いため、遠居割合でみると地域格差は縮小する。ただし九州・沖縄や山陽・四国との差は、2005年ほどには縮小しない。東北・北陸で近居割合が顕著に低く、東山道で遠居割合が最も低いのも2005年と同じである。遠居割合が最も低いのは山形（11.1％）で、やはり2005年から変わっていない。

都道府県別独居割合の2005年と2025年の相関係数は0.9897、遠居割合は0.9919であり、基本的に2005年の地域パターンが2025年にも維持される推計になっている。

2005～2025年の独居割合の全国値は15.0％から18.5％まで増加すると推計されており、高齢化ほど劇的な変化は予想されていない。最も大きく増加する山形県でも8.1％から12.9％へ4.8％ポイントの増加である。最も増加が小さいのは、鹿児島県の1.1％ポイントである。2005年時点で独居割合が低

表1-9 地域ブロック別、独居・近居・遠居の割合（2025年）

(％)

地域ブロック	都道府県	独居	近居	遠居
全国		18.5	3.5	15.0
中核都市	東京、神奈川、京都、大阪、兵庫	22.0	4.9	17.2
九州・沖縄	福岡、佐賀、長崎、熊本、大分、宮崎、鹿児島、沖縄	19.3	3.3	16.0
山陽・四国	岡山、広島、山口、徳島、香川、愛媛、高知	19.1	3.0	16.1
東北・北陸	青森、岩手、宮城、秋田、山形、福島、新潟、富山、石川、福井	14.5	1.7	12.8
北関東	茨城、栃木、群馬	15.0	2.4	12.6
東山道	長野、岐阜、滋賀	14.7	2.6	12.1
その他	北海道、埼玉、千葉、山梨、静岡、愛知、三重、奈良、和歌山、鳥取、島根	17.4	3.4	14.0

注：「近居」は独居で近居子あり、「遠居」は独居で近居子なしを表す。
出所：国立社会保障・人口問題研究所（2012b）より作成。

い県の増加幅が大きく、独居割合が高い県の増加幅が小さい傾向がある。このため、2025年の都道府県格差は、2005年より縮小する。標準偏差でみると3.5％から2.5％へ、レンジ＝最大値－最小値でみると14.1％ポイントから11.0％ポイントへの縮小となる。

　遠居割合の全国値は、2005年の10.7％から2025年には15.0％への増加が見込まれている。やはり地域格差は縮小傾向にあり、標準偏差は2.4％から2.0％へ、レンジは9.5％ポイントから8.0％ポイントへの縮小が予想されている。

参考文献

国立社会保障・人口問題研究所（2007）『日本の都道府県別将来推計人口――平成19年

5月推計』人口問題研究資料第 316 号。
――― (2008)『日本の市区町村別将来推計人口――平成 20 年 12 月推計』人口問題研究資料第 321 号。
――― (2010)『日本の世帯数の将来推計（都道府県別推計）――2009（平成 21）年 12 月推計』人口問題研究資料第 323 号。
――― (2012a)『日本の将来推計人口――平成 24 年 1 月推計』人口問題研究資料第 326 号。
――― (2012b)『高齢者の居住状態の将来推計』所内研究報告書第 44 号。

付表1-1　都道府県別、年齢（4区分）別人口（2005年、2025年）

(千人)

	2005年					2025年				
	総計	0〜14歳	15〜64歳	65歳以上	75歳以上	総計	0〜14歳	15〜64歳	65歳以上	75歳以上
全国	127,768	17,585	84,422	25,761	11,639	119,270	11,956	70,960	36,354	21,667
北海道	5,628	720	3,701	1,207	544	4,937	441	2,819	1,678	991
青森	1,437	199	911	327	146	1,196	117	661	418	238
岩手	1,385	191	853	341	161	1,171	121	640	410	238
宮城	2,360	327	1,562	472	218	2,158	223	1,272	663	374
秋田	1,146	143	695	308	148	911	84	475	352	204
山形	1,216	167	739	310	156	1,032	111	565	356	204
福島	2,091	308	1,309	475	233	1,821	202	1,021	599	334
茨城	2,975	423	1,975	577	267	2,690	272	1,559	859	495
栃木	2,017	286	1,339	392	184	1,879	197	1,107	575	322
群馬	2,024	292	1,315	417	199	1,875	195	1,075	575	341
埼玉	7,054	989	4,905	1,160	445	6,752	641	4,106	2,005	1,203
千葉	6,056	822	4,170	1,064	430	5,879	563	3,534	1,782	1,074
東京	12,577	1,443	8,809	2,325	989	13,047	1,132	8,489	3,426	2,055
神奈川	8,792	1,190	6,115	1,487	601	8,896	843	5,628	2,426	1,466
新潟	2,431	331	1,518	582	288	2,092	211	1,167	715	420
富山	1,112	150	704	259	127	975	94	552	329	206
石川	1,174	166	762	246	121	1,053	107	611	335	204
福井	822	121	515	186	93	736	84	418	234	139
山梨	885	128	563	194	97	802	85	463	254	149
長野	2,196	317	1,357	522	267	1,941	206	1,098	637	387
岐阜	2,107	306	1,359	442	204	1,917	205	1,116	596	359
静岡	3,792	538	2,475	780	356	3,511	361	2,042	1,108	661
愛知	7,255	1,075	4,925	1,255	520	7,276	781	4,570	1,925	1,153
三重	1,867	267	1,199	401	186	1,725	182	1,013	531	317
滋賀	1,380	213	917	250	117	1,388	160	850	378	220
京都	2,648	347	1,767	534	244	2,459	247	1,478	734	459
大阪	8,817	1,219	5,953	1,645	654	8,072	792	4,881	2,399	1,505
兵庫	5,591	797	3,681	1,113	493	5,193	529	3,062	1,603	973
奈良	1,421	197	940	284	126	1,240	120	708	411	251
和歌山	1,036	143	643	250	120	846	83	464	299	182
鳥取	607	85	376	146	75	540	59	303	179	104
島根	742	101	440	201	105	622	66	331	225	136
岡山	1,957	277	1,241	440	214	1,808	193	1,041	574	351
広島	2,877	405	1,868	603	290	2,613	264	1,517	832	507
山口	1,493	197	922	374	182	1,250	123	678	450	277
徳島	810	106	507	197	98	696	68	386	242	143
香川	1,012	140	637	236	118	887	91	496	301	183
愛媛	1,468	200	915	352	174	1,260	125	699	437	261
高知	796	102	487	206	106	671	65	366	240	148
福岡	5,050	705	3,343	1,002	464	4,759	503	2,824	1,433	834
佐賀	866	132	538	196	98	775	91	434	250	142
長崎	1,479	216	914	349	171	1,255	135	683	437	250
熊本	1,842	264	1,140	438	219	1,649	184	913	552	319
大分	1,210	165	751	294	144	1,070	112	591	367	217
宮崎	1,153	169	713	271	131	1,010	112	545	353	203
鹿児島	1,753	252	1,066	435	220	1,529	174	837	518	288
沖縄	1,362	254	888	219	97	1,433	203	876	354	180

出所：国立社会保障・人口問題研究所（2007）より作成。

付表1-2　都道府県別、年齢（4区分）別割合（2005年、2025年）

(%)

	2005年					2025年				
	総計	0〜14歳	15〜64歳	65歳以上	75歳以上	総計	0〜14歳	15〜64歳	65歳以上	75歳以上
全国	100.0	12.8	65.8	21.5	9.7	100.0	8.9	57.1	34.0	20.1
北海道	100.0	12.8	65.8	21.5	9.7	100.0	8.9	57.1	34.0	20.1
青森	100.0	13.9	63.4	22.7	10.2	100.0	9.8	55.3	34.9	19.9
岩手	100.0	13.8	61.6	24.6	11.6	100.0	10.3	54.7	35.0	20.3
宮城	100.0	13.8	66.2	20.0	9.3	100.0	10.3	58.9	30.7	17.3
秋田	100.0	12.4	60.6	26.9	12.9	100.0	9.2	52.2	38.7	22.4
山形	100.0	13.7	60.8	25.5	12.9	100.0	10.8	54.7	34.5	19.8
福島	100.0	14.7	62.6	22.7	11.1	100.0	11.1	56.1	32.9	18.3
茨城	100.0	14.2	66.4	19.4	9.0	100.0	10.1	57.9	31.9	18.4
栃木	100.0	14.2	66.4	19.4	9.0	100.0	10.5	58.9	30.6	17.1
群馬	100.0	14.4	65.0	20.6	9.8	100.0	10.6	58.3	31.1	18.5
埼玉	100.0	14.0	69.5	16.4	6.3	100.0	9.5	60.8	29.7	17.8
千葉	100.0	13.6	68.9	17.6	7.1	100.0	9.6	60.1	30.3	18.3
東京	100.0	11.5	70.0	18.5	7.9	100.0	8.7	65.1	26.3	15.8
神奈川	100.0	13.5	69.6	16.9	6.8	100.0	9.5	63.3	27.3	16.5
新潟	100.0	13.6	62.4	23.9	11.8	100.0	10.1	55.8	34.2	20.1
富山	100.0	13.5	63.3	23.3	11.4	100.0	9.6	56.6	33.8	21.1
石川	100.0	14.2	64.9	20.9	10.3	100.0	10.1	58.0	31.8	19.4
福井	100.0	14.7	62.7	22.6	11.3	100.0	11.4	56.8	31.8	18.9
山梨	100.0	14.4	63.7	21.9	10.9	100.0	10.6	57.8	31.7	18.6
長野	100.0	14.4	61.8	23.8	12.1	100.0	10.6	56.6	32.8	20.0
岐阜	100.0	14.5	64.5	21.0	9.7	100.0	10.7	58.2	31.1	18.7
静岡	100.0	14.2	65.3	20.6	9.4	100.0	10.3	58.2	31.6	18.8
愛知	100.0	14.8	67.9	17.3	7.2	100.0	10.7	62.8	26.5	15.8
三重	100.0	14.3	64.2	21.5	10.0	100.0	10.5	58.7	30.8	18.4
滋賀	100.0	15.5	66.5	18.1	8.5	100.0	11.5	61.2	27.2	15.8
京都	100.0	13.1	66.7	20.2	9.2	100.0	10.1	60.1	29.9	18.7
大阪	100.0	13.8	67.5	18.7	7.4	100.0	9.8	60.5	29.7	18.6
兵庫	100.0	14.3	65.8	19.9	8.8	100.0	10.2	59.0	30.9	18.7
奈良	100.0	13.9	66.1	20.0	8.9	100.0	9.7	57.1	33.2	20.3
和歌山	100.0	13.8	62.1	24.1	11.6	100.0	9.8	54.8	35.4	21.6
鳥取	100.0	14.0	61.9	24.1	12.4	100.0	10.9	56.0	33.0	19.3
島根	100.0	13.6	59.3	27.1	14.1	100.0	10.6	53.2	36.2	21.9
岡山	100.0	14.1	63.4	22.5	10.9	100.0	10.7	57.6	31.8	19.4
広島	100.0	14.1	64.9	21.0	10.1	100.0	10.1	58.1	31.8	19.4
山口	100.0	13.2	61.8	25.0	12.2	100.0	9.8	54.2	36.0	22.2
徳島	100.0	13.1	62.6	24.4	12.1	100.0	9.8	55.5	34.7	20.5
香川	100.0	13.8	62.9	23.3	11.6	100.0	10.2	55.9	33.9	20.6
愛媛	100.0	13.7	62.4	24.0	11.8	100.0	9.9	55.4	34.7	20.7
高知	100.0	12.9	61.2	25.9	13.4	100.0	9.7	54.5	35.8	22.0
福岡	100.0	14.0	66.2	19.9	9.2	100.0	10.6	59.3	30.1	17.5
佐賀	100.0	15.2	62.1	22.6	11.3	100.0	11.8	56.0	32.2	18.3
長崎	100.0	14.6	61.8	23.6	11.6	100.0	10.8	54.4	34.8	19.9
熊本	100.0	14.3	61.9	23.8	11.9	100.0	11.2	55.3	33.5	19.3
大分	100.0	13.6	62.1	24.3	11.9	100.0	10.5	55.2	34.3	20.2
宮崎	100.0	14.7	61.8	23.5	11.3	100.0	11.0	54.0	35.0	20.1
鹿児島	100.0	14.4	60.8	24.8	12.6	100.0	11.4	54.8	33.8	18.8
沖縄	100.0	18.7	65.2	16.1	7.2	100.0	14.2	61.1	24.7	12.6

出所：国立社会保障・人口問題研究所（2007）より作成。

付表1-3 都道府県別、近居子の有無別、65歳以上独居人口

(千人)

	2005年				2025年			
	65歳以上人口	独居計	独居近居子あり	独居近居子なし	65歳以上人口	独居計	独居近居子あり	独居近居子なし
全国	25,761	3,865	1,102	2,763	36,354	6,729	1,270	5,459
北海道	1,207	212	63	149	1,678	346	63	282
青森	327	42	9	33	418	67	8	59
岩手	341	36	4	32	410	60	4	56
宮城	472	50	9	42	663	99	11	89
秋田	308	33	4	29	352	51	4	48
山形	310	25	5	20	356	46	6	39
福島	475	50	13	36	599	89	17	72
茨城	577	57	15	41	859	123	19	104
栃木	392	41	10	31	575	86	13	73
群馬	417	49	13	36	575	91	15	75
埼玉	1,160	144	64	80	2,005	338	93	244
千葉	1,064	137	44	93	1,782	304	58	245
東京	2,325	498	188	310	3,426	821	226	595
神奈川	1,487	226	67	159	2,426	462	87	375
新潟	582	53	10	43	715	98	12	86
富山	259	25	3	22	329	45	3	42
石川	246	30	6	24	335	53	7	46
福井	186	18	3	15	234	32	4	28
山梨	194	24	4	20	254	41	5	37
長野	522	56	14	42	637	96	17	79
岐阜	442	45	11	33	596	85	14	71
静岡	780	83	21	62	1,108	167	26	141
愛知	1,254	168	47	120	1,925	332	60	272
三重	401	53	16	36	531	89	20	70
滋賀	250	26	7	18	378	55	11	45
京都	534	92	28	64	734	149	30	119
大阪	1,645	341	111	230	2,399	570	118	452
兵庫	1,113	194	50	144	1,603	331	54	277
奈良	284	37	11	26	411	68	12	56
和歌山	250	43	9	34	299	60	8	52
鳥取	146	17	4	13	179	27	4	23
島根	201	24	4	21	225	34	4	31
岡山	440	63	13	50	574	101	14	87
広島	603	103	24	78	832	164	26	138
山口	374	66	13	52	450	90	12	78
徳島	197	28	7	21	242	42	7	35
香川	236	33	10	23	301	52	12	40
愛媛	352	61	16	45	437	87	14	72
高知	206	41	8	33	240	53	7	46
福岡	1,002	173	44	129	1,433	282	47	235
佐賀	196	23	4	19	250	38	4	34
長崎	349	57	11	46	437	82	10	72
熊本	438	61	12	49	552	94	12	82
大分	294	47	11	37	367	68	10	58
宮崎	271	47	14	33	353	70	15	56
鹿児島	435	97	32	65	518	120	29	92
沖縄	219	35	12	23	354	70	16	54

出所：国立社会保障・人口問題研究所（2012b）より作成。

付表1-4　都道府県別、近居子の有無別、65歳以上独居人口割合

(％)

	2005年				2025年			
	65歳以上人口	独居計	独居近居子あり	独居近居子なし	65歳以上人口	独居計	独居近居子あり	独居近居子なし
全国	100.0	15.0	4.3	10.7	100.0	18.5	3.5	15.0
北海道	100.0	17.6	5.2	12.3	100.0	20.6	3.8	16.8
青森	100.0	12.8	2.6	10.2	100.0	16.1	2.0	14.1
岩手	100.0	10.6	1.2	9.4	100.0	14.5	1.0	13.5
宮城	100.0	10.7	1.9	8.8	100.0	15.0	1.6	13.4
秋田	100.0	10.8	1.3	9.5	100.0	14.6	1.1	13.5
山形	100.0	8.1	1.7	6.3	100.0	12.9	1.8	11.1
福島	100.0	10.5	2.8	7.7	100.0	14.8	2.9	12.0
茨城	100.0	9.9	2.7	7.2	100.0	14.4	2.2	12.1
栃木	100.0	10.6	2.6	8.0	100.0	15.0	2.3	12.7
群馬	100.0	11.7	3.1	8.6	100.0	15.8	2.7	13.1
埼玉	100.0	12.4	5.5	6.9	100.0	16.8	4.7	12.2
千葉	100.0	12.9	4.2	8.7	100.0	17.1	3.3	13.8
東京	100.0	21.4	8.1	13.3	100.0	24.0	6.6	17.4
神奈川	100.0	15.2	4.5	10.7	100.0	19.0	3.6	15.5
新潟	100.0	9.1	1.7	7.5	100.0	13.7	1.7	12.0
富山	100.0	9.8	1.1	8.7	100.0	13.8	1.0	12.7
石川	100.0	12.1	2.4	9.8	100.0	15.8	2.0	13.8
福井	100.0	9.7	1.7	8.0	100.0	13.8	1.8	12.0
山梨	100.0	12.4	2.3	10.2	100.0	16.3	1.9	14.4
長野	100.0	10.8	2.7	8.1	100.0	15.1	2.7	12.4
岐阜	100.0	10.1	2.6	7.5	100.0	14.3	2.4	11.9
静岡	100.0	10.6	2.7	7.9	100.0	15.1	2.4	12.7
愛知	100.0	13.4	3.8	9.6	100.0	17.2	3.1	14.1
三重	100.0	13.2	4.1	9.1	100.0	16.8	3.7	13.1
滋賀	100.0	10.3	2.9	7.4	100.0	14.6	2.8	11.8
京都	100.0	17.3	5.3	12.0	100.0	20.3	4.1	16.1
大阪	100.0	20.7	6.7	14.0	100.0	23.8	4.9	18.8
兵庫	100.0	17.5	4.5	13.0	100.0	20.7	3.4	17.3
奈良	100.0	13.0	3.8	9.2	100.0	16.6	3.0	13.6
和歌山	100.0	17.2	3.7	13.5	100.0	20.0	2.8	17.2
鳥取	100.0	11.8	2.7	9.1	100.0	15.2	2.5	12.7
島根	100.0	12.1	1.9	10.2	100.0	15.2	1.7	13.5
岡山	100.0	14.3	2.9	11.3	100.0	17.6	2.4	15.2
広島	100.0	17.0	4.0	13.0	100.0	19.7	3.1	16.6
山口	100.0	17.6	3.6	14.0	100.0	20.0	2.7	17.3
徳島	100.0	14.2	3.5	10.7	100.0	17.2	2.8	14.4
香川	100.0	14.0	4.4	9.6	100.0	17.1	3.9	13.3
愛媛	100.0	17.3	4.5	12.9	100.0	19.8	3.3	16.5
高知	100.0	19.8	4.0	15.8	100.0	22.0	3.0	19.1
福岡	100.0	17.3	4.4	12.9	100.0	19.7	3.3	16.4
佐賀	100.0	11.6	1.8	9.8	100.0	15.0	1.6	13.4
長崎	100.0	16.3	3.2	13.1	100.0	18.7	2.2	16.5
熊本	100.0	14.0	2.7	11.3	100.0	17.1	2.3	14.8
大分	100.0	16.1	3.6	12.5	100.0	18.6	2.7	15.8
宮崎	100.0	17.5	5.3	12.2	100.0	19.9	4.1	15.8
鹿児島	100.0	22.2	7.3	14.9	100.0	23.3	5.6	17.7
沖縄	100.0	15.8	5.4	10.4	100.0	19.7	4.5	15.2

出所：国立社会保障・人口問題研究所（2012b）より作成。

第 2 章

医療・介護サービスへの影響

西村　周三

1　はじめに

　本章では、地域包括ケアシステムが、医療・介護サービスにどのような影響をもたらすかを考察する。ただし、ここでの議論は、これにとどまらず、少し視点を広げて社会全体に及ぼす影響も展望したい。そこで最初に、やや広い視点からの問題意識を述べ、次節以降で各論を述べることとしたい。

　第 1 に、地域包括ケアシステムの提唱は、いくつかの点で従来の医療・介護計画のあり方、立て方に大きな転換を迫っている。従来の「地域医療計画」や「地域福祉計画」が、施設の配置を中心に、どちらかというと提供者の視点で考えてきたのに対し、このシステムは、医療・介護サービスを受ける利用者からの視点を強く打ち出す発想が求められるからである。

　この背後には家族や地域社会の変貌がある。超高齢化や少子化が進展するのに伴い、またその結果でもある家族の世帯規模が縮小するのに伴い、医療や介護の受け方が大きく変わりつつある。かつては、人々は医療や介護の必要性を感じたとき、医療機関や福祉施設を訪問することが通例であった。多くの場合、その際には家族と相談して意思決定をしていたと思われる。ところがこの点で事態が大きく変わってきている。まず相談すべき家族がいないことが多くなり、また仮に診療やケアを受ける決断をしても、一定の時間を

かけて、病院や介護施設へ通院、通所することが困難な人々が増加しつつある。

さらに、疾病構造が変化し、施設で治療を進めるより、生活のなかで治療を進めることがより効果的である疾病が増加している。たとえば糖尿病の治療は、病院においてより、日常生活のなかでのほうが、はるかに意義がある（教育入院を行って、入院中は症状が改善しても、自宅に戻ったとたん症状が悪化することも少なくないからである）。さらに、この場合、たとえば配偶者などの協力が治療成績に大きな影響を及ぼす。そして単身者にとっては、それは期待すべくもないので、訪問看護などによる援助が重要となろう。

この例以外にも、在宅による医療やケアがそれ自体で有意義である例は枚挙にいとまがない。症状に応じてその適切さが異なることは言うまでもないが、おそらく精神的な意味での「自立心」も在宅のほうがより高まる可能性もある[1]。

このような指摘をすると、人によっては「それは贅沢な発想ではないか」と疑問に思うかもしれない。多くの患者や要介護者を1カ所に集めてケアをするほうが、1軒1軒を訪問して診療やケアをするより、はるかに費用がかからないという見方がある。これは確かに一理あるが、この点に関しては、技術の変化が、これまでの常識を変える可能性があることを指摘しておきたい。この点は後に詳しく検討する。

第2に、このシステムには、医療・介護という狭い範囲のサービスの提供のあり方にとどまらず、より広い「地域機能の維持」という観点からの期待がある。この点は、平成24年度版『厚生労働白書』における問題意識が的確な表現をしている。「地域機能を維持していくためには、産業の育成を通じて雇用機会を確保し、新たな公共等と協働しながら、地域におけるつながりを再構築するとともに、地域包括ケアの実現等によりコミュニティと連携した生活保障の基盤を構築することが重要である」（p. 207）。

地域社会に期待されていることが、雇用や所得の確保、NPO団体の活動の場の提供などにも広がっているのである[2]。この背景にも、家族形態の変貌の実態がある。たとえば、単身世帯の増加という現象は、言うまでもなく高齢者に顕著であるが、近年は若年者においても著しい。1戸1戸の世帯が

比較的大勢からなる家族の場合は、万一不測の事態があっても、また日常生活を営むうえでも、家族自体が相互扶助の機能を果たす。しかし単身者をはじめとする少数の世帯員からなる家族が多い場合には、家族間ではなく、近隣住民との相互扶助機能が見直されることが必然であろう。この点も、後にもう少し詳しく触れる。

　第3に、「地域包括ケア」の柱の1つに「住まい」が挙げられていることも意義深い。以下の点はまだ識者の間で同意が得られているわけではないが、問題提起という意味でこのことの意義を指摘しておきたい。

　従来の医療・介護サービスの提供の発想には、サービス提供にあたって、人々の住まいの変更を「誘導する」という発想はなかった。既存の住宅や住まい方を所与として、それにどのように対応するかが関心事であった。しかしながら、超高齢社会では、また少子社会では、時には発想の転換が求められる。

　たとえば独居の超高齢者にとっては、周囲と分離された一戸建てに住まうことが必ずしも適切であるとは限らなくなってきている。日本では、過去に、経済的に次第に豊かになる過程で、一戸建てを所有することが夢である時期があった。集合住宅では一定規模の私的スペースの確保が難しいがゆえに、それを選んだ場合も少なくない。

　しかしこのことは、世帯人員が少なくなってきた現在でも妥当であるとは限らない。この点は、当然個々人の価値観を基礎にして判断されるべきであるが、単身世帯や核家族世帯の場合には、高齢者どうしの相互扶助という観点から集合住宅がふさわしいことがあり、また子どもの教育という観点から、子どもを地域社会で教育する時間を増やすために共有スペースを確保することが望ましい場合もある。しかもこういった発想は、高まった女性の就業率とも適合的である。

　ただしここで言う集合住宅というのは、各戸が完全に独立したいわゆるマンションのイメージではない。個室スペースを重視しつつも、たとえば食事をともにできる集会所スペースが大きいものも考えうる。

　もちろんかつての貧しい時代の、たとえば「長屋暮らし」に単純に回帰することをイメージするわけではない。個々人のプライバシーを確保すること

は大前提として、まちづくりのあり方という広い観点から、住まいを再考することが望まれる。

　いずれにせよ、第1章でみたように、また本章次節でももう一度確認するように、今後75歳以上の高齢者が、特に都市部、なかでも郊外都市において急増する。そのためには、住居のあり方も、たとえばサービス付き高齢者向け住宅の整備にあたっては、単に新たな住宅を整備するだけではなく、まちづくりのあり方も含めて模索する必要がある。

　こういった発想の延長線上には、「コンパクト・シティ」のアイデアがある。75歳以上の高齢者が急増する地域のうちの、かなり多くの地域は人口自体が減少する。このことは地域の人口密度が低下することを意味する。このような状況を踏まえると、可能な範囲での住居の移動も視野に置いたまちづくりにも、地域包括ケアの発想が重要になる。「住まい」のあり方のより広い観点からの検討が課題となっている。

　県庁所在地都市なども含む地方都市、大都市などでは、中心市街地の活性化が目指されている。たとえば「経済産業省産業構造審議会流通部会・中小企業政策審議会中小企業経営支援分科会商業部会合同会議　中間報告」（2005年12月22日）においては次のような記述がみられる。「人口減少社会において『持続可能な自治体財政』及び『コミュニティの維持』を実現するための方向性としては、『コンパクトでにぎわいあふれるまちづくり』が望ましい。」

　ところがこれまでのこの種の取り組みにおいては、地域の超高齢化という現実は、あまり視野に入れられているようにみえない。地域包括ケアは、こういった商店街との連携というモデルも今後重要となると思われる。

2　地域ごとの人口構造、世帯構造の変化

(1)　地域のとらえ方

　前節では、地域包括ケアで言う「地域」の定義を明示的には述べなかった。厚生労働省が提示している「地域」は「おおむね30分以内でかけつけられる区域、1つの目安として中学校区」だとされている。

しかし同じこの程度の規模を指すとしても、それぞれの地域が抱えている課題は、場所によってかなり異なる。たとえば人口密度のきわめて高い地域と低い地域とでは、ケアのあり方は大幅に異なるであろう。文字どおり「地域の実情に応じて」ケア体制を構築する必要があるが、おおざっぱな目安をつけて議論を進めるためには、少なくとも次のような分類が必要であろう。

最低限必要な地理区分としての地域別分類は、大都市の内部地域、郊外都市、地方中核都市、地方の町村・農漁村、過疎地域、限界集落などであろう。特に高齢化という視点からの特徴としては、日本全国のすべての特徴を網羅することはできないが、次項で述べるいくつかの特徴を列挙できる。

(2) 今後の高齢化の地域ごとの特徴

この特徴を列挙するにあたり、前章で取り扱った人口の趨勢の1つの特徴を、ビジュアルに感知できるように図2-1を作成した。各都道府県の2010年時点と、国立社会保障・人口問題研究所が推計した2025年時点の、人口および75歳以上人口をそれぞれ横軸、縦軸にとった。この図からいくつかのことが直感的に明らかにできる。

第1に、日本の人口は47の都道府県の区別でみた場合、きわめて人口規模に格差があることがわかる。東京都は2010年時点で人口がほぼ1,300万人に達するのに対し、最も人口の少ない県である鳥取県は、人口がわずか約59万人と20分の1以下である。東京都に次いで多い神奈川県と比較しても15分の1である。こういった規模格差を考える場合、それぞれに対する医療・介護体制のあり方が一律であってよいはずがない。言うまでもなく交通機関の整備状況も、地域の体制構築の発想に大きく影響する。

またそこから当然推測されることとして、高齢者人口の推移の違いにも注目する必要がある。事実、今後は、75歳以上人口も、(伸び率や増加倍率ではなく) 絶対数でみて、東京都などの大都市圏で急増する。過疎県が高齢化地域であるという先入観を捨てる必要がある。

75歳以上人口は、2010～2025年の間、全国で約1,420万人から約2,180万人と760万人ほど増加すると見込まれるが、このうち首都圏 (茨城、栃木、群馬、埼玉、千葉、東京、神奈川) での増加は180万人 (全国の約25%) に達

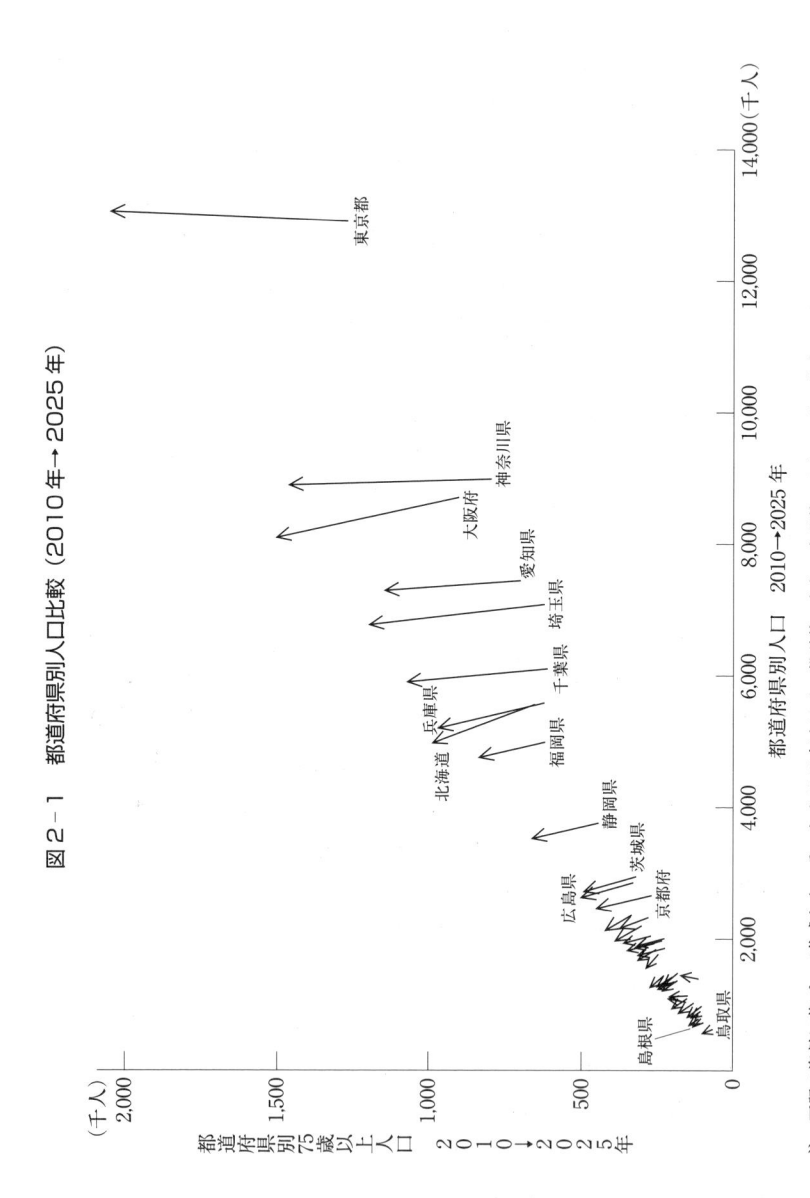

32 第1部 日本の人口動態と社会保障への影響

図2-1 都道府県別人口比較 (2010年→2025年)

注：下記の資料に基づいて作成した。そのため2010年人口は、推計値であり、実現値ではないことに注意されたい。
出所：国立社会保障・人口問題研究所『日本の都道府県別将来推計人口（平成19年5月推計）』。

する。

　第2に、この図と同じようなものを、都道府県ごとに作図すると、同一都道府県内でも、県庁所在地都市で75歳以上人口が増加し、それ以外の地域での伸びが鈍化する、という傾向をみることができる。東京などの、大都市を抱える多くの都道府県では、いわゆる「郊外都市」で特に高齢者が急増する。東京では23区での伸びより、郊外でより顕著となる。ただし、以上の推計は、今後起きうる「都心回帰」の傾向については特段の検討をしていないので注意する必要がある。

　なお現時点ですでに、65歳以上の高齢者の急増という現象が起きているのであるが、近い将来には75歳以上の高齢者数に関して、より明確に「近郊都市化」を認めることができる。75歳以上の高齢者が、近郊都市に急増するのである。この年齢区分の持つ「行政的な」意味の差異は大きい。高齢者と言っても個人差があり、健康な人々から、多くの疾病を抱えている人々まで多様であるが、65歳以上をマスで捉えた場合と75歳以上をマスで捉えた場合とではその様相は大きく異なる。75歳以上の人々が急増するに伴い、医療・介護ニーズが急増するのである。なお、がん患者の特徴に関しては後の節で取り上げる。

　第3の特徴は、特に一部地域での人口減の見通しである。たとえば北海道での人口減がかなり激しくなる可能性がある。またこれに次いで東北、中四国での人口減も見込まれる。とりわけ北海道は、もともと人口密度が低いので、医療や介護体制の整備のあり方について現在以上の特段の工夫が求められよう。近年（2010年）の都道府県別人口当たり医師数は、北海道は、ほぼ全国平均と同じであるが、地理的な条件を考慮すると過少であることは疑いがない。医師数の増加を図ることが望まれるが、併せて減少する人口に対応した医師立地政策の工夫が求められよう。

　なお、現時点では、東日本大震災の影響により東北4県の人口や高齢化の見通しを立てることは、きわめて難しいということも付記しておきたい。しかしながら他方で、被災地の一部の地域では、新たな発想での地域包括ケアシステムを構築する可能性に満ちた地域もありえよう。他の地域と比べて、街のデザインをある程度柔軟に設計できるという利点を活用する工夫がほし

い。もちろん高齢者が多数であるなかで、都市デザインは待ったなしであるという現実といかに両立させるかが課題であることは言うまでもない。

　県庁所在地以外の地方都市では、今後極端な場合には、現在の「中山間地域」や「限界集落」に相当するところが増加する。人口5万人程度の都市で、すべての地域がそうなるわけではないが、中学校区単位でみた「集落」「地域」で、そうなるところが増すことはほぼ間違いがない。したがって現在のこの種の地域における医療・福祉の実践の経験を活かすことが望ましい。

　第4に、これまでの記述とは異なる例外的な地域として沖縄県を挙げておきたい。ここでの出生率は日本全国の平均よりもかなり高く、以前から長寿命地域であったこともあって、その他の地域とはかなり異なる様相を示している。今後高齢化が進むスピードの最も遅い地域であり、他の地域とは異なる発想が求められよう。さまざまな要因で、これまでの医療・介護のあり方も特徴的である。しかし同時に、本土化が進む側面もある。かつては病院の平均在院日数も短かったのが、近年は増加傾向にある。また介護保険給付の拡大も著しい。かなりの地域で、本土よりも地域社会の相互扶助機能が残っているものと思われるが、これを今後どのように維持するかも課題となろう。

3　地域包括ケアを踏まえた今後の医療・介護

(1)　計画 vs. 競争

　本章では最初に問題提起として3つのポイントを挙げた。この節ではこの3つの論点をより詳細に論じたい。まず「利用者視点への転換」であるが、この議論を進めるためには、より基礎的な論点に触れておく必要がある。それは「計画か競争か」という論点である。現状では、医療については都道府県が、それぞれの医療圏ごとに、また福祉については、市町村が市町村ごとに計画を立てることが法律で定められている。ここではこの内容は詳述しないが、こういった計画による規制が、しばしば自由な競争を妨げるという批判がなされる。特に人口急増地域においては、病床規制などの存在が、住民の利益を損なっているという批判がある。

　なおここで注意しておきたいことは、計画と言っても患者や利用者の行き

先をあらかじめ指定するという意味の計画ではなく、利用者の施設の選択の自由が確保されるという意味での競争は維持されているということを忘れてはならない。この種の競争がない場合には、組織が官僚的になり、質の改善が図られる可能性が低くなることは容易に想像がつく。

さて、参入に関する規制であるが、建前上は規制を行う主体は自治体であることが多いが、多くの場合、これは行政当局というより、各種の審議会などの意見が尊重される。そしてその審議会の構成員の中心が専門職団体などであることが多いために、「既得権益」を擁護しがちであるという批判がなされる。新規参入のための障壁を形成するのは、既存の集団であり、新しい発想のサービス提供ができないと主張するわけである。他方で既存専門職集団は、医療施設や福祉施設は、株式会社と異なり、いったん参入し患者や利用者を受け入れたあと、たとえば経営上の都合により簡単に退出してもらっては困るので、参入に関しては慎重な配慮が必要であると言う。

こういった議論にはそれぞれ一理があり、個々の現実の問題に即して、地方自治体が主導して議論の場を提供することが望ましいと考えられるが、今後より重要であると思われるのは、参入障壁の是非だけでなく、医療・介護施設の退出のあり方である。

前節でも述べたように、今後の全国的なレベルでの超高齢化に伴い、慢性期のケアを行う医療機関に対するニーズは増すものの、急性期の医療に関するニーズはかなり減少する。さらにいくつかの施設を整理統合することによって、より質の高い医療や福祉が実現する可能性も高まりうる。さらに、まちづくりのあり方次第では、地域によってはその役割を終える施設も出てくる。

ところがこの状況で、この種の施設の退出を求めることはかなり難しい。たとえば隣接する市町村の複数の病院を統合し、より高度な医療を集中的に提供することが望ましい事例も出てくるであろう。正確にはすでに多くの地域でこういった現象が生まれている。また民間病院どうしや民間福祉施設どうしが統合して、より複合的な施設を経営するほうが、場合によっては地域住民により適切な医療・福祉を提供できる可能性もある。地域別人口分布の大きな変化は、多くの地域でこういった変化を強いることにもなる。

これまでの「計画」はどちらかと言うと、施設数や病床に関しては、現状以上の拡大を認めるか、それとも現状維持とするかの判断材料の提供が中心であったが、今後は場合によっては「削減」を実施するか、統合を実施するかといった計画が求められる。

(2) 利用者視点への転換はいかにして可能か？——地域の多様性の視点

これまで、地域医療計画や地域福祉計画における計画の単位は、ほとんどの場合、2次医療圏ないし市町村であった。しかしながら、近年メッシュ・データなどを用いて、高齢者の住所地をきめ細かく把握し、施設の立場からその利便性を考えるのではなく、個々の利用者の居住地からの視点で、医療・福祉のあり方を考えることの必要性が高まっている。もちろんこの際には、前述したように利用者の居住地の移動可能性や住宅の改造可能性も視野に置いた計画を前提としている。

この「利用者視点への発想の転換」というのはどういうことか？　以下では具体例を述べたい。民間企業や事業所に関しては、利用者視点の発想は、市場の力としてある程度自動的に働く。たとえばコンビニなどの小売店は、人口が急速に増加する地域では、それに応じて出店数がかなりの速度で増加する。他方で、一定規模の顧客がない地域では、撤退が生じる[3]。この対応速度はかなり速い。過疎地域の住民は、それによって不便を被るが、それに対する批判はあまり起きない。この場合に生じる「買物弱者」に対しては、ネット販売や配送の工夫など発想の転換によって問題解決の糸口を求めるべきであり、そういう工夫は始まっている。

事実、内閣府『地域の経済2012』では、すでに人口規模の減少や人口密度の低下に応じて、企業や事業所の立地が変化していることを明らかにしている (pp. 169-172)。程度の差はあれ、こういった現象に対して、これを不平等だ、格差だと叫ぶ声は小さい。

この立地の変化の現象は、医療機関についても、商業などとは比べものにならない速度ではあるが、同じように進んでいく可能性がある（現にその兆候はある。内閣府（2012）参照）。しかしながら当然の発想として「営利企業がこういう行動をとることはやむを得ないが、医療機関に関してはこういった

現象を防ぐ手立てがないかどうか」を検討すべきであろう。

　単純な論理からすれば、医療機関は命を左右するのであるから、人口が減少しても、可能な限り医療機関が確保されることが望ましい。しかしこの論理は、次のような極論を述べれば破綻する。住民が極端に少数となった過疎地であっても医療機関を維持しなければならない、という発想では、いくら医療機関があっても足りない。極端に言えばすべての住民の隣に医療機関があることが、国民全体としての死亡リスクを最低にできるからそれを実現すべきだということになる。

　しかも近隣の医療機関が量的に豊富に存在するよりも、たとえ量的に減少しても、より質の高い医療機関がやや遠方で利用可能となる場合のほうが、医療の効果からして適切である。とはいうものの、やはり現状から量的に医療機関が減少することは、住民に不安を与えるもととなる。

　しかしながら、この種の理念論争をするよりも、より現実的で効果的な方法は、各種の交通機関を必要に応じて準備して、救急体制を備えることである。さらに言えば、救急事態の発生を見越して、日常的な訪問看護などを整備し、救急リスクを減じることである。これまでも入院と外来診療の必要性の区別は、そのような発想に立ってなされてきたはずである。治療の質という観点から、入院から外来へ、さらに外来から在宅医療への流れを患者に理解してもらう努力が必要になっている。一定の治療が終了し、あとは外来診療や在宅診療によっても疾病の治療が十分可能になったと判断される場合には、外来や在宅による治療が望ましいことは当然であるが、現状ではこの際の患者や家族に対する説明不足のために、このことが理解されないことが多い。

　しかも従来の発想は、医師による判断が優先されすぎて、看護や介護、予防活動、生活支援などといった広義の医療ニーズを決定する条件に対する配慮が不十分であったことは否めない。医師以外の助力による在宅での容態の急変などの不安を除く努力によって、この種の不安感は大きく改善される。

　もちろんこの種の議論は、まちの規模、地理的条件によってかなり変わってくる。たとえば「中山間地域」での医療・介護の提供のあり方は、大都市部とはかなり異なる施策が必要となる。ここで、「中山間地域」とは、平野

の外縁部から山間地のことを指すが、山地の多い日本では国土面積の69％を占め、総人口の13.7％が暮らしている。ここでは、すでにかなり高齢化が進みつつあり、65歳以上の高齢者比率は25.1％となっている（数値データは2000年時点のもの）。

2009年度からは、中山間地域の介護サービス提供に対して、一定の報酬上の評価がなされることとなった。具体的には、こういった地域では、1事業所当たりの利用者の規模が小さいために、規模の拡大による経営の効率化が図れない。このように地域の特徴に応じて、診療報酬や介護報酬などで、規模の「不利益」を解消する試みも、今後の地域包括ケアにとって必要な施策であろう。

(3) ICT活用への期待

それに加えて、ICT技術の発展は、この点に関して、医師に過重な負担を負わせる状況を軽減する可能性を高める。もちろんICT技術を活用する際には、個々人のプライバシー保持との両立可能性を慎重に検討する必要がある。しかしながらICT技術を利用することにより、これまでは想定しにくかった患者の不安除去を次のような形で進めることができる。

退院患者に対して、在宅医療を行わない場合でも、患者の居住地を的確に把握して、救急に際して適切な指導を行う可能性の幅が広がる。たとえば従来は電話だけであった通信手段は、現状ではスマートフォンのように、リアルタイムで顔色なども把握できるようになっている。高齢者はスマートフォンの活用に慣れていないから無理であるというのは先入観であり、数多くの事例で使いこなすことができる高齢者が増加している。

医師だけとの1対1の治療を想定すれば難しいことでも、さまざまな補助的な手段（医師以外の専門職種、あるいは機器など）を活用すれば、患者の不安軽減が可能になることが多い。

こういった発想を具体化するにあたって、意外に認識されていないハードルもあることも強調しておかなければならない。それは「患者の同意を得る」という作業である。人には、往々にして「現状維持バイアス」が働き、仮に有効な治療法であっても、現状を変えることには抵抗する場合が多い。

本章の冒頭で糖尿病患者の治療のあり方に触れたが、このような「生活のなかで治療を行う」ことが有効かつ不可欠な疾病でも、患者のなかには入院によって治療が可能であると錯覚する場合がある。前述した「教育入院」では、入院中は規則正しい食生活や運動を繰り返すために治療実績が上がっても、退院した後それが長続きしないことがある。しかし生活の場での治療が有効に行われなければ、教育入院の意義は半減する。それでも患者の家族などが、自宅における医療上の世話が大変なために、入院を望む場合がある。この事態に対して、多くの病院はどのような対応をすべきか苦慮してきた。

　この実態の研究例はほとんどないが、この場合に、地域における包括ケアがより進展し、訪問看護の体制などが充実すれば、治療効果が向上する可能性は高い。もっともこの効果の測定は難しい。なぜならば、どのような状態との比較を行うかということと、最終目標（end point）の設定が難しいからである。何が何でも糖尿病の治療成果のみを優先すれば、おそらく長期入院をさせることが効果を上げることになろう。しかし「人間的な暮らし」を重視する場合には、自ずとその効果の測定基準が異なる。

　一方で、在宅における血糖値の測定がより容易になり、さらに食事療法の効果の測定も可能となるといったICT技術の進歩は、次第に在宅医療・ケアを容易にしつつあることは否定できない。この際、医療機関から患者を追い出して、単純にセルフケアを求めるだけでは有効に機能しない点には注意を喚起したい。問題はこういった点について、どのように患者を説得できるかである。

　併せて悪性新生物、がんの治療のあり方についても、近年大きな変化が生じつつある。がんの発症年齢は、60歳代が最も頻度が高いが、生存率の延長によって患者数、罹患数、有病率などをみると、70歳代、80歳代のがん患者が急増している（図2-2参照）。さらに、年齢別にみた医療費の現状を分析しても明らかであるが、年齢区分ごとの平均的な治療の内容は、手術などを中心とする治療から、薬剤や放射線治療などを中心とする、いわば慢性疾患型の治療に変化している。

　要するにがんについても、年齢とともに慢性疾患型の治療に変化しているのである。したがって入院のあり方よりも、外来や在宅医療の質的向上を課

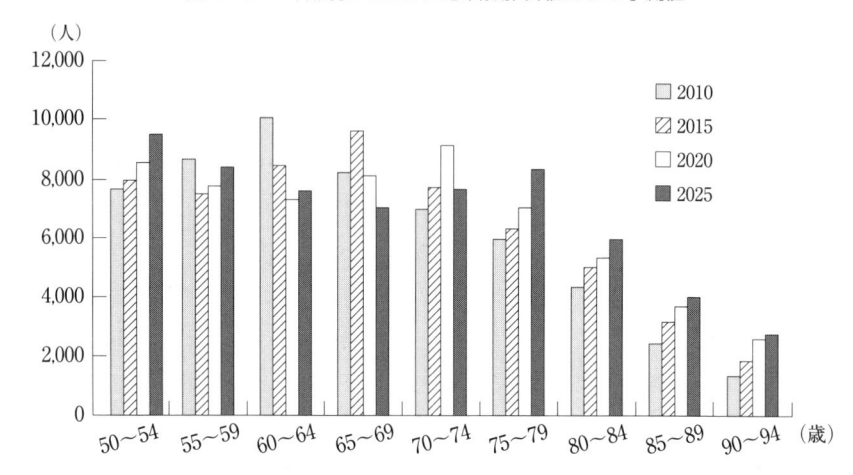

図2-2　年齢別にみたがん患者数推計値および予測値

注：下記の資料に基づいて、2008年の患者数推計値をもとに、このあたりが2010年でも変わらないものと想定し、その後日本の将来推計人口に基づく、年齢構成の変化のみを考慮した場合の、がん患者数の変化の見通しを図にした。あくまで仮想的な数値であることに注意。
出所：厚生労働省『平成20年患者調査』および国立社会保障・人口問題研究所『日本の将来推計人口（平成24年1月推計）』に基づき、筆者作成。

題とすべき方向に次第に変わってきているのである。すなわち一時的に手術を受けたりする場合の入院を除けば、外来、在宅の必要性が高まっている。がん患者に対しては、疾病の進行具合に応じて、また患者や家族の薬剤に対する理解度に応じて、外来か在宅かの選択も変わりうるが、今後この違いによる効果の差についての調査なども進められることが望ましい。

　以上一部ICTの活用の可能性からそれた論点にも触れることによって、ICT活用が進まなくても発想の転換によって可能となるケアについても論じたが、いずれもICT活用が進めばいっそう進展することは疑いがない。ただ、本章では、やや悲観的な論点も付け加えてこの可能性についての記述を終えたい。それはすでに法案も準備されていると聞く、いわゆる「マイナンバー制度」の実現が遅れていることである。個々人が自らのマイナンバーを保有し、これを活用する環境が整えば、これまで述べた医療・介護の変革可能性、質の向上にも大きく寄与する。

　しかしながら、多くの利害団体などの思惑も絡み、この法案は、実効性の

ある形で実現するまでには、まだかなりの時間を要すると思われる。医療機関、介護施設で提供された、治療や介護のデータが、たとえ本人の希望があっても、他の医療機関や介護施設で利用されるようになるだけでも、ICT活用による質の向上はかなりのものであると思われるが、ことはそう単純には進まないようである。

　ここではその要因は詳述しないが、これまで述べたことは、たとえマイナンバー制度の実現が遅れたとしても進みうることばかりであるはずである。

4　地域機能の維持──人材確保と財源

　今後の地域包括ケアは、第1節で述べたように生活保障の基盤形成という観点からの見方が重要になる。生活保障の基盤を形成するための条件には、さまざまなものがあるが、ケアを提供するための人材が確保できるかどうかが、最低限の必須の条件である。この条件を満たすかどうかの判断の視点は、次の2つに分けて考えることが望ましい。

　1つは生活圏として、それぞれの地域が維持されるかどうかであり、いま1つは医療・介護を提供する従事者が確保できるかどうかという問題である。これらは相互に関連し合っているが、必ずしも完全に対応しているわけではない。全国的にみれば、医師、看護師、介護職員などは地域に偏在しており、ある地域で前者の観点から地域が維持できても、そこで医療・介護職種が確保できるとは限らない。

　このことは言うまでもないことであるが、このような観点から、医療・介護従事者の確保の見通しについての全国的な論点だけを指摘する。本来ならば、地域ごとの、近未来の労働力需給の見通しを詳細に検討した議論が必要であるが、これまでの自治体の描く計画などには、やや楽観的に過ぎる人材確保の見通しが展開されているところも少なくないと思われるものの、筆者には、ここでそれぞれについての評価を行う能力はない。

　医療・介護関連の人材確保については、すでに「社会保障国民会議」における報告で、現状の問題点、将来見通しなどが示されている。また看護職員に関しては、最近のものとしては、『第七次看護職員需給見通しに関する検

討会報告書』（2010）に当面の見通しが都道府県ごとに示されている。

　さて将来見通しであるが、厚生労働省の『平成24年雇用政策研究会報告書』（2012）によれば、「労働力調査」ベースでの医療・福祉の従事者数は、2011年時点で644万人であるが、これが2020年には757～860万人、2030年には855～972万人と推計している。この幅は経済成長や（特に女性の）労働力参加が進むかどうかによる変化が見込まれたものであるが、いずれの場合でも、医療・福祉の従事者は全就業者の15～16％程度を吸収するものと見込まれている。

　これが可能かどうかは、地域ごとの事情により異なる。このなかには医師が含まれるが、本書で医師の需給について論じる余裕はない。看護・介護職員に関しては、全般的に不足現象が普遍的であるなか、これが実現可能かどうかは特に不透明である。とりわけこの点に関しては、女性の労働力化の進展と景気の影響を受ける他の産業の就業者の動向が決定的である。

　たとえば、医療・福祉の従事者の年齢構成と性別の現状をみると、20歳代の女性の若年者は、2010年時点で約15.6％となっている。もしこの性別・年齢構成が2030年にも変化がないと想定すれば、医療・介護の分野においては、20歳代女性労働力のほぼ25％を吸収しなければならないことになる。いまから2030年ごろの産業構造や産業別就業構造、また医療・福祉分野の就業者の年齢構成を予想することはきわめて困難であるが、現時点の常識からすれば、たとえば新規学卒者の25％もの女性が、医療・福祉分野に就職するとは考えにくい。

　ただ、この想定も断定的には語りにくい。2030年時点で、地方都市の景気がきわめて厳しい状態にあれば、労働供給での地域性が比較的高い若年女性が、医療・福祉部門に多く流れるかもしれない。他方、もし景気が回復し、地域経済が順調な成長軌道に乗り、労働力需要が旺盛であれば、医療・福祉部門の従事者の確保がきわめて難しくなると考えられる。景気見通しについては現在でも、さまざまな角度から議論がなされているが、率直に言って2025年ないし2030年ごろの景気を予測することは至難の業である。したがって、ここでの議論もここでとどめておく。重要な関心事として、外国人労働力の活用という課題があるが、この是非は、長期的な観点からの経済見通

しに大きく左右されるので、ここでは重要な問題であるとだけ指摘しておきたい。

　最後に財源の問題を考える。現状の社会保障全般に関する財源確保の状況は次章に委ねる。ここでは若干の理念論を述べたい。

　妙な言い回しになるが、私たちが税や社会保険料を現状より多く支払う覚悟さえ持てば、医療や介護分野が拡大しても、ほとんど問題は生じない。公的資金を配分することによる非効率を主張する議論もないではないが、ことこの分野に関しては、公的病院のあり方などを除けば、供給面での非効率性がもたらす財源の無駄遣いは、ほとんど考えにくい。

　もちろん高福祉・高負担を受け入れることができるかどうかこそ、政治的に重要な課題なのだから、そのことを論じなければ、財源を論じたことにはならないと言われればそれまでであるが、まずこの点は確認しておきたい。

　超高齢社会においては、産業や雇用という観点から、医療や介護の占めるウエイトが大きくなる。現在日本では、国民医療費の対GDP比は9％近く

図2-3　性・年齢階級別にみた65歳以上人口に占める介護給付受給者数の割合

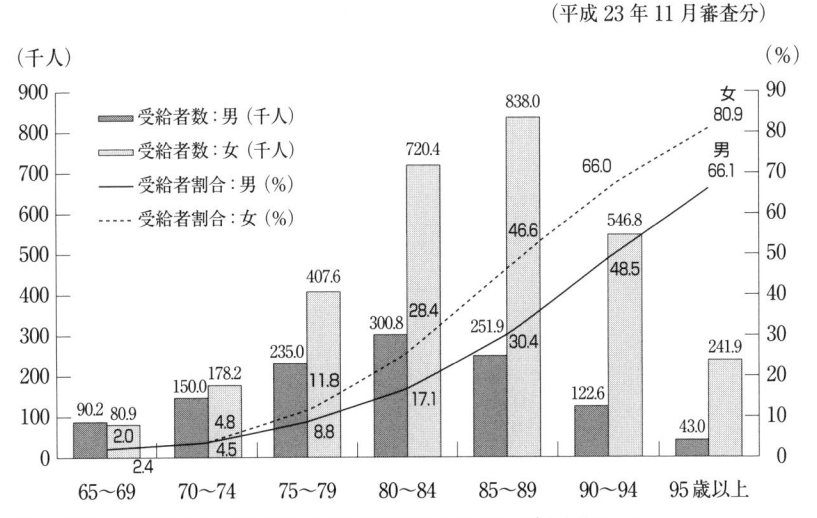

（平成23年11月審査分）

注：人口は、総務省統計局「平成23年10月1日現在推計人口（総人口）」を使用した。
出所：平成24年介護給付実態調査。

にまで上昇しており、介護費用と合わせると10％を超える。これはこれらの分野が生み出す付加価値のウエイトが10％を超えることを意味し、たとえばある地域での所得の10％程度が、医療や介護の提供によってもたらされていることを意味する。

今後の超高齢化の進展で、5歳刻みの年齢ごとの医療費や介護費が、年齢構成の変化に伴って単純に増加するとすれば、2025年にはこの値は15％程度にまで膨らむ（ここではこの費用を賄う財源には触れないこととする。すなわちここ当分の議論は、あくまで想像上の議論であり、これが現実化するには、多くの条件をクリアしなければならないからである。かといって絵空事を論じようというわけではない）。

仮にGDPないし県民総生産における医療・介護費が15％となった時点では、その地域の雇用量や雇用者所得もそれに近い水準になっている可能性は高い。そのような状態では、医療・介護に従事する人々から生まれる消費額は、地域全体の相当量の割合を占めることになる。したがって、上記の見方は、必ずしも絵空事ではないのである。医療・介護が充実することによってその地域が活性化する可能性はある。

唯一の例外として、たとえば地域の消費がほとんど通信販売によってなされたとすれば、その地域は潤わない。しかし、一部の急性期の医療を除けば、医療・介護の提供が、住民の居住地から極端に離れてなされることは少ないから、ある意味で医療・介護は、地域にとって資金確保が安定的になされる産業である。地域格差を縮小するためには、この産業の振興を図ることが、地域にとって望ましいはずである。

いずれにせよ、医療・介護への需要が拡大する将来、これに対する負担増は避けがたい。今後は負担した税や社会保険料が適切に、有効に用いられているかどうかの監視が重要になるわけであり、効果的な利用をもたらす手段として、地域包括ケアシステムが期待されている。もちろん費用削減のみを目指すシステムの構築ではなく、さまざまな資源を有効に利用し、医療・介護・福祉の質を向上させるシステムの構築が求められる。

注

1) ここでは入院から在宅への転換という述べ方をしているが、本来は一気にそのような転換を考えるより、入院から外来、外来から在宅への転換と、3つの長短を比較すべきである。この比較は、がん、糖尿病、高血圧症など、疾病の内容によって異なるので、本章では大ざっぱに外来と在宅とは近似的に同じものとして議論する。外来と在宅との治療効果上の違いは、これまであまり強く意識されているようには思えない。たとえば糖尿病の場合に、訪問時点で、訪問看護師がどの程度患者の日常生活を観察できるか、指導できるかなどの違いによって、効果が変わってくる。寡聞にしてこのような研究は、みたことがない。なお、認知行動療法の糖尿病治療に対する効果分析は、海外でいくつかの報告がある。
2) NPOの活動に対して、どのようなNPOの活動でもそれ自体好ましいということはできないことは自明である。しかしながら高度に発展した社会において、新しい産業がそうやすやすと生まれるわけでもないという現実を踏まえるならば、場合によって族生するNPOの活動を好意的に見守るということが、雇用の維持という観点からも不可欠であろう。
3) 平成24年度版『厚生労働白書』p. 207には、医療施設や介護施設などに加えて、さまざまな商業施設が、どのような人口規模で立地しているかの興味深い図が示されている。この図は、本章全体で強調する「生活圏」としての地域包括ケアのあり方を考えるうえで示唆に富む。

参考文献

青森中央学院大学（2010）「限界集落と母都市との有機的連携に関する研究」（平成22年3月）。
安心生活創造事業推進検討会（2012）「見直しませんか　支援のあり方・あなたのまち――安心生活を創造するための孤立防止と基盤支援」平成24年8月安心生活創造事業成果報告書。
猪飼周平（2010）『病院の世紀の理論』有斐閣。
―――（2012）「地域包括ケアであるべき根拠とはなにか」『医療白書2012年版』日本医療企画、pp. 4-11。
岩手県中心市街地活性化懇談会（2007）「岩手県における中心市街地活性化に関する提言」（平成19年3月26日）。
川越雅弘（2009）「看護師・介護職員の需給予測」『季刊社会保障研究』Vol. 45, No. 3, pp. 214-228。
厚生労働省（2012）「平成24年雇用政策研究会報告書――「つくる」「そだてる」「つなぐ」「まもる」雇用政策の推進」（平成24年8月）。

国土審議会政策部会集落課題検討委員会（2010）「集落課題検討委員会中間とりまとめ」（平成22年1月29日）。

高橋泰（2012）「2次医療圏データベースから見える日本の医療と福祉の現状と将来予測」医療経済研究機構、医療経済研究会、2012年8月20日報告。

田中滋（2011）「高齢社会――自助・互助・共助・公助のコラボレーション」『生活福祉研究』79号。

内閣府（2011）「補論2　大都市圏内における"街の高齢化"」『地域の経済2011』。

―――（2012）『地域の経済2012』。

三浦展（2012）『東京は郊外から消えていく！――首都圏高齢化・未婚化・空き家地図』（光文社新書）光文社。

山下祐介（2012）『限界集落の真実――過疎の村は消えるか？』（ちくま新書）筑摩書房。

第3章

社会保障財政および個人負担への影響

金子 能宏

1 はじめに

　社会保障政策は、病気や障害により健康を損なったり、失業や引退に伴い所得が低下したりすることなど、人々の生活において生じるさまざまなリスクに対応するために、租税や社会保険を財源に生活保障を行う各種の制度を立案し実施していく政策体系である。多くのOECD諸国では、社会保障政策は、保健・医療サービスにかかわる医療政策、高齢者・障害者・児童・子どものいる世帯に対する社会福祉、年金、失業手当、公的扶助などの所得保障、雇用対策などから構成されている。日本では、これらのうち、年金制度、医療保険、高齢者への医療制度（長寿医療制度）、介護保険、雇用保険と労災保険は社会保険であるが、保健、児童福祉、母子・寡婦福祉、老人福祉、障害者福祉、生活保護は主に租税を財源とする福祉政策として地方自治体によって提供されている。社会保障財政は、これら個別の社会保障政策における給付と負担の関係を示すものであり、それらのバランスは社会保障給付費と国民負担率やプライマリーバランスを見ることによって理解することができる。

　人口動態の変化が社会保障財政に及ぼす影響は、マクロ的な影響とミクロ的な影響に分けて捉えることができるが、マクロ的な影響はミクロ的な要素

(個人レベルの要素)に影響される。なぜならば、年齢階級別にみると、年金給付は遺族年金など退職前に受給できる給付もあるが、年金受給者の多くは退職後に支給される老齢年金給付の受給者であるため、高齢化の進展に伴ってマクロ的な年金給付総額が増加することになる。また、高齢者の1人当たり医療費は、生産年齢人口の人(65歳未満)の約4倍であるため(厚生労働省『国民医療費』)、高齢化の進展に伴い高齢者の医療費が増大して医療費全体が増加し、さらに、要介護高齢者の介護費用も増加する。かくして、社会保障給付の大半を占める社会保険(年金保険、医療保険、介護保険)の給付費が、高齢化の進展に伴い増加する傾向が続くため、政府財政に占める社会保障給付費全体が傾向的に増加するからである。その結果、経済成長率の低下などにより政府の歳入が伸び悩む状況になると、このような社会保障給付費全体の伸びを税収の伸びでカバーすることが困難になり、政府予算における社会保障に関する歳出とその他の歳出との案分が政治課題となり、案分が困難になるのに伴って財政赤字で歳出の伸びを補う結果となる。人口動態の変化が、上に述べたような社会保障給付のミクロ的な影響とマクロ的な影響とを通じて、社会保障給付費全体の増大をもたらすのみならず、それが財政硬直化や財政赤字の問題を顕在化させるようになることは、最近のギリシャに端を発するヨーロッパ金融危機のように、日本のみならず先進諸国共通の政策課題になっている。

2　社会保障の給付と負担──日本と先進諸国の動向

　OECDでは、社会保障の動向を国際比較する1つの指標として、年金・医療や生活保護、児童手当などの移転と福祉サービスなどの費用からなる社会保障給付費に施設整備費などの直接個人に移転されない費用を加えた社会支出(Social Expenditure)を公表している(OECD Social Expenditure Database (SOCX))[1]。社会支出が国内総生産に占める割合と国民所得に占める割合をみると、日本の比率はヨーロッパ諸国よりも低いが、アメリカよりも高い(表3-1上段)。このような社会支出を賄う社会保険料と税を合わせた負担について国民負担率を用いて比較してみると、日本の国民負担率はスウェーデン、

表3-1　社会支出と国民負担率の国際比較（2009年度）

(%)

	日本	アメリカ	イギリス	ドイツ	フランス	スウェーデン
社会支出（対国民所得比）	31.78	24.06	31.94	38.11	32.35	30.36
社会支出（対国内総生産比）	22.97	19.49	25.03	29.00	32.35	30.36
国民負担率（対国民所得比）	38.3	30.3	45.8	53.2	60.1	62.5

出所：国立社会保障・人口問題研究所『社会保障費用統計（平成22年度）』表6「OECD基準の社会支出の国際比較（2009年度）」，財務省HP統計「OECD諸国の国民負担率（対国民所得比）」2009年度．

ドイツ、フランス、イギリスより低いが、アメリカよりも高い（表3-1下段）。

日本の社会保障給付費は、人口の少子高齢化の進展とともに増加している。2011年時点で、日本の総人口は1億2,752万人、65歳以上の高齢者人口は3,032万人（総務省「人口推計月報」2012年5月確定値）に達している。その結果、高齢化率（(65歳以上人口／全人口)×100）は、1980年は10%以下の9.1%であったが、1990年には10%以上の12.1%となり、2012年時点では24%に達している。このような高齢化の進展は、年金受給者数の増加をもたらし、また1人当たり医療給付が高齢者は現役世代の約5倍であるため医療費も増加した。医療費の伸びは、2000年の介護保険の導入により一時期減少したが、その後再び増加傾向がみられる。また、高齢化の進展は、後期高齢者の増加に伴う要介護高齢者の増加をもたらしたため、介護給付費も増加することとなった。その結果、年金・医療・介護給付費を含む社会保障給付費の増加が、現在も続いている（図3-1）。

このように高齢化に対応するための高齢者中心の給付費の増加傾向に対して、近年、少子化対策・若い世代への対策が政策課題とされるようになってきたにもかかわらず、日本の社会保障給付費に占める児童福祉を含む福祉関係の給付費の割合は相対的に低いまま推移している。

その結果、政策分野別社会支出の構成割合を国際比較してみると（図3-2）、日本では社会保障給付費の47.9%が高齢者のための社会保障として支出されているのに対して、子どもを持つ世帯に対する給付を含む家族政策や生活保護その他の支出はそれぞれ4.2%と1.1%にとどまっている。アメリカ

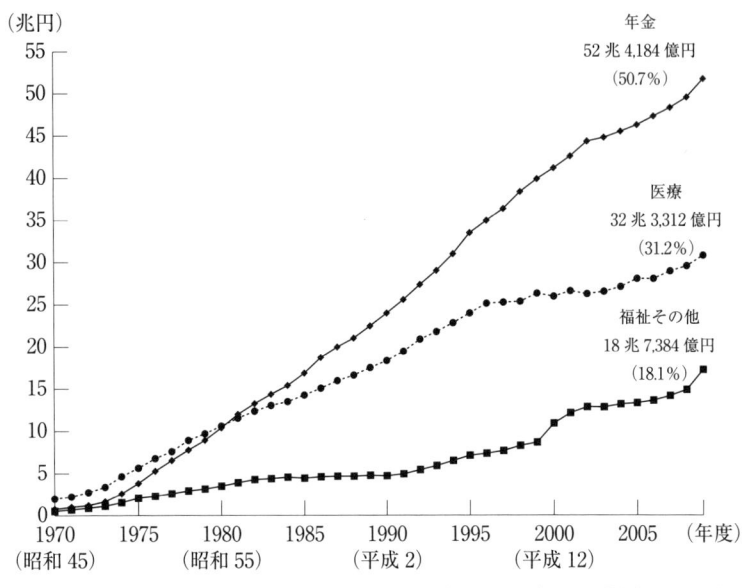

図3-1　社会保障給付費の部門別推移

年金　52兆4,184億円（50.7%）
医療　32兆3,312億円（31.2%）
福祉その他　18兆7,384億円（18.1%）

出所：国立社会保障・人口問題研究所『社会保障費用統計（平成22年度）』図4「社会保障給付費の部門別推移（2009年度）」。

も、家族政策への支出割合は小さいが、生活保護その他の支出は3.3%である。これに対して、ヨーロッパ諸国では子どものいる世帯への福祉が重視されている。ドイツ（7.3%）、フランス（9.9%）、スウェーデン（12.4%）、イギリス（15.3%）の家族政策の支出割合は日本の2倍以上である。

　社会保障給付費の動向に影響を及ぼす日本の少子高齢化は、第1章で述べられているように、今後も続くと予測されている。2012年1月の将来推計人口[2]によれば、総人口に占める高齢者の人口とその割合は今後も増加することが予測されている。団塊世代が65歳以上になる2012年では高齢者人口とその割合は3,000万人（25%）であるが、2035年には3,741万人（33%）となり人口の3人に1人が65歳以上となり、50年後の2060年には3,461万人（40%）に達し、人口の2.5人に1人が高齢者になる。

　このような高齢者の増加に伴う社会保障給付費の増加に対して、近年、税収・社会保険料収入が伸び悩む状況が続き、社会保障財政の持続可能性が重

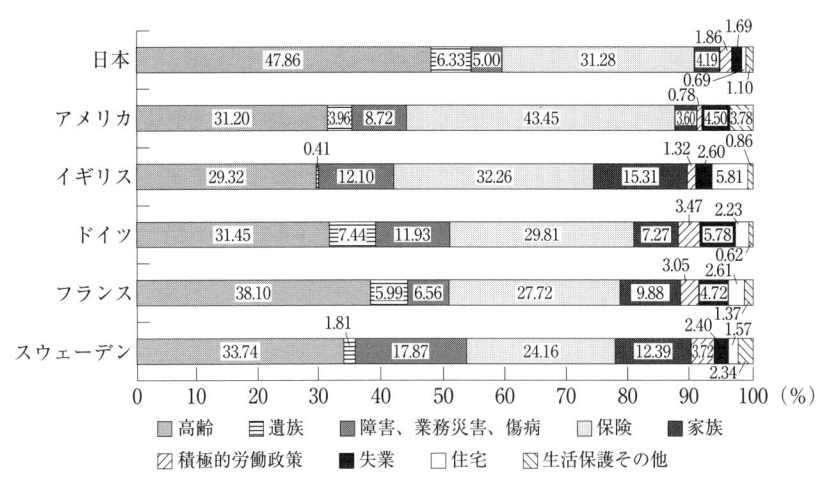

図3-2　政策分野別社会支出の構成割合の国際比較（2009年度）

国	高齢	遺族	障害、業務災害、傷病	保険	家族	積極的労働政策	失業	住宅	生活保護その他
日本	47.86	6.33	5.00	31.28	4.19		1.86		1.69
アメリカ	31.20	3.96	8.72	43.45	3.60	0.78	0.69	4.50	3.78 / 1.10
イギリス	29.32	0.41	12.10	32.26	15.31	1.32	2.60	5.81	0.86
ドイツ	31.45	7.44	11.93	29.81	7.27	3.47	5.78	2.23	0.62
フランス	38.10	5.99	6.56	27.72	9.88	3.05	4.72	2.61	1.37
スウェーデン	33.74	1.81	17.87	24.16	12.39	2.40	3.72	1.57	2.34

出所：国立社会保障・人口問題研究所『社会保障費用統計（平成22年度）』図3「政策分野別社会支出の構成割合の国際比較（2009年度）」。

要な政策課題となったことから[3]、厚生労働省は、2005年に社会保障改革の動向と経済的要素の推移について前提を置いて将来の社会保障の給付と負担の見通しを示した。この見通しを踏まえ、内閣府の社会保障国民会議は、社会保障の給付と負担の伸びを現役世代の人口割合が減少する将来においても経済成長に合わせて調整していくこと、および世代間と世代内の格差を是正していくことが社会保障改革の基本的な方向であることを指摘した（2008年11月）。

2009年の政権交代を契機に、政府は、児童福祉を重視して子ども手当を導入するとともに、障がい者制度改革推進本部を設けて自立支援法に替わる総合的な障害者福祉施策を目指すため障害保健福祉予算を毎年増加させるなど、これまでの給付の抑制が主であった財政運営とは異なる社会保障改革の一歩を踏み出した[4]。

その一方で、高齢化の進展による年金・医療・介護給付の増加と財政赤字の累積による公債費の増加とが見込まれるため、政府は、財政の硬直化と財政赤字削減のために、社会保障の財源確保を税制と関連づけて実現していくことを図り、社会保障・税の一体改革の議論が政府と与野党の間で進められ

た（近年の構造的基礎的財政収支（プライマリーバランス）が悪化し赤字が続いていることについては、たとえば、内閣府『平成23年版 経済財政白書』図1-3-1「国・地方の循環的・構造的財政収支の動向」を参照）。その結果、2012年1月に社会保障・税一体改革の大綱が閣議決定された（詳しくは本書第4章参照）。

社会保障・税一体改革により、社会保障給付（年金・医療・介護・子育て支援）のために必要な国庫負担の財源として、消費税率引き上げによる増収分がそれに充てられることになった。消費税率の引き上げによる増収分には限りがあり、その範囲内で国庫負担を維持していくことが、今後、直近の社会保障財政の課題になる。

以下、医療・介護保険の給付費の推移をみたうえで、給付費を賄う財源構成とそのなかでの国庫負担の規模と役割を概観する。給付と負担の推移をみる期間については、医療保険、高齢者医療費の伸びが介護保険導入の契機となったことから、1990年代以降（最近まで）を取り上げる。

3　医療保険・介護保険の給付と負担の推移

(1)　医療保険の給付費の推移

日本の医療保険には、従業員5人以上の事業所の雇用者とその家族を対象とする組合健康保険と、5人未満の事業所の雇用者とその家族を対象とする全国健康保険協会管掌健康保険（協会健保）、自営業者などを対象とする国民健康保険、および国家公務員と地方公務員を対象とする共済組合による医療保険がある。さらに65歳以上の介護を要する高齢者および70歳以上の高齢者に対しては、高齢者の保険料、健康保険組合・国民健康保険が負担する拠出金および政府の公費負担を財源とする長寿医療制度（後期高齢者医療制度）がある。この制度では、低所得の高齢者は保険料が軽減され、自治体単独で財政が維持できない場合には、いくつかの自治体が広域連合を組織して医療サービスを高齢者に提供することができる。

図3-1が示すように、医療費は1990年代に増加したが、1990年代と比べて、近年その伸びは緩やかになっている（国民医療費の国民所得に対する比率は、2003年以降8％台の水準で推移している）。しかし、高齢化の進展に伴

う高齢者の医療費の増加を、これまでのように国民健康保険と健康保険組合からの拠出金と公費負担とで支え続けることは、経済成長率の低下に伴う保険料収入の伸びの低下と現役世代と高齢者世代の間の公平性の観点から見直しが必要であることから、高齢者にも負担能力に応じた保険料拠出を前提とする長寿医療制度（後期高齢者医療制度）が2008年に導入された。ただし、この制度では、低所得の高齢者に対しては自己負担（copayment）が低くなっており、さらに所得水準が基準以下の場合には保険料が免除される。

近年（2000年代以降）の医療費の動向をみると、国民医療費は経済（国民所得）を上回る伸びを示している。介護保険制度が施行され、医療の一部が介護に移行した2000年度を除いて、患者の自己負担（利用者負担）の引き上げ[5]や診療報酬のマイナス改定を行った年以外は、医療費は毎年約1兆円（対前年度増加率2〜4％）にのぼる増加を示しており、2011年度の国民医療費は38.5兆円となっている。

(2) 介護保険の給付費の推移

介護保険は、寝たきり老人など介護を要する高齢者が自宅で介護を受け、施設に通所して介護を受けることを容易にして、家族の介護負担を軽減するよう公的な援助を行うために、2000年4月から実施されている。介護保険では、40歳以上の国民が介護保険料を納める代わりに、65歳以上になって介護を要する場合には、高齢者の申請に対する市町村の介護認定委員会の認定（要介護認定）に基づいて、ホームヘルパーの派遣など具体的な介護サービスを利用することができる（図3-3）。

介護保険で利用できるサービス（介護保険サービス）には、訪問サービス（自宅利用）、通所サービス、短期入所といった居宅サービス（在宅サービス）や施設サービスといったさまざまなものがある。それらのサービスの1つ1つにサービス提供の対価として支払われる介護報酬が国によって決められており、介護サービス事業者はこの介護報酬と利用量に応じて収入を得ることができる。

介護保険で提供されるサービスの種類、介護報酬、介護の必要性の認定基準は国が全国一律に決めるのに対して、この基準に基づく認定作業は市町村

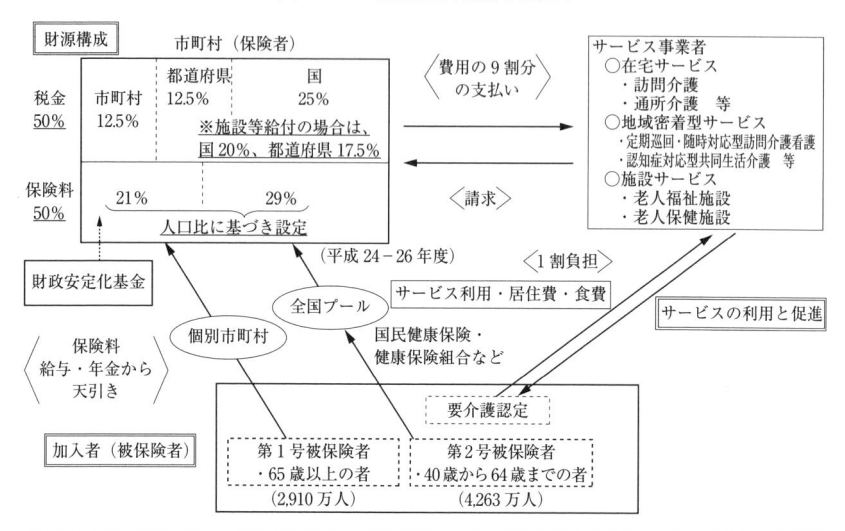

54　第1部　日本の人口動態と社会保障への影響

図3-3　介護保険制度の仕組み

```
┌─────────────────────────────────────────────────┐                          ┌─────────────────────┐
│ 財源構成  市町村（保険者）                        │                          │ サービス事業者       │
│         ┌──────┬──────┬──────┐                  │  ＜費用の9割分＞         │ ○在宅サービス       │
│ 税金    │市町村│都道府県│  国  │                  │   の支払い               │  ・訪問介護         │
│ 50%     │12.5% │ 12.5%  │ 25%  │                  │ ──────────→             │  ・通所介護　等     │
│         │      │        │      │                  │                          │ ○地域密着型サービス │
│         │      │※施設等給付の場合は、              │                          │  ・定期巡回・随時対応型訪問介護看護 │
│         │      │国20%、都道府県17.5%               │                          │  ・認知症対応型共同生活介護　等 │
│         ├──────┴────────────────┤                  │                          │ ○施設サービス       │
│ 保険料  │ 21%      │    29%     │                  │  ＜請求＞                │  ・老人福祉施設     │
│ 50%     │          │            │                  │ ←──────────             │  ・老人保健施設     │
│         │ 人口比に基づき設定    │                  │                          └─────────────────────┘
│         │      （平成24-26年度）│                  │ ＜1割負担＞
│         └──────────┴────────────┘                  │ サービス利用・居住費・食費        ┌──────────────┐
│ ┌──────────┐    ↑            ↑                   │                                    │サービスの利用と促進│
│ │財政安定化基金│  個別市町村  全国プール           │  国民健康保険・                     └──────────────┘
│ └──────────┘                                      │  健康保険組合など
│   ↑                                                │         ↓
│ ＜保険料＞                                          │    ┌─要介護認定─┐
│  給与・年金から                                     │    │              │
│   天引き                                            │    ↓              ↓
│                                                    │  ┌─第1号被保険者─┐ ┌─第2号被保険者─┐
│ 加入者（被保険者）                                  │  │・65歳以上の者  │ │・40歳から64歳までの者│
│                                                    │  │  (2,910万人)   │ │  (4,263万人)    │
│                                                    │  └────────────┘ └────────────┘
└─────────────────────────────────────────────────┘
```

注：第1号被保険者の数は、「平成22年度介護保険事業状況報告年報」によるものであり、平成22年度末現在の数（福島県の5町1村を除く）である。
　　第2号被保険者の数は、社会保険診療報酬支払基金が介護給付費納付金額を確定するための医療保険者からの報告によるものであり、平成22年度内の月平均値である。
出所：厚生労働省HPより一部加筆して筆者作成。

にある介護認定委員会が行う。そして、介護サービスは、要介護者の選択を尊重して、市町村が認める介護サービス業者のうち要介護者が選んだ業者が、ケアマネージャーの作るケアプランに基づいて提供される。

　介護サービスの利用者は、原則として費用の1割を負担する。ただし、利用者負担が高額にならないように負担の上限があり、上限を超える額については高額介護サービス費が市町村から支給される。

　介護保険の被保険者数は、2010年現在、65歳以上の被保険者（第1号被保険者）が2,910万人、40歳から64歳の被保険者（第2号被保険者）が4,263万人である。介護保険サービスを受けることが認定された人の数（認定者数）は、2010年現在、要支援者数が133万人、要介護者数が373万人、合計506万人である。要支援・要介護認定を受けた高齢者に介護サービスを提供する介護従事者数は、居宅サービス事業所の従事者数（パートタイマーもいるので従業者がすべて常勤で働くと仮定した常勤換算推計値）は訪問介護系で

16万3,000人、通所介護系で19万9,000人であり、介護保険施設の従事者数（常勤換算推計値）は51万8,000人となっている（厚生労働省『平成20年介護サービス施設・事業所調査』）。

(3) 医療保険の財源構成と国庫負担の推移

医療保険制度に対する国庫負担は、事務費負担と給付費負担に分けられる。事務費負担は、保険制度を運営する費用に充てられ、一方、給付費負担は、財政基盤が脆弱な保険者について給付費の一部を賄うことにより、保険者の財政力の均衡を図る役割を担っている。

政府管掌健康保険（現在の全国健康保険協会管掌健康保険：協会健保）については、1973年に定率の国庫負担が導入され、それ以降、保険料率の上昇に伴ってその国庫負担も自動的に増加する仕組みとなっている。ただし、1992年度からは健保法等の改正で中期財政運営方式が導入されたため、保険料率と国庫負担率の調整が行われ13％となった。一方、組合管掌健康保険については、1958年に導入された給付費臨時補助金があり、特に財政状況の悪い組合に対してこの補助金が支給されている。2005年度、その額は約85億円計上されている。

国民健康保険の場合は、国民皆保険を実現するため1959年から国庫負担が導入された。負担率は全保険者一律に医療費の20％の国庫負担と財政力の弱い保険者に対する財政調整交付金が医療費の5％と定められた。この負担率は、1966年以降（国民健康保険組合の場合は1978年以降）40％であったが、1984年以降、退職者医療制度の導入により国保の医療費負担が軽減されたため引き下げられた。2005年度では、給付費の32％（1997年9月以降の加入者は13％）および上乗せ15％を限度とする国庫負担がある。なお、国民健康保険の国庫負担は、分立する医療制度の給付と負担の公平化を図る意味から、財政力の弱いところへ高率の国庫負担が行われている。

医療保険制度に対する国庫負担は、1980年代・1990年代を通じて増加した（図3-4）。伸び率では、政府管掌健康保険に対する国庫負担の伸び率が（定率負担であることもあり）、国保と組合管掌健保の伸びを上回っているが、金額では国保に対する国庫負担が最も大きい。2012年度の医療保険国庫負

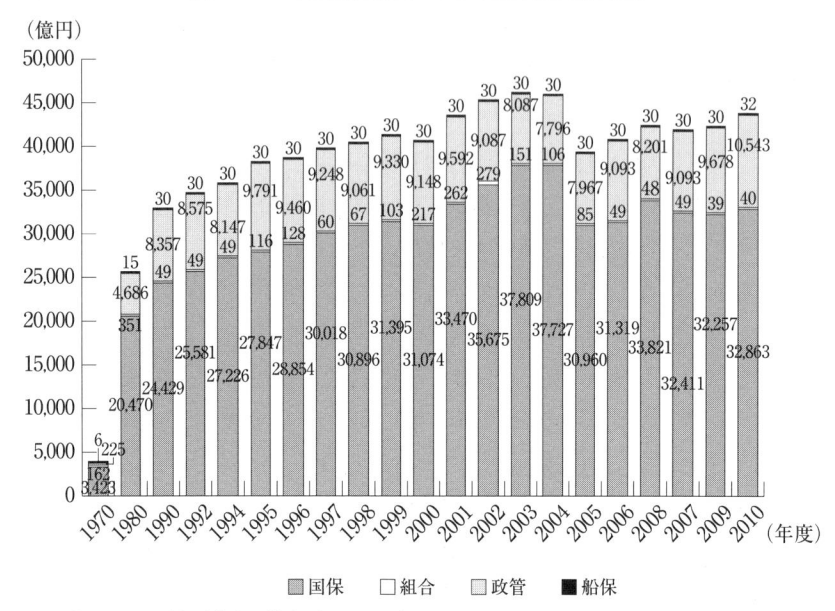

図3-4 制度別医療費にかかる国庫負担額の推移

図中データ（単位：億円）：
- 1970年：国保 3,423、政管 225、組合 62、船保 6
- 1980年：国保 20,470、政管 4,686、組合 351、船保 15
- 1990年：国保 24,429、政管 8,357、組合 49、船保 30
- 1992年：国保 25,581、政管 8,575、組合 49、船保 30
- 1994年：国保 27,226、政管 8,147、組合 49、船保 30
- 1995年：国保 27,847、政管 9,791、組合 116、船保 30
- 1996年：国保 28,854、政管 9,460、組合 128、船保 30
- 1997年：国保 30,018、政管 9,248、組合 60、船保 30
- 1998年：国保 30,896、政管 9,061、組合 67、船保 30
- 1999年：国保 31,395、政管 9,330、組合 103、船保 30
- 2000年：国保 31,074、政管 9,148、組合 217、船保 30
- 2001年：国保 33,470、政管 9,592、組合 262、船保 30
- 2002年：国保 35,675、政管 9,087、組合 279、船保 30
- 2003年：国保 37,809、政管 8,087、組合 151、船保 30
- 2004年：国保 37,727、政管 7,796、組合 106、船保 30
- 2005年：国保 30,960、政管 7,967、組合 85、船保 30
- 2006年：国保 31,319、政管 9,093、組合 49、船保 30
- 2008年：国保 33,821、政管 8,201、組合 48、船保 30
- 2007年：国保 32,411、政管 9,093、組合 49、船保 30
- 2009年：国保 32,257、政管 9,678、組合 39、船保 30
- 2010年：国保 32,863、政管 10,543、組合 40、船保 32

凡例：■国保　□組合　□政管　■船保

出所：『目で見る医療保険白書』（各年版）および厚生労働省保険局調査課「医療保険に関する基礎資料」（各年版）より筆者作成。

担は、全体で約3.9兆円である。このうち国民健康保険分が約79％を占めている。次が政府管掌健康保険の約20％であるから、国保の国庫負担の比重がいかに大きいかがわかる。経済成長率が平均的に低下し国の税収の伸びが期待できない状況では、医療保険の給付費が増えれば定率で国庫負担が増える仕組みは、国民経済とのバランスを考えた持続可能な社会保障財政という観点からは再考を要するものとなった[6]（国庫負担の配分のあり方、医療費水準のあり方などを含めた総合的な観点から国庫負担を検討する必要がある）。

このような医療費の国庫負担の増加に対して、政府は1997年に始まった財政構造改革の一環として、社会保障支出と国民経済とのバランスの視点から改革を進めるために、①高齢化率のピークにおいても国民負担率が50％を超えないように、②利用者本位の制度の確立、③公平な給付と負担、④効率的な給付、という社会保障改革の方向性が提示され、1997年医療保険制度改革、1998年児童福祉法改正、2000年の介護保険制度の導入など、一連

図3-5 国の一般歳出に占める医療費国庫負担額の割合

(兆円) 一般歳出費 (左軸): 1980: 30.7, 1985: 32.6, 1990: 35.4, 1994: 40.9, 1995: 42.1, 1996: 43.1, 1997: 43.8, 1998: 44.5, 1999: 46.9, 2000: 48.1, 2001: 48.7, 2002: 47.5, 2003: 47.6, 2004: 47.6, 2005: 47.3, 2006: 45.0, 2007: 46.7, 2008: 47.5, 2009: 52.5, 2010: 54.8

(％) 一般歳出に占める医療費国庫負担額の割合 (右軸): 1980: 11.7, 1985: 12.2, 1990: 14.7, 1994: 14.3, 1995: 14.7, 1996: 14.9, 1997: 15.0, 1998: 15.4, 1999: 15.4, 2000: 14.1, 2001: 14.8, 2002: 15.7, 2003: 16.3, 2004: 17.1, 2005: 17.1, 2006: 18.3, 2007: 18.2, 2008: 18.4, 2009: 17.4, 2010: 17.7

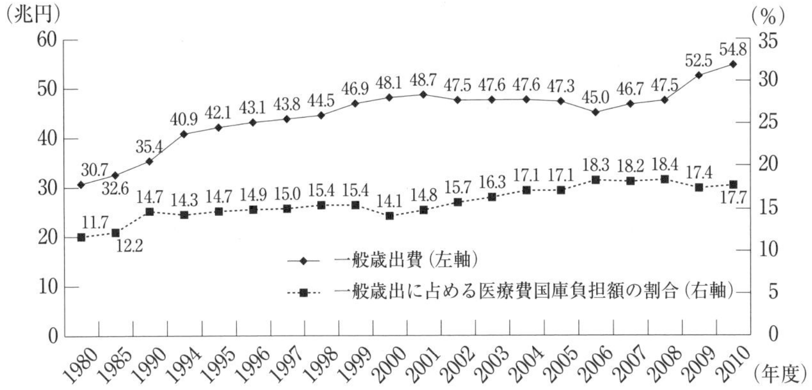

出所：図3-4と同じ。

の社会保障制度改革が実施された。

特に、1997年の医療保険制度改革では、①薬価制度の見直しによる薬価差の縮小、②包括化の推進（出来高払いと定額払いとの組み合わせを可能にする）など診療報酬体系の見直し、③病床区分の見直しなどを行う医療法の改正、④高齢者の定率1割負担の導入などを行う健康保険法等の改正などが実施された。しかし、景気後退による保険料収入の伸び悩みなど、医療保険財政は不安定な状況が続いたことと[7]、2000年4月に介護保険が始まったことにより、医療費の一部が介護保険給付費に移行したため、医療費の国庫負担は一時的に減少した。しかし、その後は、高齢者人口増加による高齢者医療費増加の影響が大きくなり、医療費の国庫負担は2005年度には1999年度以上の水準にまで増加した（17.1％（8.1兆円））（図3-5）。

このような状況に対して、医療制度構造改革試案（厚生労働省2005年10月）が示され、社会保障審議会医療保険部会と政府・与党医療改革協議会がそれぞれ医療制度改革の検討を行い、これらの検討を踏まえて2005年12月に「医療制度改革大綱」が取りまとめられた。この大綱で、高齢者の患者自己負担と療養病床に入院している高齢者の食費・居住費の負担の見直し、高額療養費の自己負担限度額の見直し、出産育児一時金および埋葬料の額の見直し、傷病手当金および出産手当金についての見直し、乳幼児に対する患者

負担軽減の対象年齢の拡大、レセプトのオンライン化の推進、保険料徴収は市町村が行うが財政運営は都道府県単位で全市町村加入の広域連合が行う「後期高齢者医療制度」の創設、国保および被用者保険双方における都道府県単位を軸とした保険者の再編・統合などが決定された。

後期高齢者医療制度の国庫負担の割合は大きいため、制度改革では患者自己負担の見直しなどにより給付抑制が図られたにもかかわらず、医療制度全体でみた医療保険財政に占める国庫負担の増加傾向はその後も続くことになった。

(4) 介護保険の財源構成と国庫負担の推移

介護保険の介護費用総額は、「公費＋保険料＋利用者負担」で賄われている。このうち保険給付される部分の財源構成は、保険料負担と公費負担である。保険給付される財源構成の公費と被保険者保険料の比率は50％ずつである。そのため、介護保険の利用者が増えて介護にかかる費用が増えるほど、公費や保険料も増やす必要がある。実際、第1号被保険者（65歳以上の人）の保険料は3年ごとに改定されるが、改定のたびに引き上げられている。保険料を支払わなければならない被保険者は40歳以上の人で、被保険者は年齢により第1号被保険者と第2号被保険者とに大別される。第1号被保険者（65歳以上の人）の保険料は19％、第2号被保険者（40歳以上65歳未満の人）の保険料は31％、第1号被保険者と第2号被保険者の負担割合は、それぞれの人口の比率で決まる（市区町村により異なるが、2012年4月の改定では保険料は月5,000円前後で、夫婦では月1万円となるため、限界に近いとも指摘されている）。

介護保険の公費負担は、国庫負担だけではなく「国＋都道府県＋市町村」から構成されている（図3-3の財源構成）。国、都道府県、市町村の負担割合は、国25％（介護保険施設にかかる費用の場合は20％）、都道府県12.5％（介護保険施設にかかる費用の場合は17.5％）、市町村12.5％である。国の負担25％は、さらに2つに分かれる。国は、市町村に対し、原則として、介護給付および予防給付に要する費用の20％を負担する（この場合、都道府県の負担割合は12.5％）。さらに、各市町村間には高齢化の程度や所得分布の状況によ

る財政力の差があり、介護保険の財政を調整する必要があるため、国は第1号被保険者の年齢階級別の分布状況、第1号被保険者の所得の分布状況などを考慮して、市町村に対して調整交付金として、さらに財源の5％分を交付する（つまり、国は20％＋5％（調整交付金）で25％の負担になる）。

　このような公費負担があるにもかかわらず、多くの高齢者が要支援・要介護認定を受けて介護保険サービスを利用するようになったため、特に高齢化率の高い市町村では、介護保険給付の費用の増加が続き介護保険財政が悪化せざるを得ない状況が生じた。そのため高齢化率の高い市町村の介護保険料は引き上げられ、保険料に地域差が顕在化するようになった。2005年度には、保険者ごとにみると北海道の鶴居村の月額5,942円から千葉県下総町の1,785円まで3.3倍の差が生じ、都道府県別の平均保険料でみても、沖縄県の月額4,501円から茨城県の3,520円まで1.8倍の差が生じた（厚生労働省『平成17年版厚生労働白書』）。

　この問題に対処するため、2005年に介護保険法の改正が行われた。2005年の改正では、制度の接続可能性と社会保障の総合化を視点として、予防重視型システムへの転換と地域密着型の新たなサービス体系の確立などが図られた。これにより、要介護状態にならないように予防すること、地域包括支援センターを設けて地域により密着したサービスの提供を図ることなどが介護保険制度とこれに関連する制度との連携によって取り組まれることとなった（図3-6）。さらに、高齢者が住み慣れた地域に暮らしながら介護サービスを受けられるようにするため、地域の医療機関や行政のみならずNPOなどによる見守りなど介護にかかわる多様なネットワークを介護保険で活用していく地域ケア整備構想が2008年に打ち出され、これに基づいて介護予防のための取り組みが市町村や地域の社会福祉協議会によって実施されることになった。これらの介護保険の改革動向と地域包括ケアの概念とその導入と展開については、第2部と第3部で詳述される。

図3-6　2005年の介護保険改正の基本的な視点と主な内容

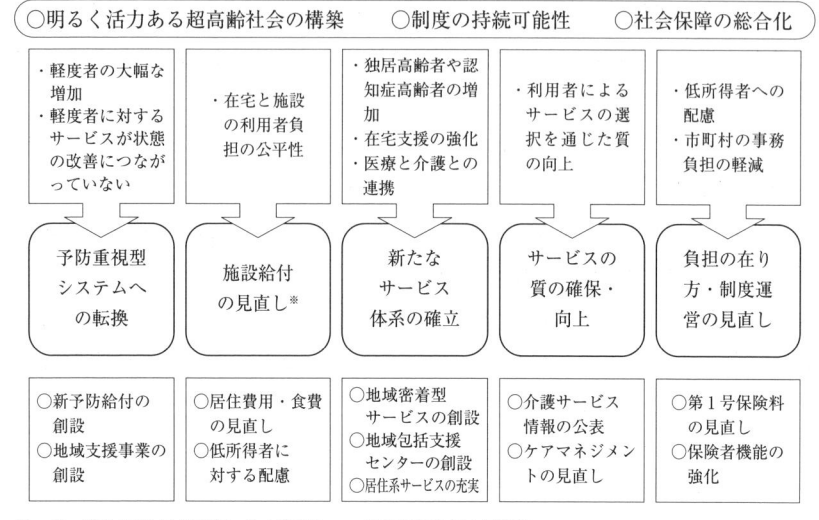

○明るく活力ある超高齢社会の構築　　○制度の持続可能性　　○社会保障の総合化

・軽度者の大幅な増加 ・軽度者に対するサービスが状態の改善につながっていない	・在宅と施設の利用者負担の公平性	・独居高齢者や認知症高齢者の増加 ・在宅支援の強化 ・医療と介護との連携	・利用者によるサービスの選択を通じた質の向上	・低所得者への配慮 ・市町村の事務負担の軽減
予防重視型システムへの転換	施設給付の見直し※	新たなサービス体系の確立	サービスの質の確保・向上	負担の在り方・制度運営の見直し
○新予防給付の創設 ○地域支援事業の創設	○居住費用・食費の見直し ○低所得者に対する配慮	○地域密着型サービスの創設 ○地域包括支援センターの創設 ○居住系サービスの充実	○介護サービス情報の公表 ○ケアマネジメントの見直し	○第1号保険料の見直し ○保険者機能の強化

注：※＝平成17年10月施行。他の改正については平成18年4月施行。
出所：厚生労働省HP。

4　少子高齢化が社会保障財政に及ぼす影響
　　──世代別にみた給付と負担への影響

(1)　世代間の給付と負担の関係を測る方法──世代会計

　少子高齢化の進展に伴い、年金受給者が増加するのに対して保険料を払う現役世代の数が減少することにより、将来世代のほうが生涯でみた保険料拠出に対する年金給付の比率が低下することは、年金財政における世代間の不公平として認識されるようになり、2004年の年金改革では保険料固定方式が導入された。社会保障財政の課題には、こうした負担と給付の生まれ年別にみた格差の是正に加えて、過去の低い保険料支払いで年金受給権を得て年金を受給している人々の年金純債務をどのように解消していくかという問題がある。また、1人当たり国民医療費をみると、現役世代（65歳未満）に比べて高齢者（65歳以上）のほうが約4倍の医療費を使っていることと、医療保険においても年金保険と同様に、高齢者数の増加に伴い老人保健制度に対

する健康保険からの（現役世代からの）拠出金増加を受けて保険料率が上昇したため、若い世代ほど保険料負担に対する自らが受ける医療保険給付の割合は低下する傾向がある。

したがって、社会保障制度の各制度の給付など負担ごとに世代間の公平性が満たされているかどうかを検証することは、重要な課題である。このような問題に応えるために1990年代以降、国際的に用いられている手法が世代会計（Generational Accounting）である。これは、ボストン大学のコトリコフ（Kotlikoff）教授によって概念と方法が提示されたものであり、保険料負担の対象となる賃金の現役期間のプロファイルを世代別（生まれ年別、コーホート別）に推計し、将来世代については賃金上昇率を仮定して、生まれ年別の保険料負担を推計するとともに、年金給付は物価スライドや賃金スライドなどスライド方式に応じて、医療給付は物価上昇率や罹患率の動向に応じて変化すると想定することにより、生まれ年別の給付と負担の関係を過去から将来にわたり推計する手法である。21世紀に入り、先進諸国各国で経済成長率が低下し政府歳入も伸び悩む一方で、高齢化に伴う社会保障給付の増加が続いたことから、給付と負担の関係における世代間の公平性が、先進諸国各国でも重要な政策課題になった。こうした状況のなかで、世代会計の国際比較が進むとともに、日本でも、吉田（1995、2006）、麻生・吉田（1996）、Takayama, Kitamura and Yoshida（1999）に始まり、内閣府（2001）、佐藤（2008）、増島・島澤・村上（2009）、増島・田中（2010）、宮里（2010）、鈴木・増島・白石・森重（2012）など、多くの世代会計による推計が行われてきた[8]。

（2） 人口動態の社会保障負担への影響——世代別の影響

鈴木・増島・白石・森重（2012）は、年金保険・医療保険・介護保険それぞれの保険数理的な推計モデルを構築したうえで年金・医療・介護の給付と負担の長期推計を行い、さらに生年別の受益と負担の推移を検証している。この推計モデルでは、被保険者や受給者数の推計に用いられる将来推計人口として2006年12月推計が用いられている。医療保険と介護保険の給付と負担については、鈴木（2006）の推計モデルを用いて推計を行っている。一方、年金保険については、厚生労働省が平成21年財政検証に際して公開した計

算手法とデータおよび将来の経済前提を取り込んだ推計を行っている。従来の世代会計の推計では、年金・医療・介護それぞれの推計が推計を行う者のモデルと初期値の置き方に依存する面があるのに対して、鈴木・増島・白石・森重（2012）の推計では、年金については政府の推計方法と同様であり、推計を行う者による裁量的な影響が小さくなる努力がなされている[9]。

世代会計の給付と負担の関係は、一時点の社会保障の給付と負担すなわち社会保障財政の収支でみるのではなく、一般的に、生年別の生涯にわたる負担額に対する給付額の比率または生涯にわたる給付額と負担額の差額の負担額に対する比率（生涯純受給率）で測られる。少子高齢化の進展に伴って、社会保障給付費が伸びるのに対応して社会保障財政を維持するために、政府は、年金保険、医療保険、介護保険いずれにおいても保険料率や保険料額をしばしば引き上げてきたため、現役世代（生産年齢の期間）の負担は重くなる傾向がある。他方、給付をみると、高齢化に伴って年金受給者が増加し、1人当たり医療給付の高い高齢患者数の増加と要介護高齢者の増加により、引退世代（引退期間）に対する給付は増加する傾向がある。その結果、世代会計で示される給付と負担の関係は、高齢者世代ほど負担に対する給付の割合が高く、若い世代ほどその割合が低下し、将来世代では生涯の負担がすでに引退した高齢者に移転していることを反映して自身の給付を上回り生涯純受給（あるいは受給率）がマイナスになることが生じる場合もある。

2008年の将来推計人口に基づく鈴木・増島・白石・森重（2012）の推計結果は、表3-2に示されている。生涯純受給率を生年別にみると、1950年生まれ1.0％、1960年生まれ▲5.3％、1970年生まれ▲7.8％、1980年生まれ▲9.8％、1990年生まれ▲11.5％、2000年生まれ▲12.4％、2010年生まれ▲13.0％と生年が下るにつれて支払い超過の傾向にある。このように、社会保障を通じた世代間不均衡は無視できない大きさとなっている。

人口動態の変化の世代会計に及ぼす影響をみるために、佐藤（2012）では、2012年1月推計の将来人口推計に基づく場合と2006年12月推計の将来人口推計に基づく場合との比較が行われている。なお、この世代会計では、鈴木・増島・白石・森重（2012）と異なり、公的な教育費が給付と負担それぞれに案分され、財政赤字を賄う租税負担も含めて推計が行われている。将来

第3章　社会保障財政および個人負担への影響

表3-2　世代別にみた給付と負担の比較（世代会計による推計結果の比較）

鈴木・増島・白石・森重 (2012)**		増島・島澤・村上 (2009)**		平成15年度年次経済報告 (2003)*		平成13年度年次経済報告 (2001)#	
コーホート	生涯純受給率 (%)	コーホート	生涯純負担率 (%)	コーホート	生涯純受益 (万円、2001年基準実質額)	コーホート	生涯純受益 (万円、1999年基準実質額)
		1920年生まれ	▲4.5				
		1930年生まれ	1.7	1930年代生まれ	6,499	1930年代生まれ	6,100
		1940年生まれ	5.0	1940年代生まれ	194	1940年代生まれ	0
1950年生まれ	1.0	1950年生まれ	8.2	1950年代生まれ	▲952	1950年代生まれ	▲400
1960年生まれ	▲5.3	1960年生まれ	8.0	1960年代生まれ	▲1,732	1960年代生まれ	▲1,200
1970年生まれ	▲7.8	1970年生まれ	8.0	1970年代生まれ	▲1,880	1970年代生まれ	▲1,500
1980年生まれ	▲9.8	1980年生まれ	8.4	～	～	1980年代生まれ	▲4,700
1990年生まれ	▲11.5	1990年生まれ	11.8	1990年代生まれ	▲5,223		
2000年生まれ	▲12.4	2000年生まれ	15.0				
2010年生まれ	▲13.0						

（新しい推計の背景（高齢化の進展、出生率の低下））
（将来世代の純受給率の低下）
（将来世代の純負担率の増加）
（将来世代の純受益額の低下）

注1：世代会計の手法には、推計基準年よりも過去の受益・負担分を含めて個々の世代の生涯純負担を推計する方法と、過去の分を含めずに基準年以後の世代別の受益と負担を推計して基準年世代と将来世代を比較する方法とがある。この表では、内閣府の世代会計で採られている後者の方法での比較結果を比較している。

2：推計に用いられている将来推計人口［中位推計］（国立社会保障・人口問題研究所）**平成18 (2006) 年12月推計、*平成14 (2002) 年推計、#平成9 (1997) 年推計。

3：生涯純受給率 =（社会保障からの純受益／生涯収入）、純受益額 = 社会保障からの生涯受益－生涯負担、生涯純負担率 =（生涯純負担／生涯所得）、世代別1世帯当たり。

4：平成13年度年次経済報告の推計のほうが、平成15年度年次経済報告の推計よりも、平成13年度推計が基づく平成9年度推計による将来推計人口の出生率推移が平成15年度推計が基づく平成14年推計の出生率推移よりも早く上昇に転じるため、将来の若年人口の回復による1世帯当たり負担額が低下する影響をためである。

出所：鈴木・増島・白石・森重 (2012)、増島・島澤・村上 (2009)、平成15年度・平成13年度年次経済報告より筆者作成。

推計人口の 2012 年 1 月推計では、近年の出生率の若干の回復を反映して、2008 年推計に比べて出生推移（出生率）が高く想定されている。その一方で、平均余命の伸びを反映して 75 歳以上人口の増加は、2006 年 12 月推計よりも 2012 年 1 月推計のほうが大きくなっている。2 つの推計にはこれら 2 つの相違があるが、長期的には高齢者の死亡数が増加することによって高齢者の平均余命の伸びの影響が弱まるため、佐藤（2012）による世代会計では、出生推移の影響が現れて、2006 年 12 月推計よりも 2012 年 1 月推計に基づくほうが将来世代の生涯純負担額が小さい結果となっている。

これに対して、鈴木（2006）は、医療保険・介護保険の推計方法は鈴木・増島・白石・森重（2012）と同様であり、年金保険の推計も年金財政再計算の結果に近似するような推計方法が採られているが、将来推計人口としては 2002 年 1 月推計が用いられている。鈴木（2006）では、2002 年 1 月将来推計人口に基づく生涯純受給率の推計結果から、1940 年生まれ（現在 65 歳）の世代は 11.3％の受け取り超過、2005 年に生まれた世代は 9.4％の支払い超過となり、両世代の生涯純受給率格差は 20.7％となるなど、世代間格差が指摘されている。鈴木（2006）による各世代の生涯純受給率を 2006 年 12 月推計に基づく鈴木・増島・白石・森重（2012）と比較すると、2002 年 1 月将来推計人口に比べて 2006 年 12 月推計人口のほうが、出生推移が低下することと平均余命の伸びを反映した高齢者数の増加が大きいため、将来世代の生涯純受給率がより小さい結果となっている。

世代会計は高齢者世代、現役世代、将来世代、各世代（生年別・コーホート別）の給付と負担を推計するため将来推計人口を用いることから、5 年ごとの将来推計人口の更新に対応して世代会計も新しい推計が行われてきた。一連の世代会計の推計結果の比較から、社会保障の給付と負担の関係に着目すると、人口動態の変化には出生率の低下と平均余命の伸びという 2 つの変化があり、それぞれが各世代の生涯純受給率に異なる影響を及ぼすことがわかる。出生推移が同じ傾向で続く場合、平均余命の伸びによる高齢者の増加による影響は、将来世代の負担をより重くし、生涯純受給率を低下させる。一方、出生率の（若干の）回復にみられるような上昇は、これまでの長期的な出生率の低下傾向のために将来の高齢者人口が減少することから、平均余

命の伸びがあってもその影響を小さくし、結果的に将来世代の生涯純受給率を引き上げ、将来世代の負担を軽減することがわかる。

5 社会保険料・租税負担の公平性
——負担の現状と逆進性緩和の方策

　少子高齢化の進展に伴って、現役世代よりも将来世代の社会保障負担がより重くなる傾向を是正して、世代間の公平性を確保するために、年金制度改正では保険料率が一定水準となり、代わりに年金給付の水準が高齢者の増加と経済成長率の動向に応じて調整されるマクロ経済スライド方式が導入された。介護保険でも、介護予防や地域包括ケアを進めることによって、高齢者が要介護にならないようにするとともに、要介護であっても重度化しないようにすることによって、市町村の介護保険の給付の増加を緩やかにして、介護保険料の負担が過重にならないような努力が始まっている。このような政策は、人口動態の変化によって起こる個人の社会保障負担の増加を緩和するために重要である。

　しかし、それでもなお少子高齢化の進展で年金保険、医療保険、介護保険の給付費が増大し、国庫負担だけではその増加を賄うことができない場合、そのような給付費の増加に社会保険料の引き上げで対応しなければならないことも起こりうる。その場合に、世帯の人的構成と所得水準によってさまざまな控除（所得控除、税額控除）がある所得税と異なり、社会保険料は勤労収入など所得に比例して徴収されるため、社会保険料負担は累進的ではないことに留意する必要がある。もちろん、社会保険料徴収においても保険料額の免除制度があるが、それは前年の所得に依存するので、さまざまな控除が受けられる所得税よりも累進的ではない可能性は否定できない。この点を確認するために、以下では、『家計調査』（総務省統計局）の「住居の所有関係、年間収入階級別、2人以上の世帯・勤労者世帯」のデータを2000年から2011年までプールしたパネル・データを用いた回帰分析によって、所得税と社会保険料の累進性の度合いを比較する。

　ここで行う回帰分析は、税負担と所得との関係、社会保険料負担と所得と

の関係をそれぞれ示す租税関数と社会保険料関数を、累進性の度合い[10]がわかる2次関数に特定化して、これらを上記のパネル・データを用いて推定し、累進性を示す係数を比較する分析である。推定に用いる2次関数の推定式は、次のとおりである。

$$T_{it} = a_0 + a_1 \times INC_{it} + a_2 \times (INC_{it})^2 + HD_{it} + u_{it}$$

ここで、T_{it}はt年における第i世帯の世帯主の租税負担額（社会保険料負担額）、INC_{it}はt年における第i世帯の世帯主の税と社会保険料が引かれる前の所得額（1カ月当たり勤労収入）、HD_{it}は持ち家である場合を1とする住宅保有ダミー変数、u_{it}は誤差項である。住宅保有ダミー変数は持ち家による住宅減税の影響を考慮したためである。

このような2次関数の租税関数では、限界税率（社会保険料負担）は、$a_1 + 2 \times a_2$となる。係数が正（負）であれば、税と社会保険料が引かれる前の所得が上がるほど税額も増える（減る）ので負担は累進的（逆進的）であることを示す。

推定方法は、パネル・データを用いた回帰分析なので、固定効果モデルと変動効果モデルを推定してハウスマン検定を行い、この検定で採択された固定効果モデルを用いる。

租税関数の推定結果では（表3-3）、定数項が負で所得控除の影響はみられるものの、2次の項（当初所得の2乗の項）は正であり、限界税率所得の増加につれて上昇する結果となった。これは、租税負担が累進的であることを示している。これに対して、社会保険料関数の推定結果では（表3-3）、定数項が正でありかつ限界社会保険料の累進度（当初所得の2乗の項の係数）が負の値となっており、所得の伸びほどには保険料が伸びないため、社会保険料負担では世帯所得に対して逆進的な負担が生じる可能性が示唆されている。

このような社会保険料負担に累進性がみられないという問題は、人口動態の変化（高齢化の進展）に対応して社会保険を維持するための保険料引き上げが、所得に対する公課という側面を持つにもかかわらず所得税の運営ほどには累進性が考慮されずに実施されたためであると考えられる。

表3-3 租税関数と社会保険料関数の推定結果

[被説明変数]	租税関数		社会保険料関数			
	所得税	地方住民税	社会保険料	年金保険料	医療保険料	介護保険料
[説明変数]						
所得	−0.0527 **	−0.0394 ***	0.0527 ***	0.0567 ***	0.0025	0.005 **
	(−2.92)	(−2.59)	(2.79)	(4.81)	(0.34)	(2.41)
所得^2	0.000001 ***	0.0000005 ***	−0.0000003 ***	−0.0000004 ***	0	0 *
	(9.59)	(5.64)	(−3.07)	(−5.95)	(0.34)	(−1.73)
住宅保有	345.7328	1373.267	3063.953	1786.479 ***	1245.864 ***	125.8256
	(0.42)	(1.98) **	(3.56) ***	(3.32)	(3.80)	(1.48)
定数項	16600.39	18961.87	5657.486	11028.82 ***	13307.85 ***	−90.5959
	(3.08) **	(4.16) ***	(4.98) ***	(3.12)	(6.17)	(−0.16)
R^2	0.8928	0.5096	0.7617	0.7125	0.5840	0.7064
サンプル数	432	432	432	432	432	432

注1:社会保険料は年金保険料と医療保険料と介護保険料を合わせた額である。年金保険料、医療保険料、介護保険料の推定結果はそれぞれの保険料額を被説明変数とした場合の推定結果である。
 2:住宅保有は、住宅を保有している場合(持ち家の場合)に1をとるダミー変数である。
 3:推定方法は固定効果モデル。係数右側の*、**、***はそれぞれ10%水準、5%水準、1%水準で統計的に有意であることを示す。
出所:『家計調査』(総務省統計局)を用いた筆者推定。

6 まとめと今後の課題

　所得格差や貧困問題に関心が集まるとともに持続可能な社会保障財政とするために、社会保障・税の一体改革が進められている。すなわち、世代内の公平性(所得再分配)と世代間の公平性とを同時に達成することを目指しながら、社会保障改革が進められている。少子高齢化の進展に伴う社会保障給付費の伸びに対して、こうした目標を踏まえた負担を求めていくためには、社会保険料全体としてみると累進的ではないことを踏まえながら、社会保険料については免除制度や軽減制度を活用して適切な負担を求めていくことが必要である。この点で、介護保険の65歳以上の被保険者(第1号被保険者)の保険料は、低所得者に配慮して、市町村民税の課税が少ない人には保険料負担も軽くなる仕組みを導入したことは評価できると言えるだろう[11]。そのうえで、所得税の累進性の維持または強化や消費税における必需品の税負担軽減などの工夫に基づく国庫負担の財源を確保していくことが、今後ますます重要になっていくと考えられる。

注

1) http://www.oecd.org/els/familiesandchildren/socialexpendituredatabasesocx.htm
2) 「平成24年1月 日本の将来推計人口」（国立社会保障・人口問題研究所）http://www.ipss.go.jp/syoushika/tohkei/newest04/gh2401.pdf
3) 21世紀の社会保障の在り方に関する有識者懇談会報告。
4) なお、東日本大震災に伴う被災した人々の医療・介護・福祉と生活保障ならびに被災地の経済復興のために多くの財源が必要となったため、子ども手当は2011年9月分の支給をもって廃止され、高額所得者に対する所得制限のある児童手当が復活した。
5) 患者の自己負担（利用者負担）の引き上げは、短期的には医療費の低下につながるが、医療費の水準は引き上げ後、時間が経過するにつれて元に戻る傾向があるため、長期的には費用抑制効果が明確でないことが、時系列分析などを用いた先行研究で指摘されている（熊谷・泉田、2007；花岡・鈴木、2007）。
6) 社会保障費財源の60％近くは保険料で賄っており、残りを公費負担に依存している。この公費負担の増加率は、1980年代後半以降90年代半ばまでは国民所得の成長率とほぼ同じであったが、1990年代後半以降、上昇傾向にある。本格的な少子高齢社会のもとで、経済成長率がこれまでのように低い水準にあれば、高齢者関係費用の増加によって、社会保障制度が国民負担率の引き上げ要因になることは確実である。このような状況を踏まえ、以下に述べるように1980年代から2005年までの四半世紀を通じて、医療・介護制度において、医療費の伸びの適正化を図る改革が繰り返し実施されてきた。
7) たとえば、2002年度では、健康保険組合の財政状況は、被保険者数と保険料収入の大幅な減少および老人保健拠出金および退職者給付金の増加により、過去最高の約4,000億円の経常赤字となり、総収支から積立金等の取り崩しによる収入の補塡分を除いたネットの総収支ベースでみても約2,500億円の赤字となった。政府管掌健康保険の単年度収支は、被保険者数や給与の減少による保険料収入の減少などにより過去最高の約6,200億円の赤字となり、累積の収支も赤字となった。国民健康保険の財政状況も同様に厳しく、就業構造の変化、高齢者や低所得者の増加等により、2002年度は約2,300億円の経常赤字となった。
8) このように一連の世代会計の推計が行われてきた背景には、世代会計は高齢者世代、現役世代、将来世代、各世代（生年別・コーホート別）の給付と負担を推計するため将来推計人口を用いることから、5年ごとの将来推計人口の更新に対応して世代会計も推計を更新する必要があることが挙げられる。
9) このような推計を行う者の裁量を少なくするために、本書の第4部でも、厚生労働省が平成21年財政検証に際して公開した計算手法とデータおよび将来の経済前提を取り込んで推計を行っている。

10) 累進性の度合いの数式による表記とこれを用いた理論的分析については、Lambert（2001）を参照。
11) 後期高齢者医療制度（長寿医療制度）においても、負担軽減が図られているが、現行では一時的な軽減となっている。すなわち、低所得者の保険料軽減（均等割9割〜8.5割、所得割5割軽減）、被扶養者だった人の保険料軽減（均等割9割）、70歳から74歳までの患者負担割合（1割から2割）の引き上げの凍結といった軽減措置は当面継続することとされている。ただし、これらの軽減措置が期間限定の措置であることが問題として指摘されている。

参考文献

Auerbach, Alan J., Laurence J. Kotlikoff and Willi Leibfritz, eds. (1999) *Generational Accounting around the World*, Chicago: The University of Chicago Press.

Lambert, P. J. (2001) *The Distribution and Redistribution of Income*, Third edition, Manchester: Manchester University Press.

Takayama, N., Y. Kitamura and H. Yoshida (1999) "Generational Accounting in Japan," A. J. Auerbach, L. J. Kotlikoff and Leibfritzin eds., *Generational Accounting around the World*, The University of Chicago Press, pp. 447-469.

麻生良文・吉田浩（1996）「世代会計からみた世代別の受益と負担」『フィナンシャル・レビュー』第39号。

岩本康志・濱秋純哉（2008）「租税・社会保障制度による再分配の構造の評価」『季刊社会保障研究』第43巻第3号、pp. 466-477。

加藤久和（2011）『世代間格差——人口減少社会を問いなおす』（ちくま新書）筑摩書房。

金子能宏（2000）「所得の不平等化要因と所得分配政策の課題」『季刊社会保障研究』第35巻第4号、pp. 420-435。

─── （2005）「少子高齢化社会の社会保障財政」『ジュリスト』有斐閣，2005年1月1-15日号（No. 1282）。

─── （2010）「医療保険制度の展開と日本経済への影響」内閣府経済社会総合研究所企画・監修、井堀利宏編『財政策と社会保障（バブル／デフレ期の日本経済と経済政策5）』慶應義塾大学出版会。

京極高宣（2005）『国民皆介護──介護保険制度の改革』北隆館。

熊谷成将・泉田信行（2007）「患者自己負担率引き上げの時系列的評価」『医療と社会』第17巻第1号、pp. 1-20。

坂本忠次（2003）『現代社会福祉の諸問題──介護保険の現状と財政を中心に』晃洋書房。

坂本忠次・住居広士（2006）『介護保険の経済と財政』勁草書房。

佐藤康仁（2008）「世代会計による日本の世代間不均衡」『経済政策ジャーナル』（日本経済政策学会）、第5巻第2号、pp. 43-46。

―――（2012）「2005年と比較した2010年の日本の世代間不均衡――2010年基準世代会計の基本推計結果」日本財政学会第69回大会報告論文。

鈴木亘（2006）「現在の社会保障制度の下における世代間受益と負担の見通し」貝塚啓明・財務省財務総合政策研究所編『年金を考える――持続可能な社会保障制度改革』中央経済社。

鈴木亘・増島稔・白石浩介・森重彰浩（2012）「社会保障を通じた世代別の受益と負担」ESRI Discussion Paper No. 281、内閣府経済社会総合研究所。

内閣府（2001）「国民の受益・負担からみた財政」『平成13年度　経済財政白書』第3章第3節、pp. 166-181。

西沢和彦（2011）『税と社会保障の抜本改革』日本経済新聞出版社。

西村周三編集、医療経済研究機構監修（1998）『医療白書〈1998年版〉介護保険制度導入』日本医療企画。

花岡智恵・鈴木亘（2007）「介護保険導入による介護サービス利用可能性の拡大が高齢者の長期入院に与えた影響」『医療経済研究』第19巻第2号、pp. 111-126。

林正義・別所俊一郎（2004）「累進所得税の社会的限界費用――個票データを用いた試算」ESRI Discussion Paper No. 113、内閣府経済社会総合研究所。

舟場正富・斎藤香里（2003）『介護財政の国際的展開――イギリス・ドイツ・日本の現状と課題』ミネルヴァ書房。

増島稔・島澤諭・村上貴昭（2009）「世代別の受益と負担――社会保障制度を反映した世代会計モデルによる分析」ESRI Discussion Paper No. 217、内閣府経済社会総合研究所。

増島稔・田中吾朗（2010）「世代間不均衡の研究Ⅱ――将来世代の生年別の受益・負担構造の違い」ESRI Discussion Paper No. 247、内閣府経済社会総合研究所。

宮里尚三（2010）「1990年代の世間再分配政策の変遷――世代会計を用いた分析」内閣府経済社会総合研究所企画・監修、井堀利宏編『財政政策と社会保障（バブル／デフレ期の日本経済と経済政策5）』慶應義塾大学出版会。

吉田浩（1995）「世代会計によるアプローチ」『ESP』第277号、pp. 35-39。

―――（2006）「世代間不均衡と財政改革――世代会計アプローチによる2000年基準推計結果」高山憲之・斎藤修編『少子化の経済分析』東洋経済新報社。

第 2 部　社会保障・税一体改革と地域包括ケア

第4章

医療・介護制度の展開と社会保障・税一体改革

岩渕　豊

1　医療・介護制度の展開と社会保障財政

(1)　社会保障の機能強化

　少子高齢化が進むなか、増大し多様化するニーズに対応する持続可能な制度の構築と安定した財源の確保は、日本の社会保障制度が直面している大きな課題である。長引く景気低迷と国の財政赤字の悪化を背景に、2000年ごろから社会保障給付費の急速な増加を数値目標設定により抑制することが求められるようになる。2006年7月の閣議決定「経済財政運営と構造改革に関する基本方針2006（骨太の方針2006）」は、2007年度からの5年間で社会保障の国庫負担増を1.1兆円削減することを決定し、高齢化などで国庫負担増が毎年度1兆円程度見込まれるなか、制度改正などにより2,200億円を削減して各年度の予算を編成することとした。これを受け、政府は2006年診療報酬改定において連続3度目で下げ幅も過去最大のマイナス改定[1]をするなどの抑制策を講じた。一方、医療現場においては、救急医療体制の弱体化、産科・小児科をはじめとする医師不足、医療事故などの問題が顕在化し、政府・与党が2007年「緊急医師確保対策について」をとりまとめるなど、医療の建て直しが求められるようになった。

　このような状況のもと、政府に、社会保障の機能強化を目指す動きが生じ

る。2008年1月、福田内閣は内閣総理大臣主宰の「社会保障国民会議」を設置した。社会保障国民会議は、その報告において、一連の社会保障構造改革により社会保障制度と経済財政との整合性、制度の持続可能性は高まったものの、今後は社会経済構造の変化に対応し、必要なサービスを保障し、国民の安心と安全を確保するための社会保障の機能強化に重点を置いた改革を進めていくことが必要であるとの認識を示した[2]。また、医療・介護サービス費用は、社会の高齢化に伴う需要増で今後急速に増えていくことは避けられないとする一方、サービスの不足・非効率な提供システムなどの構造問題を指摘した。そのうえで、医療の機能分化を進めるとともに急性期医療を中心に人的・物的資源を集中投入し、できるだけ入院期間を減らし、在宅医療介護を充実、地域で包括的なケアシステムを構築するなどの「医療・介護サービスのあるべき姿」を設定するとともに、そのために必要な医療・介護費用の将来推計を行い、社会保障に対する国・地方を通じた安定的財源確保のための改革の道筋を示し、国民の理解を得ながら具体的な取り組みに着手すべきであるとした。

社会保障国民会議報告を受け、内閣は、2008年12月「持続可能な社会保障構築とその安定財源確保に向けた中期プログラム」を閣議決定し、「社会保障安定財源については、給付に見合った負担という視点及び国民が広く受益する社会保障の費用をあらゆる世代が広く公平に分かち合う観点から、消費税を主要な財源として確保する」とした。

社会保障国民会議報告と、それを受けた中期プログラムは、社会保障の機能強化の必要性を訴え改革シナリオを示して費用推計を行い、そのための安定的な財源確保を求めたものであり、歳出抑制から社会保障の機能強化に踏み出したものであった。しかしながら、政策への具体化を前に、2009年8月の総選挙結果を受けて自・公政権は退陣し、持続可能な社会保障制度構築と安定財源の確保の舵取りは、次の政権に引き継がれることになった。

(2) 医療・介護政策の新たな展開

2009年9月に発足した鳩山政権が実施した2010年度診療報酬改定は10年ぶりのネットプラス改定（総額0.19％、本体1.55％）となった。救急、産科、

小児科、外科などの医療の再建や、病院勤務医の負担軽減などの課題に重点を置いた改定であった。

　新政権は後期高齢者医療制度の廃止の方針を掲げ、2009年11月に厚生労働大臣主宰の「高齢者医療制度改革会議」を設置し、後期高齢者医療制度に代わる新たな制度の具体的なあり方の検討を行った。同会議は、2010年10月に、75歳以上の高齢者も現役世代と同様の国保か被用者保険の被保険者とすることなどを内容とする制度改革案をとりまとめた。

　医療提供体制については、社会保障審議会医療部会において医療機関の機能分化の推進が検討されるとともに、おおむね2013年度から始まる都道府県の医療計画において、在宅医療の構築のため介護保険事業計画などとの連携を考慮しつつ数値目標や施策を記載することとされ、新たに医療計画に定める疾患として追加された精神疾患への対応とともに、在宅医療の体制整備が新計画の重点事項となった。

　介護分野においては、2009年に厚生労働省の「地域包括ケア研究会」が、「地域包括ケアシステム」、すなわち、おおむね30分以内に駆けつけられる圏域で、個々人のニーズに応じて、医療・介護などのさまざまなサービスが適切に提供できるような地域での体制の構築を求めていた[3]。政権交代後の2010年5月には、社会保障審議会介護保険部会が第5期介護保険事業計画および介護保険法改正に向けた検討を開始し、11月に「介護保険制度の見直しに関する意見」をとりまとめた。同意見は、地域包括ケア研究会報告書と方向性を一にし、要介護度が重くなってもできる限り生活の場を変えることなく高齢者が自ら選択した場所で介護サービスを受け続けられるようにすることを目指して、日常生活圏域内において、医療、介護、予防、住まい、生活支援サービスが切れ目なく、有機的かつ一体的に提供される体制である地域包括ケアシステムを確立していくことが急務であるとした。あわせて24時間対応の定期巡回・随時対応サービスの創設や複合型サービスの導入、介護福祉士などによるたんの吸引などの実施、リハビリテーションの推進などの具体的提言を行った。

　これらを受け、政府は2011年2月、第177回通常国会に「介護サービスの基盤強化のための介護保険法等の一部を改正する法律案」を提出、同法案

は 2011 年 6 月に可決成立した（平成 23 年法律第 72 号）。改正法は、地域包括ケアシステムの構築を目指し、①24 時間対応の定期巡回・随時対応型訪問介護看護や複合型サービスの創設、②介護福祉士や研修を受けた介護職員によるたんの吸引などの実施、③介護療養型医療施設の転換期限の延長[4]、④保険料率の増加の抑制のための財政安定化基金の取崩し、⑤介護福祉士の資格取得方法の見直しの延期[5]、⑥有料老人ホームなどにおける利用者保護規定の創設、⑦市民後見人の育成の推進などを内容とし、第 5 期介護保険事業計画および 2012 年度診療報酬・介護報酬同時改定とともに 2012 年 4 月に施行された（図 4-1 参照）。

このように、介護分野では、地域包括ケアシステムの実現に向けた制度の整備、新たなサービスの導入の法改正が実現した。

2　社会保障・税一体改革

(1)　持続可能な社会保障制度構築と安定財源の確保

鳩山政権を引き継いだ菅内閣総理大臣は、2009 年 10 月の所信表明演説において「社会保障改革の全体像について、必要とされるサービスの水準、内容を含め国民の皆さんにわかりやすい選択肢を提示し（中略）社会保障に必要な財源をどう確保するか、一体的に議論する必要があります」と述べ、同月、新たに内閣総理大臣を本部長とする「政府・与党社会保障改革検討本部」（以下「本部」）を設置した。本部は、12 月に「社会保障改革の推進について」を決定し、社会保障の安定・強化のための具体的な制度改革案とその必要財源を明らかにするとともに、必要財源の安定的確保と財政健全化を同時に達成するための税制改革について一体的に検討を進め、その実現に向けた工程表と合わせ、2011 年半ばまでに成案を得、国民的な合意を得たうえでその実現を図るとの方針を明らかにした。

2011 年 2 月には、本部の下に、「社会保障改革に関する集中検討会議」（以下「集中検討会議」）が設置された。集中検討会議は、「社会保障・税一体改革の検討を集中的に行うとともに、国民的な議論をオープンに進めていく」との趣旨で設置されたものであり、内閣総理大臣を議長とし、関係閣僚、

図4-1　介護サービスの基盤強化のための介護保険法等の一部を改正する法律（平成23年法律第72号）の概要

> 高齢者が地域で自立した生活を営めるよう、医療、介護、予防、住まい、生活支援サービスが切れ目なく提供される「地域包括ケアシステム」の実現に向けた取り組みを進める。

1．医療と介護の連携の強化等
(1) 医療、介護、予防、住まい、生活支援サービスが連携した要介護者などへの包括的な支援（地域包括ケア）を推進。
(2) 日常生活圏域ごとに地域ニーズや課題の把握を踏まえた介護保険事業計画を策定。
(3) 単身・重度の要介護者などに対応できるよう、24時間対応の定期巡回・随時対応サービスや複合型サービスを創設。
(4) 保険者の判断による予防給付と生活支援サービスの総合的実施を可能とする。
(5) 介護療養病床の廃止期限（平成24年3月末）を猶予。

2．介護人材の確保とサービスの質の向上
(1) 介護福祉士や一定の教育を受けた介護職員などによるたんの吸引などの実施を可能とする。
(2) 介護福祉士の資格取得方法の見直しを延期。
(3) 介護事業所における労働法規の遵守を徹底、事業所指定の欠格要件および取消要件に労働基準法などの違反者を追加。
(4) 公表前の調査実施の義務づけ廃止など、介護サービス情報公表制度の見直しを実施。

3．高齢者の住まいの整備など
　有料老人ホーム等における前払い金の返還に関する利用者保護規定を追加。

4．認知症対策の推進
(1) 市民後見人の育成および活用など、市町村における高齢者の権利擁護を推進。
(2) 市町村の介護保険事業計画において地域の実情に応じた認知症支援策を盛り込む。

5．保険者による主体的な取り組みの推進
(1) 介護保険事業計画と医療サービス、住まいに関する計画との調和を確保。
(2) 地域密着型サービスについて、公募・選考による指定を可能とする。

6．保険料の上昇の緩和
　各都道府県の財政安定化基金を取り崩し、介護保険料の軽減等に活用。

7．施行
　2012（平成24）年4月1日施行
　ただし、介護療養病床の廃止期限の猶予（1(5)関係）および介護福祉士の資格取得方法の見直し延期（2(2)関係）は、公布日（2011（平成23）年6月22日）施行。

出所：厚生労働省資料より筆者作成。

与党幹部、経済界・労働界・学界・有識者からなる20名の幹事委員と、公開ヒヤリングなどを中心に参加する18名の委員で構成されていた。

集中検討会議は、有識者ヒヤリング、厚生労働省による制度改革案の検討などを経て、6月2日に「社会保障改革案」をとりまとめ、またその参考資料「医療・介護に係る長期推計」（以下「新医療・介護推計」）は、2025年ごろまでの医療・介護サービスの需給の状況、そのために必要な費用やマンパワーについて、現在のサービス利用状況をそのまま将来に投影した現状投影シナリオと、一定の改革シナリオのそれぞれについて費用を推計した。

改革シナリオは、一般病床について、急性期と亜急性期・回復期などに機能分化して、医療資源を集中投入し、亜急性期や回復期のリハビリテーションなど状態像に応じた適切な設備・人員配置、居住系サービス、在宅医療・介護サービスの充実を織り込んだ（図4-2および表4-1参照）。

介護サービスについては、急速な高齢化や医療の効率化に伴って、施設・居住系、在宅ともにニーズが増大するが、施設への入所を重症者中心とし、居住系、小規模多機能や定期巡回・随時対応サービスを充実させることにより、2025年度に600万人／日を超える介護ニーズに対し、施設130万人／日程度、居住系60万人／日程度、小規模多機能や定期巡回・随時対応なども含む在宅介護で450万人／日程度のケアを行うというものであった。

医療・介護を合わせたサービスに必要な人員については、2025年度において、医師30～34万人程度、看護職員180～210万人程度、介護職員230～240万人程度、その他OT（Occupational Therapist：作業療法士）、PT（Physical Therapist：理学療法士）などのコメディカル、看護補助者、介護支援専門員、相談員、事務職員などを合わせて、全体で700万人規模と推計した。

また、費用については、2011年度の医療・介護の費用は、合わせて48兆円程度、対GDP比9.8％（負担内訳は、保険料4.7％、公費負担3.9％、自己負担1.3％）となっているが、医療・介護の提供体制にかかわる機能強化と効率化を同時に進めた場合、2025年度には、対GDP比13.6～13.7％（負担内訳は保険料6.0～6.1％、公費負担5.9％、自己負担1.6％）、2011年度からの公費負担の変化分は、対GDP比2.0％程度増であり、消費税率に換算すると3～4％程度に相当するとの推計を示した。

第4章　医療・介護制度の展開と社会保障・税一体改革　79

図4-2　医療・介護機能再編の方向性イメージ

○ 病院・病床機能の役割分担を通じてより効果的・効率的な医療提供体制を構築するため、「高度急性期」、「一般急性期」、「亜急性期」など、ニーズに合わせた機能分化と連携強化を図る。併せて、地域の実情に応じて幅広い医療を担う機能も含めて、新たな体制を段階的に構築する。医療機能の分化・強化と効率的の推進によって、高齢化に伴い増加するニーズに対応しつつ、概ね現行の病床数レベルの下でより高度医療ニーズへの体制の再構築を目指す。
○ 医療ニーズの状態像により、医療・介護サービスの適切な機能分担を担うとともに、居住系、在宅サービスを充実する。

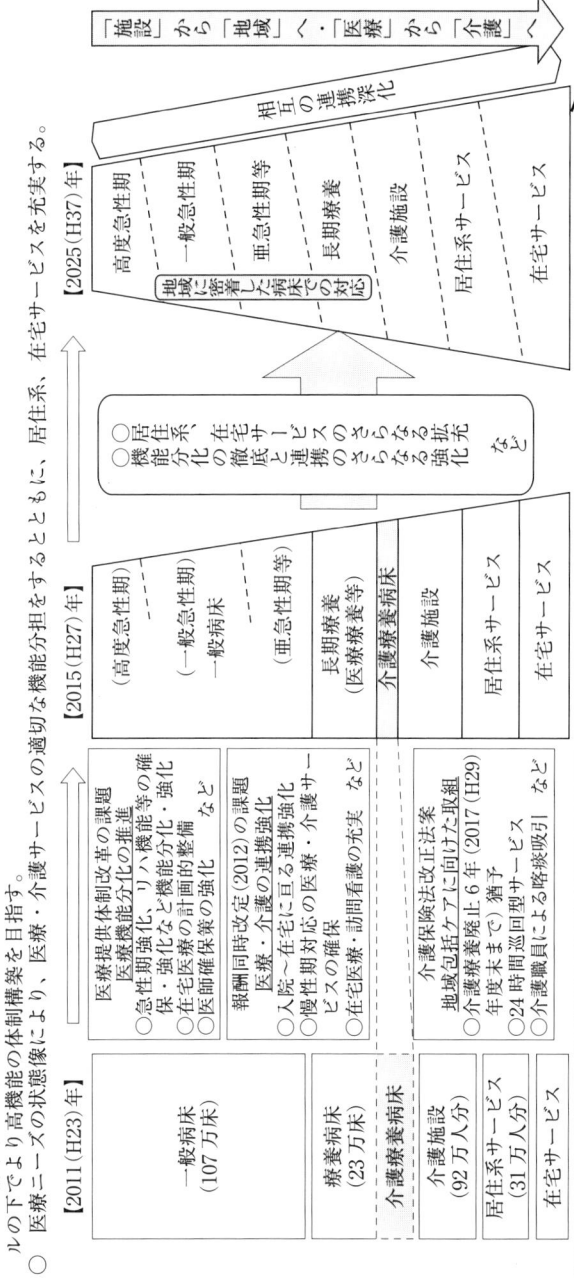

[2011 (H23) 年]
- 一般病床（107万床）
- 療養病床（23万床）
- 介護療養病床
- 介護施設（92万人分）
- 居住系サービス（31万人分）
- 在宅サービス

医療提供体制改革の課題
医療機能分化の推進
○急性期など機能・リハ機能等の確保、強化などの機能分化・強化
○在宅医療の計画的整備
○医師確保対策の強化　など

報酬同時改定（2012）の課題
医療・介護の連携強化
○入院～在宅に至る連携強化
○慢性期対応の医療・介護サービスの確保
○在宅医療・訪問看護の充実　など

介護保険法改正案
地域包括ケアに向けた取組
○介護療養廃止6年（2017 (H29)）年度末まで）猶予
○24時間巡回型サービス
○介護職員による喀痰吸引　など

[2015 (H27) 年]
- （高度急性期）
- （一般急性期）
- 一般病床
- （亜急性期等）
- 長期療養（医療療養等）
- 介護療養病床
- 介護施設
- 居住系サービス
- 在宅サービス

○機能分化の徹底と連携の強化
○居住系、在宅サービスのさらなる拡充・強化　など

[2025 (H37) 年]
- 高度急性期
- 一般急性期
- 亜急性期等
- 地域に密着した病床での対応
- 長期療養
- 介護施設
- 居住系サービス
- 在宅サービス

相互の連携深化

「施設」から「地域」へ・「医療」から「介護」へ

医療・介護サービス提供体制改革に係る改革・再編のための集中的・計画的な投資

出所：「医療・介護に係る長期推計（主にサービス提供体制改革に係る改革について）」、第10回社会保障改革に関する集中検討会議（平成23年6月2日）資料、p.9。

表4-1 改革シナリオにおける主な充実、重点化・効率化要素（2025年）

充実	急性期医療の改革 （医療資源の集中投入等）	・高度急性期の職員等 2倍程度増（単価 約1.9倍）（現行一般病床平均対比でみた場合） ・一般急性の職員等 6割程度増（単価 約1.5倍）（　〃　） ・亜急性期・回復期リハ等の職員 コメディカルを中心に3割程度の増（単価15％程度増）
	長期療養・精神医療の改革 （医療資源の集中投入等）	・長期療養の職員 コメディカルを中心に1割程度の増（単価5％程度増） ・精神病床の職員 コメディカルを中心に3割程度の増（単価15％程度増）
	在宅医療・在宅介護の推進等 （施設から在宅・地域へ、認知症への対応）	・在宅医療利用者数の増 1.4倍程度 ・居住系・在宅介護利用者 約25万人／日程度増加（現状投影シナリオに対する増）・グループホーム 約10万人／日、小規模多機能 約32万人／日分程度増加（現状投影シナリオに対する増） ・定期巡回、随時対応 約15万人／日分程度整備
	医療・介護従事者数の増加	・全体で2011年の1.5～1.6倍程度まで増
	その他各サービスにおける充実、サービス間の連携強化など	・介護施設におけるユニットケアの普及、在宅介護サービス利用量の増大等各種サービスの充実 ・介護職員の処遇改善（単価の上昇） ・地域連携推進のためMSW等の増（上記医療機関の職員増に加えて1～2中学校区に1名程度増）など
重点化・効率化	急性期医療の改革 （平均在院日数の短縮等） ※早期の退院・在宅復帰に伴い患者のQOLも向上	・高度急性期：平均在院日数15～16日程度 ・一般急性期：平均在院日数9日程度 ・亜急性期・回復期等：平均在院日数60日程度（パターン1の場合） （現行一般病床についてみると、平均在院日数19～20日程度［急性期15日程度（高度急性19～20日程度、一般急性13～14日程度）、亜急性期等75日程度］とみられる。）
	長期療養・精神医療の改革 （平均在院日数の短縮等）	・長期療養 在院日数1割程度減少 ・精神病床 在院日数1割程度減少、入院2割程度減少
	在宅医療・在宅介護の推進等（施設から在宅・地域へ）	・入院・介護施設入所者 約60万人／日程度減少（現状投影シナリオに対する減）
	予防（生活習慣病・介護）・地域連携・ICTの活用等	・生活習慣病予防や介護予防・地域連携・ICTの活用等により、医療については外来患者数5％程度減少（入院ニーズの減少に伴い増加する分を除く）、介護については要介護者等3％程度減少
	医薬品・医療機器に関する効率化等	・伸び率として、△0.1％程度（医療の伸び率ケース①の場合）（現状投影シナリオでも織り込み。後発医薬品の使用促進については、設定した伸び率に、最近の普及の傾向が含まれている。）
	医師・看護師等の役割分担の見直し	・病院医師の業務量△2割程度（高度急性期、一般急性期）

出所：「医療・介護に係る長期推計（主にサービス提供体制改革に係る改革について）」、第10回社会保障改革に関する集中検討会議（平成23年6月2日）資料、p.8。

(2) 社会保障・税一体改革大綱

集中検討会議の社会保障改革案を受けて、「社会保障・税一体改革成案」が6月30日本部でとりまとめられ、以後各分野における具体的な検討、平成24年度予算案編成や提出法案の準備などを経て、2012年2月17日、「社会保障・税一体改革大綱」（以下「大綱」）が閣議決定された。

大綱は、「はじめに～安心で希望と誇りが持てる社会の実現を目指して」、「第1部　社会保障改革」および「第2部　税制抜本改革」の3部構成になっている。

「はじめに」では、給付は高齢者中心、負担は現役世代中心という現在の社会保障制度を見直し、給付・負担両面で、人口構成の変化に対応した世代間・世代内の公平が確保された制度に改革していく必要があり、社会保障給付費の負担を将来世代に先送りし続けることは、社会保障の持続可能性確保の観点からも、財政健全化の観点からも困難との認識のもとに、社会保障・税一体改革は、社会保障の機能強化・機能維持のための安定財源確保と財政健全化の同時達成を目指すこととされた。

第1部においては、社会保障改革で目指すべき社会は、出産・子育てを含めた生き方や働き方に中立的で選択できる社会、雇用などを通じて参加が保障され、誰もが居場所のある共生の社会、分厚い中間層が支える大きな格差のない社会、子どもが家族や社会とかかわり良質な環境のなかでしっかりと育つ社会、支援を必要とする人の立場に立った包括的な支援体制の構築により、地域で尊厳を持って生きられるような医療・介護の体制が実現した社会であるとし、その認識のもとに、社会保障制度改革を推進し、社会保障の機能強化を図ることとされた。

医療・介護分野については、高度急性期への医療資源集中投入などの入院医療強化、地域包括ケアシステムの構築を図り、どこに住んでいても、その人にとって適切な医療・介護サービスが受けられる社会を目指すこととされた。

医療サービス提供体制に関しては、急性期をはじめとする医療機能の強化、病院・病床機能の役割分担・連携の推進、在宅医療の充実などの改革を進めることとし、次の見直しを推進することとされた。

①病院・病床機能の分化・強化……急性期病床の位置付けを明確化し、医療資源の集中投入による機能強化を図るなど、病院・病床の機能分化・強化。病診連携、医療・介護連携などにより必要なサービスを確保しつつ、一般病棟における長期入院を適正化
②在宅医療の推進……在宅医療の拠点となる医療機関の役割明確化、達成すべき目標、医療連携体制などを医療計画に記載
③医師確保対策……医師の地域間、診療科間の偏在の是正に向け、都道府県が担う役割を強化し、医師のキャリア形成支援を通じた医師確保の取り組み推進
④チーム医療の推進……多職種協働による質の高い医療を提供するため、高度な知識・判断が必要な一定の行為を行う看護師の能力を認証する仕組みの導入などチーム医療を推進

地域包括ケアシステムの構築に関しては、できる限り住み慣れた地域で在宅を基本とした生活の継続を目指す地域包括ケアシステム（医療、介護、予防、住まい、生活支援サービスが連携した要介護者などへの包括的な支援）の構築に取り組むこととし、次の見直しを推進することとされた。

①在宅サービス・居住系サービスの強化……24時間対応の訪問サービス・小規模多機能型サービス、サービス付き高齢者住宅を充実
②介護予防・重症化予防……要介護状態になる高齢者が減少し、自立した高齢者の社会参加が活発化する介護予防を推進。生活期のリハビリテーションの充実、ケアマネジメントの機能強化
③医療と介護の連携の強化……在宅要介護者に対する医療サービス確保、他制度・多職種のチームケア推進、小規模多機能型サービスと訪問看護の複合型サービス提供
④認知症対応の推進……認知症に対応するケアモデルの構築や地域密着型サービスの強化、市民後見人の育成など権利擁護の推進

医療保険および介護保険制度に関しては、働き方にかかわらない保障の提供、長期高額医療を受ける患者の負担軽減、所得格差を踏まえた財政基盤の強化・保険者機能の強化、世代間・世代内の負担の公平化、といった観点から、セーフティネット機能を強化することとされた。

第2部においては、社会保障の機能強化・機能維持のために安定した社会保障財源を確保し、同時に財政健全化を進めるため、消費税について2014年4月に8％、2015年10月に10％へと、段階的に地方分を合わせた税率の引き上げを行うこととし、その際、国分の消費税収について法律上全額社会保障4経費（制度として確立された年金、医療および介護の社会保障給付ならびに少子化に対処するための施策に要する費用）に充てることを明確にし、会計上も予算などにおいて使途を明確化することとされた[6]。

内閣は、大綱の閣議決定後、社会保障・税一体改革関連法案として13法案を2012年の第180回通常国会に提出した。このうち医療・介護分野の法案は、市町村国保の財政運営の都道府県単位化などを内容とする「国民健康保険法等の一部を改正する法律案」（4月5日可決成立、同6日公布。平成24年法律第28号）と、短時間労働者への健康保険法の適用拡大を内容に含む「公的年金制度の財政基盤及び最低保障機能の強化等のための国民年金法等の一部を改正する法律案」（8月10日可決成立、同22日公布。平成24年法律第62号）の2法案である。政府・与党は、通常国会に後期高齢者医療制度の廃止法案を提出する方針であったが、都道府県などとの協議・調整が整わず、提出されなかった。

社会保障・税一体改革関連法案の審議に際しては、民主・自民・公明3党間の協議が行われ、その合意に基づいて、政府提出法案とは別に「社会保障制度改革推進法案」が共同で議員提案され成立した（8月10日可決成立、同22日公布、平成24年法律第64号）。社会保障制度改革推進法は、消費税率引き上げにより安定財源を確保しつつ受益と負担の均衡がとれた持続可能な社会保障制度の確立を図るため、社会保障制度改革の基本方針を定めるとともに、社会保障制度改革国民会議を設置することなどを定めたものである。介護保険制度については、政府が、介護保険の保険給付の対象となる介護サービスの範囲の適正化などによる介護サービスの効率化および重点化を図る

とともに、低所得者をはじめとする国民の保険料にかかわる負担の増大を抑制しつつ必要な介護サービスを確保することを定めた（同法第7条）。また今後の高齢者医療制度については、状況などを踏まえ、必要に応じて社会保障制度改革国民会議において検討し、結論を得ることとされた（同法第6条第4号）[7]。

3　2012年度診療報酬・介護報酬同時改定

(1)　2012年度診療報酬改定

　診療報酬は、公的医療保険制度のもとで、保険医療機関が患者に提供した医療サービスの対価として保険者から支払われる報酬である。診療報酬の改定率は、医療機関の収入、医療費全体の動向を左右する。また、重点的に推進すべき医療の評価を高めることによって、保険医療機関の提供する医療を誘導する手段となる。一方、介護報酬は、介護保険制度のもとで、介護事業者が要介護者などに提供した介護サービスの対価として保険者から支払われる報酬である。介護報酬も、診療報酬と同様に、提供される介護サービスに大きな影響を与える。

　2012年度は、6年に1度の診療報酬・介護報酬同時改定の年に当たっており、社会保障・税一体改革で示された2025年のあるべき医療・介護を目指した最初の第一歩を実現するため重要な意味を持っていた（図4-3）。このため2012年度改定の検討過程においては、診療報酬改定を議論する中医協と、介護報酬改定を議論する介護給付費分科会の協議が初めて開催され、医療・介護施設の機能分化と連携および在宅医療・介護の充実の観点から意見交換がなされた。

　2012年度診療報酬改定の全体改定率は＋0.004％、薬価改定など（▲1.38％）を除いた診療報酬本体＋1.38％、金額では5,500億円の引き上げとなった。各科別にみると、医科＋1.55％、歯科＋1.70％、調剤＋0.46％であった。

　地域包括ケア体制整備との関連では、早期の在宅療養への移行や地域生活への復帰に向けた取り組みの推進など、医療と介護などとの機能分化や円滑な連携を強化するとともに、地域生活を支える在宅医療の充実を図ることが重

図4-3　2012年度診療報酬改定の概要

・「社会保障・税一体改革成案」で示した2025年のイメージを見据えつつ、あるべき医療の実現に向けた第一歩の改定。
・国民・患者が望む安心・安全で質の高い医療が受けられる環境を整えていくために必要な分野に重点配分

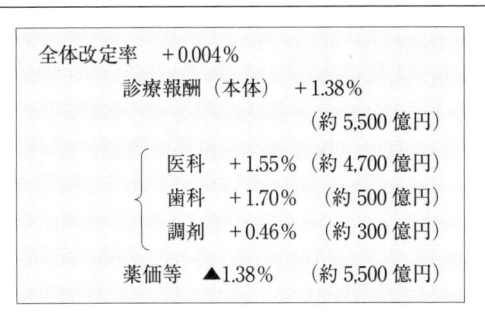

```
全体改定率　　＋0.004%
　　　診療報酬（本体）　＋1.38%
　　　　　　　　　　　（約5,500億円）
　　　　　　｛医科　＋1.55%（約4,700億円）
　　　　　　　歯科　＋1.70%（約500億円）
　　　　　　　調剤　＋0.46%（約300億円）
　　　　薬価等　▲1.38%　（約5,500億円）
```

医科における重点配分（約4,700億円）

Ⅰ　負担の大きな医療従事者の負担軽減
◎　今後とも急性期医療等を適切に提供し続けるため、病院勤務医をはじめとした医療従事者の負担軽減を講じる。
（約1,200億円）

Ⅱ　医療と介護等との機能分化や円滑な連携、在宅医療の充実
◎　今回改定は、医療と介護との同時改定であり、超高齢社会に向けて、急性期から在宅、介護まで切れ目のない包括的なサービスを提供する。
（約1,500億円）

Ⅲ　がん治療、認知症治療などの医療技術の進歩の促進と導入
◎　日々進化する医療技術を遅滞なく国民皆が受けることができるよう、医療技術の進歩の促進と導入に取り組む。
（約2,000億円）

歯科における重点配分（約500億円）

Ⅰ　チーム医療の推進や在宅歯科医療の充実等
◎　医療連携により、誤嚥性肺炎等の術後合併症の軽減を図り、また、超高齢社会に対応するために在宅歯科医療の推進を図る。

Ⅱ　生活の質に配慮した歯科医療の適切な評価
◎　う蝕や歯周病等の歯科疾患の改善のため、歯の保存に資する技術等の充実を図る。

調剤における重点配分（約300億円）

Ⅰ　在宅薬剤管理指導業務の推進や薬局における薬学的管理及び指導の充実
◎　在宅薬剤関連業務を推進するとともに、残薬確認、お薬手帳を含めた薬剤服用歴管理指導の充実を図る。

Ⅱ　後発医薬品の使用促進
◎　薬局からの後発医薬品の情報提供等を推進する。

出所：厚生労働省資料より筆者作成。

点項目とされ、1,500億円が配分されている。

具体的には、第1に、在宅医療を担う医療機関の役割分担や連携を促進し、24時間対応、緊急時対応を充実させる観点から、複数の医師が在籍し緊急往診と看取りの実績を有する医療機関について評価の引き上げを行ったほか、緩和ケア専門の医師と在宅医療を担う医療機関の医師が共同して同一日に診療を行った場合を評価した在宅がん医療総合診療料の引き上げ、在宅療養に使用する医療機器の性能に着目した評価の見直しなどを行った。

第2に、在宅での看取りに至るまでの医療の充実のため、従前は最後に医療機関に入院した場合には算定できなかったターミナルケア加算を見直し、プロセスと看取りを分けた評価体系とするとともに、死亡日の訪問看護・指導の評価、効果的な退院調整の評価、退院に向けた医療機関と訪問看護ステーションとの連携の評価、外泊日・退院当日の訪問看護の評価などを行った。

第3に、在宅における歯科、薬剤管理の充実のため、歯科訪問診療料の対象者の見直しおよび評価の引き上げ、器具携行の評価見直し、歯科衛生士の補助に関する評価、在宅患者向け調剤加算の新設、小規模薬局間の連携による在宅業務の評価などを行った。

第4に、訪問看護の充実のため、上記のほか、訪問看護を週4日以上提供できる対象の拡大、月13回以上の訪問看護にかかわる訪問看護管理療養費の算定対象の拡大、看護補助者との同行訪問を評価する複数名訪問看護加算の創設、専門性の高い看護師による訪問の評価（褥瘡ケアまたは緩和ケア）などを行った。

(2) 2012年度介護報酬改定

一方、2012年度介護報酬改定の全体改定率は、＋1.2％（在宅＋1.0％、施設0.2％）であった（図4-4）。介護職員の処遇改善を目的として2009年度から3年間にわたり基金により交付されてきた介護職員処遇改善交付金が終了するため、その対応を2012年度から介護報酬に組み入れることとなり、結果的には当該交付金相当分（2％）に物価下落分などを反映した引き上げとなった。

改定の基本的視点の第1は、地域包括ケアシステムの基盤強化である。

図4-4　2012年度介護報酬改定の概要

- 介護サービス提供の効率化・重点化と機能強化を図る観点から、各サービス間の効果的な配分を行い、施設から在宅介護への移行を図る。
- 24時間定期巡回・随時対応サービスなどの在宅サービスや、リハビリテーションなど自立支援型サービスの強化を図る。
- 介護予防・重度化予防については、真に利用者の自立を支援するものとなっているかという観点から、効率化・重点化する方向で見直しを行う。
- 介護職員の処遇改善については、これを確実に行うため、これまで講じてきた処遇改善の措置と同様の措置を講ずることを要件として事業者が人件費に充当するための加算を行うなど、必要な対応を講じることとする。

全体改定率 +1.2%
在宅 +1.0%
施設 +0.2%

2012年度介護報酬改定のポイントについて

地域包括ケアの推進

1. 在宅サービスの充実と施設の重点化
中重度の要介護者が住み慣れた地域で在宅生活を継続できるようなサービスの適切な評価及び施設サービスの重点化。
- 日中・夜間を通じた定期巡回・随時対応サービスの創設（新サービス）
- 複合型サービス（小規模多機能＋訪問看護）の創設（新サービス）
- 緊急時の受入の評価（ショートステイ）
- 認知症行動・心理症状への対応強化等（介護保険3施設）
- 個室ユニット化の推進（特養、ショートステイ等）
- 重度化への対応（特養、老健、グループホーム等）等

2. 自立支援型サービスの強化と重点化
介護予防・重度化予防の観点から、リハビリテーション、機能訓練など自立支援型サービスの適切な評価及び重点化。
- 訪問介護と訪問リハとの連携の推進
- 短時間型通所リハにおける個別のリハの充実（通所リハ）
- 在宅復帰支援機能の強化（老健）
- 機能訓練の充実（デイサービス）
- 生活機能向上に資するサービスの重点化（予防給付）等

3. 医療と介護の連携・機能分担
診療報酬との同時改定の機会に、医療と介護の連携・機能分担を推進。
- 入院・退院時の情報共有や連携強化（ケアマネジメント、訪問看護等）
- 看取りの対応の強化（グループホーム等）
- 肺炎等への対応の強化（老健）
- 地域連携パスの評価（老健）等

4. 介護人材の確保とサービスの質の向上
- 介護職員処遇改善加算の創設
- 人件費の地域差の適切な反映
- サービス提供責任者の質の向上等

出所：厚生労働省資料より筆者作成。

高齢者が住み慣れた地域で生活し続けることを可能にするため、①高齢者の自立支援に重点を置いた在宅・居住系サービス、②要介護度が高い高齢者や医療ニーズの高い高齢者に対応した在宅・居住系サービスおよび③重度者への対応、在宅復帰、医療ニーズへの対応など各介護保険施設に求められる機能に応じたサービス提供を強化することとした。

　具体的には、新たなサービスとして、24時間対応の定期巡回・随時対応型訪問介護看護と複合型サービスの介護報酬が設定された。

　定期巡回・随時対応型訪問介護看護は、たとえば朝・昼・午後・夕方・準夜など、短時間、1日複数回の定期的巡回訪問や随時対応により介護看護を行うものである。これにより中重度の要介護者が、特別養護老人ホームのようなサービスを受けながら在宅で生活できるようにする。

　複合型サービスは、認知症ケアなどに増加している小規模多機能型居宅介護（デイサービスを中心として、訪問介護やショートステイを組み合わせて提供する施設）に、訪問看護も併せて提供できるようにしたものである。利用者の状態に応じて泊まり・訪問介護・看護サービスを柔軟に提供して中重度者の在宅生活を支援する。

　これら2つの新たなサービスには、要介護度別・月単位の定額報酬が設定された。いずれも主として都市部を想定して、頻繁なサービスにより中重度の要介護者が長期入所することなく在宅で生活できるよう支えていくことを目指すものである。

　また、自立支援型サービスの強化と重点化については、たとえば、訪問介護と訪問リハビリテーションの連携を推進するため、訪問介護事業所のサービス提供責任者とリハビリテーション専門職が同時に利用者宅を訪問し、両者の共同による訪問介護計画を作成することについて、新たに訪問介護の生活機能向上連携加算や訪問リハビリテーションの加算を創設した。

　介護老人保健施設については、在宅復帰支援型を強化する観点から、在宅復帰の状況およびベッドの回転率を反映した報酬体系とすることとし、①理学療法士などリハビリテーション専門職の適切な配置、②在宅復帰率50％以上、③ひと月の入所者の入れ替わり10％以上、④重度者が一定割合以上などを評価した介護保健施設サービス費への見直し、在宅復帰・在宅療養支

援機能加算の創設、入所前後訪問指導加算の創設が行われた。

改定の基本的視点の第2は、医療と介護の役割分担の明確化と連携強化である。

具体的には、ケアマネジメントについて、病院訪問などによる情報連携を評価した入院時情報連携加算、入院期間中3回まで算定可能な退院・退所加算、病院職員などとともに利用者の居宅を訪問したカンファレンス・サービス利用調整への緊急時等居宅カンファレンス加算などが設定された。また、訪問看護、定期巡回・随時対応サービス、複合型サービスについて、入院中に訪問看護ステーションが医療機関と共同し在宅療養指導した場合の退院時共同指導加算が創設されたほか、看取り介護などを強化する評価を行うとともに、訪問介護、介護老人福祉施設における介護職員によるたんの吸引の実施について加算の対象に加えるなどを行った。

改定の基本的視点の第3は、認知症にふさわしいサービスの提供である。介護老人福祉施設、介護老人保健施設、介護療養型医療施設について、認知症の症状が悪化し在宅での対応が困難となった場合のための認知症行動・心理症状緊急対応加算の創設を行ったほか、認知症の人が可能な限り住み慣れた地域で生活を続けていくため、小規模多機能型居宅介護、認知症対応型通所介護、認知症対応型共同生活介護について報酬見直しを行った。

4　今後の展開と課題

社会保障・税一体改革大綱は、社会保障の機能強化と重点化・効率化およびそのために必要な財源を明らかにして消費税率引き上げによる安定財源確保を目指す点で、社会保障国民会議報告と共通している[8]。ただし、大綱は、「社会保障の機能強化・機能維持のための安定した社会保障財源を確保し、同時に財政健全化を進めるため」消費税の引き上げを行うこととしており、社会保障財源確保と並んで財政健全化の目的を掲げて税制抜本改革の重要性と社会保障改革との一体性を強調する。策定主体については、社会保障国民会議報告が有識者によるもので、政府は報告を受け「中期プログラム」を策定したのに対し、大綱は、内閣総理大臣を本部長とする政府・与党社会保障

改革本部が集中検討会議の意見を踏まえ成案化し閣議決定したものであった。

医療・介護分野の改革の内容を比較すると、急性期をはじめとする医療機能の強化、病院・病床機能の役割分担・連携の推進、在宅医療の充実などの改革、地域包括ケアシステムの構築といった改革の基本的方向は変わらないものの、大綱には、医療提供サービス改革や地域包括ケアシステム構築のための具体的な施策が盛り込まれ、医療保険・介護保険の働き方にかかわらない保障の提供など新たな要素が加えられた。

今後の社会保障制度改革の具体化においては、与野党協議を経て3党共同議員提案により成立した社会保障制度改革推進法および同法に基づく社会保障制度改革国民会議が重要な役割を担うことになる。

社会保障制度改革推進法の定める社会保障制度改革の基本的な考え方は、①社会保障機能の充実、給付の重点化、制度運営の効率化などを掲げて持続可能な制度を実現すること、および、②社会保障給付に要する費用負担の主要財源に消費税を充てることとされている（図4-5）。具体的な改革事項である、後期高齢者医療制度の検討、医療保険給付の対象となる療養の範囲の適正化・介護サービスの給付対象範囲の適正化、保険料負担の公平化・抑制などの内容については、今後の社会保障制度改革国民会議での検討に委ねられている。改革の実施および目標時期については「政府は、次章に定める基本方針に基づき、社会保障制度改革を行うものとし、このために必要な法制上の措置については、この法律の施行後一年以内に、第九条に規定する社会保障制度改革国民会議における審議の結果等を踏まえて講ずるものとする」（第4条）とされた。

社会保障制度改革国民会議は、与野党の協議を経て2012年11月に発足した。委員には、清家篤会長、遠藤久夫会長代理をはじめとする15名の学識経験者が任命され、他の審議会では一般的な医療関係団体や経済団体などの代表や、法律上兼ねることができるとされた国会議員は委員に選ばれなかった。

第2回会合では、遠藤会長代理が、医療にかかわる改革の課題として①健康の維持増進、疾病の予防および早期発見、②医療サービス提供体制の制度改革、③医療保険の財政基盤の安定化等、④個人の尊厳と患者の意思がより

図4-5　社会保障制度改革推進法（平成24年法律第64号）（抄）

（基本的な考え方）
第二条　社会保障制度改革は、次に掲げる事項を基本として行われるものとする。
一　自助、共助及び公助が最も適切に組み合わされるよう留意しつつ、国民が自立した生活を営むことができるよう、家族相互及び国民相互の助け合いの仕組みを通じてその実現を支援していくこと。
二　社会保障の機能の充実と給付の重点化及び制度の運営の効率化とを同時に行い、税金や社会保険料を納付する者の立場に立って、負担の増大を抑制しつつ、持続可能な制度を実現すること。
三　年金、医療及び介護においては、社会保険制度を基本とし、国及び地方公共団体の負担は、社会保険料に係る国民の負担の適正化に充てることを基本とすること。
四　国民が広く受益する社会保障に係る費用をあらゆる世代が広く公平に分かち合う観点等から、社会保障給付に要する費用に係る国及び地方公共団体の負担の主要な財源には、消費税及び地方消費税の収入を充てるものとすること。

（改革の実施及び目標時期）
第四条　政府は、次章に定める基本方針に基づき、社会保障制度改革を行うものとし、このために必要な法制上の措置については、この法律の施行後一年以内に、第九条に規定する社会保障制度改革国民会議における審議の結果等を踏まえて講ずるものとする。

（医療保険制度）
第六条　政府は、高齢化の進展、高度な医療の普及等による医療費の増大が見込まれる中で、健康保険法（大正十一年法律第七十号）、国民健康保険法（昭和三十三年法律第百九十二号）その他の法律に基づく医療保険制度（以下単に「医療保険制度」という。）に原則として全ての国民が加入する仕組みを維持するとともに、次に掲げる措置その他必要な改革を行うものとする。
一　健康の維持増進、疾病の予防及び早期発見等を積極的に促進するとともに、医療従事者、医療施設等の確保及び有効活用等を図ることにより、国民負担の増大を抑制しつつ必要な医療を確保すること。
二　医療保険制度については、財政基盤の安定化、保険料に係る国民の負担に関する公平の確保、保険給付の対象となる療養の範囲の適正化等を図ること。
三　医療の在り方については、個人の尊厳が重んぜられ、患者の意思がより尊重されるよう必要な見直しを行い、特に人生の最終段階を穏やかに過ごすことができる環境を整備すること。
四　今後の高齢者医療制度については、状況等を踏まえ、必要に応じて、第九条に規定する社会保障制度改革国民会議において検討し、結論を得ること。

（介護保険制度）
第七条　政府は、介護保険の保険給付の対象となる保健医療サービス及び福祉サービス（以下「介護サービス」という。）の範囲の適正化等による介護サービスの効率化及び重点化を図るとともに、低所得者をはじめとする国民の保険料に係る負担の増大を抑制しつつ必要な介護サービスを確保するものとする。

（社会保障制度改革国民会議の設置）
第九条　平成二十四年二月十七日に閣議において決定された社会保障・税一体改革大綱その他既往の方針のみにかかわらず幅広い観点に立って、第二条の基本的な考え方にのっとり、かつ、前章に定める基本方針に基づき社会保障制度改革を行うために必要な事項を審議するため、内閣に、社会保障制度改革国民会議（以下「国民会議」という。）を置く。
　　　　　　　　　　　（以下略）

尊重される医療の確保、⑤今後の高齢者医療制度にかかわる改革、の5点を提示し、制度改革の議論が開始された。

同会議の発足直後、2012年12月の総選挙の結果を受けて野田政権は退陣し、自・公連立の安倍政権が再び社会保障制度改革を担うことになった。今後、きわめて限られた時間のなかで、社会保障制度改革国民会議と政府および与野党が、どのように結論をまとめ、政策として具体化していくか、社会保障制度改革は重要な局面を迎えている。

最後に、地域包括ケアシステムの構築を進めていくため、今後に残された課題を整理しておきたい。

第1の課題は、新医療・介護推計において2025年度に医療61～62兆円（対GDP比10.0～10.1％）、介護21兆円（対GDP比3.5％）に増加すると推計されている費用の負担である。経済が停滞するなか、保険料、公費負担、自己負担の対GDP比を高めていくことは、事業主および被保険者、国および地方公共団体、そして患者のいずれにとっても厳しい負担である。また、政府の社会保障改革の工程表など[9]によれば、税制抜本改革による安定財源確保実現に加え、2013年の通常国会に、介護保険料低所得者軽減、介護納付金の総報酬制導入などについて関係法案を提出し税制抜本改革と同時実施することが必要とされている。

第2の課題は、増加する医療・介護サービスに必要なマンパワーの確保である。

新医療・介護推計においては、看護職員は2011年度の141万人から2025年の必要人員180～210万人程度に、介護職員は2011年度の140万人から2025年の必要人員230～240万人程度に増加すると見込まれている。また、介護その他の職員（介護支援専門員、相談員、OT、PTなどのコメディカル職種など）は、2011年の66万人から2025年の必要人員130万人程度とほぼ倍になると推計されている。少子高齢化の進展と労働力人口の減少の過程でこれらの人材を確保していくことは、難しい課題である。処遇の改善のみならず、働きながら資格を取得することも含めた養成・研修課程の多様化や、育児との両立支援、資格を持ちながら働いていない者の就職・復職促進のための再研修や労働環境改善などの取り組みが重要である。

第3の課題は、地域包括ケアの前提として必要な、高齢期においても住み続けることが可能な住宅の確保である。高齢者がケアを求めて転々と移動するのではなく、住宅においてその時々の状態の変化に応じて、必要かつ適切なケアを効率的に組み合わせてサービスが外付けで提供される方向が求められている。また、持ち家に住み続けることが困難な高齢者が住み替えられるサービス付き高齢者向け住宅の確保[10]や、住み替えの支援、集合住宅における訪問系サービス提供のあり方なども重要である。

　第4の課題は、認知症に対する対応である。2012年に厚生労働省が発表した推計によれば、認知症高齢者数は、2012年に305万人、2017年に373万人、2025年には470万人と急増することが見込まれている。2011年介護保険法等改正法案の審議においても、増加する認知症に対応し、介護サービスモデルを身体ケアモデルから身体ケアプラス認知症モデルへ転換することの必要性が指摘された。また、大綱においては、認知症に対応するケアモデルの構築や地域密着型サービスの強化、市民後見人の育成など権利擁護の推進ケアの構築を図ることが掲げられている。

　これらを受け、厚生労働省の認知症施策検討プロジェクトチームは「今後の認知症施策の方向性について」（2012年6月）をとりまとめて「認知症施策推進5カ年計画（オレンジプラン）」（同9月）を策定し、2012年度から①標準的な認知症ケアパスの作成・普及、②早期診断・早期対応、③地域での生活を支える医療・介護サービスの構築、④地域での日常生活・家族の支援強化、⑤若年性認知症施策の強化、⑥医療・介護サービスを担う人材育成などを計画的に進めていくこととした。特に、これまでの認知症対策では、早期の診断に基づき、早期の適切なケアに結びつける仕組みが不十分であったとの反省のもとに、専門家からなる認知症初期集中支援チームを地域包括支援センターなどに配置してアセスメントや家族支援を行うことや、多職種協働で実施される地域ケア会議の普及・定着が打ち出されたところであり、今後の認知症対策の着実な推進が重要である。

注

1) 診療報酬改定率（総額）は、2000年0.2％、2002年▲2.7％、2004年▲1.0％、2006年▲3.16％、薬価部分を除く本体改定率は、2000年1.9％、2002年▲1.3％、2004年0.0％、2006年▲1.36％であった。
2) 社会保障国民会議は、2008年6月に中間報告、11月に最終報告をとりまとめた。医療・介護分野については、同会議の下に設けられたサービス保障分科会において議論・中間とりまとめがなされている。
3) 地域包括ケア研究会は2008年に発足し、「地域包括ケア研究会報告書～今後の検討のための論点整理」（2009年度）および「地域包括ケア研究会報告書」（2010年度）の2つの報告書をとりまとめた。
4) 介護療養病床（介護療養型医療施設）は、2006年改正法（平成18年法律第83号）の施行により2012年4月1日に廃止されることとなっていたが、入所者の状態像や他施設への転換が進んでいない実態などを踏まえ、2011年改正法の規定により、2018年3月31日までの間、既存施設の存続を認めることになった（廃止期限の猶予）。ただし、新たな指定は行わない。
5) 介護福祉士については、2007年改正法（平成19年法律第125号）により、2012年4月1日から実務経験者に新たに実務者研修の受講を義務づけ養成施設卒業者には国家試験受験を義務づける資格取得方法の見直しを施行することになっていたが、介護分野の人材不足等のなかで現場職員にとって実務者研修を受講しやすいものにするためおよび介護福祉士によるたんの吸引等の円滑な施行に準備期間を要することなどの理由から、2011年改正法により3年間延期して2015年4月1日施行に変更された。
6) 消費税の使途については、1999年度から、法律ではなく予算総則において、消費税の収入（地方交付税交付金を除く）を高齢者3経費（基礎年金、老人医療、介護）に充てることとし具体的な経費の範囲を定めてきた。これに対し、税制の抜本的な改革にかかわる措置を定めた2009年の「所得税法等の一部を改正する法律」（平成21年法律第13号）附則第104条は、「消費税の全額が制度として確立された年金、医療及び介護の社会保障給付並びに少子化に対処するための施策に要する費用に充てられることが予算及び決算において明確化されることを前提に、消費税の税率を検討する」こととした。これを受け、社会保障・税一体改革大綱に基づき2012年に内閣が提出し可決成立した「社会保障の安定財源の確保等を図る税制の抜本的な改革を行うための消費税法等の一部を改正する等の法律」（平成24年法律第68号）は、消費税法第2条第2項を改正し、消費税収の使途は、「地方交付税法（昭和二十五年法律第二百十一号）に定めるところによるほか、制度として確立された年金、医療及び介護の社会保障給付並びに少子化に対処するための施策に要する経費に充てる」（社会保障4経費）ことを明文化した。
7) 社会保障制度改革国民会議は、社会保障制度改革推進法第9条に基づき設置され

る機関であって、委員は20人以内で内閣総理大臣が任命、委員は国会議員を兼ねることもできる。2008年に設置された社会保障国民会議とはまったく別の機関である。社会保障制度改革国民会議は、法施行日（2012年8月22日）から1年を超えない範囲で政令で定める日まで置かれる。
8) 集中検討会議の構成員のうち、与謝野馨議長補佐、清家篤、吉川洋および宮島香澄の各幹事委員は、社会保障国民会議にも参画した。両者の議論の連続性については、集中検討会議において複数の委員から指摘されている（第2回集中検討会議（2011年2月19日）における笹森清委員および与謝野議長補佐発言）。
9) 「社会保障の安定財源の確保等を図る税制の抜本的な改革を行うための消費税法等の一部を改正する等の法律案及び社会保障の安定財源の確保等を図る税制の抜本的な改革を行うための地方税法及び地方交付税法等の一部を改正する法律案の国会提出に伴う今後の対応について」（2012年3月30日閣議決定）は、社会保障改革の工程表を定め、それに沿って、消費税率（国・地方）の引き上げにより必要な安定財源を確保しつつ、社会保障改革を着実に実施することとした。
10) 2011年6月に成立した高齢者の居住の安定確保に関する法律等の一部を改正する法律（平成23年法律第32号）により、従来あった高齢者円滑入居賃貸住宅（高円賃）・高齢者専用賃貸住宅（高専賃）および高齢者向け優良賃貸住宅（高優賃）を廃止して、新たに「サービス付き高齢者向け住宅」（バリアフリー、安否確認・生活相談等サービス提供、長期入院を理由に事業者から一方的に解約不可、前払い家賃の保全措置等が要件）に制度を一本化した。新たに都道府県知事の登録制度が創設され、報告聴取、立入検査などの行政による指導監督を整備するとともに、厚生労働省と国土交通省の連携によりサービス付き高齢者向け住宅の供給を促進することになった。

参考文献

池田省三（2011）『介護保険論――福祉の解体と再生』中央法規出版。
厚生労働省（2012a）「平成24年度診療報酬改定の概要」。
────（2012b）「平成24年度介護報酬改定について」。
高齢者医療制度改革会議（2010）「高齢者のための新たな医療制度等について（最終とりまとめ）」。
社会保障改革に関する集中検討会議（2011a）「医療・介護に係る長期推計」。
────（2011b）「社会保障改革案」。
「社会保障・税一体改革大綱について」（2012年2月17日閣議決定）。
社会保障国民会議（2008a）「中間報告」。
────（2008b）「最終報告」。
髙橋紘士編（2012）『地域包括ケアシステム』オーム社。

地域包括ケア研究会（2009）「地域包括ケア研究会報告書——今後の検討のための論点整理」。
———（2010）「地域包括ケア研究会報告書」。

第5章

地域包括ケアにおける自助、互助、共助、公助の関係

髙橋 紘士

1 共助と公助——介護保険法と老人福祉法

　介護保険法第1条には、「国民の共同連帯の理念に基づき介護保険制度を設け」[1]という条文がある。老人福祉法では「老人に対し、その心身の健康の保持及び生活の安定のために必要な措置を講じ」とあるのと好対照である。
　老人福祉法における「必要な措置」とは市町村などの行政が公費によって実施することを意味する。また、「生活の安定」が目的となるから、老人福祉法では、低所得者を対象として「措置」が行われることを内包していた。そのために、老人福祉サービスでは低所得者の負担を軽減する応能負担の仕組みが導入されていた。さらに、当初は「心身の健康の保持」と「生活の安定」を同時に実現するために、老人福祉施設による生活全般にわたる包括的な援護が主流であり、ニーズの拡大のなかで在宅サービスが導入されてきたが、これは、個々のニーズに個別に対応するサービスとして制度化されてきたものであり、低所得者を中心とする応能負担による選別主義によるサービスであった。
　一方、介護保険では、階層を超えて拡大した普遍的な「介護ニーズ」に社会的な制度として対応するため、医療制度および社会福祉制度で対応してきた諸ニーズのなかから、「介護」部分を切り出し、公費5割、保険料5割を

財源として、保険料部分については被保険者が経済階層ごとに定められた段階保険料を出捐し総給付費の一定部分（当初17％、現在20％）を賄うこととした。利用の際は要介護認定を経由し、1割の定率負担で、サービス利用契約によって要介護程度区分ごとに定められた上限の範囲で介護サービスが提供される。

社会保険制度という制度構成によって、所得の多寡を問わない介護サービスが提供されるが、それは、「要支援」および「要介護」の状態に対して標準的給付を提供するものである。

介護保険法には「可能な限り、その居宅において、その有する能力に応じ自立した日常生活を営むことができるように配慮されなければならない」（第2条4項）と述べられているように、地域において介護サービスが提供されることを本旨としている。

したがって、本来は介護保険では居宅優先原則を前提としつつ、補足的に施設サービスが提供される。ところが、介護保険施設では、老人福祉法上の特別養護老人ホームを介護老人福祉施設として、介護保険法上にとりこんだために「介護」部分に加えて、「心身の健康の保持および生活の安定」のために未分化のままサービスが包括報酬で提供されることになった。

2006年の改正において、居住費用の部分の自己負担の導入が明示され、介護サービスを提供する部分との区分が図られることになったが、現実には、居住サービス部分について、低所得者の負担軽減のため、介護保険制度内部の過渡的措置として補足給付が導入され、今日では約5,000億円余りの給付費が投入されている。また、介護保険法の対象規定で想定している「介護」とは「入浴、排せつ、食事等の介護」（介護保険法第1条）で、「機能訓練」と「看護及び療養上の管理その他の医療を要する者」と規定されているとおり、介護サービスを標準的な内容で提供しようとするものである。もっとも、給付内容としては「有する能力に応じ自立した日常生活を営むことができるよう、必要な保健医療サービス及び福祉サービスに係る給付」（同法第1条）と規定されているとおり、介護を要する者に必要な給付と上記の規定で内包する支援との関係はかならずしも明らかではない。すなわち、介護サービスでも行われている生活支援サービスは介護の定義のなかで、「食事等」の

「等」に含まれるという解釈になる[2]。

　介護保険では社会保険として標準的給付を提供するということになるので、標準的給付でニーズを充足することができないとすれば、他の手段や制度を活用してニーズを補足することが想定されている。すなわち、高齢者の場合は社会保険制度としての介護保険が優先適用されるが、この給付で対応できず、また自らの能力を活用することが困難とすれば、老人福祉法などの社会福祉制度活用が想定される。しかし、現実には、老人福祉施策は施策の実施主体である自治体の財源問題もあり、介護保険では充足できない補完的なニーズへの対応が十分行われてこなかった。

　またわが国では、後に述べるように、諸外国では社会保障制度に組み込まれてきた住宅政策が未成熟であるために、居宅優先原則が介護保険で謳われたにもかかわらず、サービスの基盤としての居住を継続する条件が整わないまま、今日に至った。これは、地域包括ケアシステムの基盤として認識されるようになった住宅のあり方を考えるうえで、大きな課題となってきた。

2　介護保険の制度原理

　われわれの生活で必要とするニーズはさまざまな経路で充足される。家族や地域共同体で充足されていたニーズが、家族や地域共同体の解体のなかで外部化し、ニーズ充足機構が再編されていく。この事情を1960年代にウィレンスキーとルボーは『産業社会と社会福祉』（Wilensky and Lebeaux, 1958）において、通常のニーズ充足の経路としての家族と市場機構から、なぜ国家がニーズ充足に関与するかということに関し、「補充的モデル」と「制度的モデル」とに区分したことがある。前者は通常のニーズ充足機構としての家族と市場が作動しないときに国家が代替補充的にニーズ充足を担うモデルであり、後者はそもそも家族や市場では充足不可能なニーズについて国家が制度的に充足を図るというモデルであった。前者は、本来私的な自助能力や家族扶養と稼得能力あるいは資産活用を前提とした通常のニーズ充足の経路から乖離した階層を対象とするために、厳密な利用資格のテストを求めるという意味で選別主義的な制度のモデルである。後者は、家族でのニーズ充足機

能の不足、市場サービスでの充足が不適切なニーズを対象とするもので、利用資格要件に経済的要件はなじまない。したがってこれは低所得者に対象を限定しないという意味で、普遍主義な制度設計となる。ここでの利用対象は広範な国民一般であり、そのなかから制度が対象とするニーズを測定、評価し、サービス資格要件を与える。

現在制度化されている介護保険も含め、所得保障や医療、教育、住宅などのさまざまな社会サービスは当初、社会的に放置することの困難な生活困窮者への限定的な救済制度から出発して、それぞれの専門領域に対応した普遍的なものとして制度化された歴史を持っている。

かつて、三浦文夫はこの間の事情を「貨幣的ニーズ」から「非貨幣的ニーズ」への転換として捉えた（三浦、1985）。長いあいだ日本の社会福祉は生活保護制度への補完として、所得制限がつきまとった制度であったのは周知のとおりであるが、現金給付で対応する「貨幣的ニーズ」から、現金給付では対応困難な人的サービスなどによって提供されるべき、「非貨幣的ニーズ」への対応へと制度が転換するにつれて、制度の選別性が払拭されて、資産要件がはずれ、ついで所得要件が緩和され、さらに所得要件が撤廃されていく。イギリスなどのヨーロッパ諸国では、1970年代の初頭にあいついで制度改革が行われ、所得保障とサービス保障の分離が進み、生活支援の個別的サービスについても、パーソナルソーシャルサービス[3]という呼称が導入され、普遍的サービスへと転換した。

なおこの時期にこれと並行して、資格を持つソーシャルワーカーが専門職として行政当局に配属され、これらの業務を担うようになった。この時期、社会サービス部に勤務する資格を持つソーシャルワーカーの裁量権をどのように認めるかがイギリスで論争になったし、サービス利用の資格要件を判定するためのアセスメントが大きなテーマとなり、当初ケースマネジメントと言われていた手法がケアマネジメントという名称に変わり、これがわが国の介護保険に影響を与えた。このパーソナルソーシャルサービスという概念は、対象別規定というよりは、コミュニティケアを基調とした、地域生活支援への転換であり、これと並行して施設改革が進んだ。すなわち、施設ケアの限界を踏まえて、住宅において高齢者や障害者に生活支援を提供する特別な住

居という意味で、ケア付き住居の整備が拡大した。

また長期ケアの領域で保健医療と生活支援の統合が進められ、ソーシャルケアという概念が定着することになる。北欧諸国ではスウェーデンにおける社会サービス法、デンマークでの生活支援法という法律が導入され、対象別規定から地域支援に焦点を絞った法改正が行われた。これらの国々では生活支援は保険制度ではなく公費制度によって自治体が実施するものとされているが、この背景には、わが国とは比べものにならない財源投入が前提になっていることは言うまでもない。

ここで注意しなければならないのは、日本ではなぜ介護サービスについて社会保険の手法が導入されたかということである。日本の制度的文脈をみると、普遍的サービスは社会保険制度を導入することによって実現されてきた。年金保険、医療保険、雇用保険、労災保険などがその例である。財源的には保険料の徴収を基礎としているから、特別会計として税金による一般財源から切り離される。予算過程における政治プロセスから相対的には自由である。さらに、これは基本的に決算主義によって運営される。それぞれの社会保険制度はリスクに対する予見的対応の仕組みと考えられ、選別主義に基づく社会福祉制度が生活困難に対応する事後的救済制度であるのとは様相を異にする。

産業社会において発生する、生活にかかわるさまざまなリスクにあらかじめ対応するシステムとして、社会保険制度がある。社会保険というのは周知のとおり、その淵源は相互扶助である。保険集団について保険料を負担する被保険者と給付を受け取る者は対等である、しばしば、過去の負担者が将来の受給者となる相互関係を前提とする。社会保険は中間集団のメンバーシップによって行われたさまざまな相互扶助を原形として国民を対象に国家が組織化したので、国家がかかわるがゆえに公助の仕組みと誤解する向きが多いが、システム化された共助の仕組みと言える。

国民の共同連帯という語が介護保険法の冒頭におかれているのはそのためである。わが国の介護保険はたまたま高齢者介護保険として、いわば不完全な介護保険であるから保険原理が財政上貫徹しない（すべての介護事故に対応するドイツの介護保険は保険料で財政が賄われていることを想起すべきである）。

したがって、公費が5割という財源負担が導入されたが、原理は介護保険で動いているから、決算主義の財政によって、給付費を制度創設時から飛躍的に拡大することができた。

一方選別主義による社会福祉制度（わが国の実定法の規定を援用すれば、社会福祉事業として定義されるさまざまなサービス群）は租税などの公費を財源としている。なぜならば生活困難に陥っている人々は金銭の負担能力がないからである。その意味で、社会福祉制度は民間社会福祉事業の時代における「慈善」の国家制度化であると言える。援助者と被援助者は一方向的な関係で結ばれるから、保護と世話を中心とするパターナリズムが支配することになる。わが国の社会福祉事業は終始、生活保護制度を補完するものとして位置づけられていた。

3 自助、互助、共助、公助のパラダイムの意義

2009年5月に公表された、「地域包括ケア研究会」の報告書[4]では、地域包括ケアシステムを「ニーズに応じた住宅が提供されることを基本とした上で、生活上の安全・安心・健康を確保するために、医療や介護のみならず、福祉サービスを含めた様々な生活支援サービスが日常生活の場（日常生活圏域）で適切に提供できるような地域での体制」と定義した。さらにその前提として、自助・互助・共助・公助の役割分担の確立に言及している。

この自助・互助・共助・公助のパラダイムはもともと、1931年に当時のローマ教皇が回勅で言及した、補完性原理に由来する。この考え方を支援の原理として介護保険と関連させて議論したのが、介護保険導入の年に書かれた池田省三の論考である[5]。

彼によれば、「なにか問題が発生して、解決を迫られたとき、まず求められるのが、自助で（中略）これに家族隣人が手を差し伸べる、これがインフォーマルな支援でこれが互助。自助、互助でカバーしきれないとき、システム化された自治組織が支援する。かつては、教会、村落共同体、などでこれらが衰退すると、職域の自治組織によるセーフティネットが登場し、これが多くの国では社会保険に収斂していく。これは、行政と区別された、共助シ

ステムであり、これに包括されない者、なお解決し得ない場合のみに、行政の保護、すなわち公助が発動する」「介護保険は従来の措置の延長にある制度ではない。(中略) 補完性原理を踏まえ、高齢者介護の世界で空白となっている部分に、共助システムを新しく導入するものである」と、介護保険の制度的性格を補完性原理によって説明している。

そのうえで、「介護保険の給付水準は要介護高齢者のニーズをすべて満たすものではない」。介護保険制度は混合給付を認めているので、保険給付外のサービスをみずからの資産により購入する自助原理の回復の可能性と、公費で必要なサービスを追加することによって、社会保険と社会福祉の補完の可能性が生まれ、「共助と公助」のシステム化が可能になると指摘している。

介護保険導入の年に書かれたこの論文は、介護保険導入後12年を過ぎた今日、あらためてその意義を考察する必要が生まれている。この間、財政危機の進行と国民負担の低位固定化のために、この論文で想定した、共助と公助のシステム化は進まなかった。それどころか、老人福祉が介護保険に丸投げされ、老人福祉施策が機能しなくなってしまった自治体も少なくない[6]。本来社会福祉として提供されるべき支援まで、介護保険に期待されるために、不十分な支援にとどまるケースが少なからずみられる。

また、混合給付については特定施設などを例外として、とりわけ必要とされる居宅サービスの領域においてほとんど進んでいない。

ところで、2006年改革で導入された、地域包括支援センターおよび、その制度的基盤となる地域支援事業は、介護保険制度を活用した共助機能と公助機能のシステム化と、自助と互助との連携の構築を目指した制度的対応であった。だから、このコンセプトを初めて提起した「2015年の高齢者介護」で、地域包括ケアシステムの概念が提起されたのであった。ここでは保険者機能として、介護保険では対応困難な事例などについて他制度との調整や地域の助け合い、見守り機能などを含めた支援体制の構築が課題とされた。

保険者としての市町村は、日常生活圏単位に保健師、社会福祉士、主任介護支援専門員といった専門職を配置する。また、介護予防事業とともに、権利擁護と総合相談事業、包括的継続的ケアマネジメントを機能とする専門機関を包括的支援事業とする地域包括支援センターはその業務として、高齢者

虐待や生活困難者の支援を実施しはじめた。とりわけ、高齢者虐待防止法が施行され、地域包括支援センターが虐待防止に関わる体制の整備が進み、高齢者単独の支援のみならず、家族支援などを実施する過程で、虐待者の家族からの分離などの、「やむを得ない措置」の発動件数が増大し、また、家族支援など総合的な支援が実施されるようになり、介護保険を補完すべき公助システムの再活用が進むようになってきた。とりわけ、権利擁護業務の実施のなかで、成年後見制度や日常生活支援事業などの活用を含め、介護保険と他制度の活用がようやく前進しはじめている。また、虐待をめぐる地域見守りや家族機能の回復など、地域包括支援センターは自助や互助機能の再発見と再組織化に取り組み始めた[7]。そこであらためて、自助と互助、共助と公助の相互関係について論議を深める段階になりつつあると言える。

今回の介護保険改革で、地域包括ケアシステムの考え方がさらに深められている。介護保険法第5条3項に、国および地方公共団体の責務として地域包括ケアの推進の条項が新設された。その条文は次のようなものである。「国及び地方公共団体は、被保険者が、可能な限り、住み慣れた地域でその有する能力に応じ自立した日常生活を営むことができるよう、保険給付に係る保健医療サービス及び福祉サービスに関する施策、要介護状態等となることの予防又は要介護状態等の軽減若しくは悪化の防止のための施策並びに地域における自立した日常生活の支援のための施策を、医療及び居住に関する施策との有機的な連携を図りつつ包括的に推進するよう努めなければならない。」

あらためて、地域包括ケアの構成を図示すると図5-1のようになる。ここでは、老健局の資料を田中滋教授が修正したものに、インフォーマル・サポートの位置づけと福祉の位置づけを加え、自助との関連を補強した整理となっている。

4 低所得者から生活困難層へ——自助と互助の喪失への対応

介護保険では、さまざまな形で低所得者対策が織り込まれているのは周知のとおりである。たとえば1号被保険者の保険料は段階保険料が導入されて

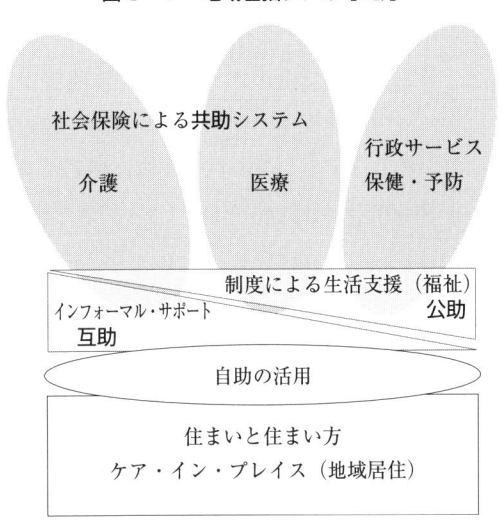

第 5 章　地域包括ケアにおける自助、互助、共助、公助の関係　105

図 5-1　地域包括ケアの考え方

社会保険による共助システム

介護　　医療　　行政サービス
　　　　　　　　保健・予防

制度による生活支援（福祉）
インフォーマル・サポート　　　公助
　　互助

自助の活用

住まいと住まい方
ケア・イン・プレイス（地域居住）

注：老健局資料を田中滋教授が修正したものを筆者が再修正。

おり、低所得者については保険料の減額が行われている。また、給付の場面では高額介護サービス給付制度も整備され、低所得階層には負担軽減の仕組みが導入されており、2006年に改正された居住費用の負担については、補足給付により負担軽減措置が導入され、さらに社会福祉法人が運営するサービスにいては社会福祉法人減免に対して助成措置がとられるようになった。

　生活保護受給層については介護扶助により、保険料負担と給付時負担の本人負担は免除される。

　このような低所得者対策はそれなりに手厚く実施されていると言える。問題はここで言う低所得者という概念には介護保険制度上は住民税の課税階層区分が使われていることである。低所得とは、言うまでもなく、本人が利用可能な資源が不足している状態を貨幣量として表示する概念である。先に引用した「貨幣的ニーズ」のように、まさに市場機構をつうじてニーズを充足する必要があるにもかかわらず、稼得能力の喪失のためにニーズ充足に必要な貨幣が欠如ないし不足している者に対して、低所得者という概念を用いる。制度運用においては、低所得者の認定について、税額転用方式が多く用いら

れることから、税の体系によって、本来想定される低所得概念との乖離が起こることも少なくない。

また、現実には、わが国の生活保護は、さまざまな指摘が行われているように、本来必要な者に対する捕捉率がヨーロッパ諸国の社会扶助制度に比べて著しく低い。また、社会保険としての年金と資力調査によって給付される扶助としての生活保護制度の連続性を保障し、個別的ニーズに対応できる所得調査による社会手当が、日本では不十分であった。このことが、居住費用を介護保険制度内での補足給付で対応せざるをえなかった原因である。多くの欧米諸国で用意されている住宅手当[8]によって、居住部分の費用を負担できるような制度化が本来の姿であるべきである。すべてのニーズを介護保険で賄おうとするのは、介護保険の制度的負荷を高め、介護保険の社会福祉化によって、不必要な給付を肥大化させる可能性を孕んでいるとも言える。

また、生活保護制度に組み込まれている各種の特別扶助、たとえば住宅扶助などを単給化する必要がある。施設入所に限られる介護扶助の適用を拡大し、やはり単給を認めるなどの方策が低所得者対策として必要と考えるが、現状の財政状況ではこの実現は当面見込めない。

ここで注記しておかなければならないのは、生活保護における医療扶助のあり方である。周知のとおり、介護保険の介護扶助とは異なり、生活保護受給者は健康保険から離脱し、公費負担医療としての医療扶助によって医療費が支給される。普遍的制度から切り離された医療扶助は単給が認められていることとも相まって、生活保護財政において大きな割合を占有し、これが、生活保護制度の機動性を失わせているように思える。しかも、医療扶助は長期入院患者の場合、社会的入院の温床でもありつづけている。本来は介護保険の介護扶助と整合性をとる必要がある。しかし、医療扶助受給者を医療保険に統合した場合、巨額な公費が必要となり、医療扶助を吸収する国民健康保険制度の財政悪化を一層深刻化させることは明らかであるから、フィージビリティという点から難点があることは事実であるが、共助と公助のシステム化という視点からは避けて通れない課題である。

ここまで、貨幣的ニーズへの対応という視点で低所得者問題について述べてきたが、実は、低所得者層は非貨幣的ニーズという観点からも大きな課題

を抱えている。

　低所得者の非持家層の場合、さまざまなリスクにさらされることになる。近年、単身低所得者の受け皿としての借家について、保証人が見つからないために、居住困難が深刻化しているのは周知のとおりである。家主は、家賃保障制度が仮に普及しても、単身者の死後の残余の家財道具などの処理や、要介護単身者の生活トラブルなどを恐れて、単身、低所得そして、軽度とはいえ要介護高齢者の生活につきまとう問題の処理の困難さを恐れて、賃貸に応じないことが通例である。一般の賃貸者に比べリスクが大きいからである。

　このように、自助と互助機能を喪失した状態の生活困難を抱えた高齢層は賃貸住宅からも排除され、また、介護保険による居住費と介護サービスの分離のために、居住費負担が必要な介護施設からも排除されがちである。

　先に述べたような補足給付はこれへの対応ではあるが、現実問題として、急速に増大する単身、低所得、要介護高齢者は行き場がなくなることが常態化している。

　また、共助としての介護保険による介護サービスは契約制度によってサービス利用が行われるので、これを補完するために、介護保険制度の導入と同時に成年後見制度が改正されたが、生活形態の変容と、家族扶養の衰退のなかで、家族に契約の代理をさせることはそぐわない事態が多々発生しているのは周知のとおりである。後見人の選任にあたって、後見費用の負担者が見つからないことも多発している。そのため早急に、低所得者の後見を可能にする制度的整備を図る必要がある。これは介護扶助に並ぶ後見扶助の導入が求められるゆえんでもあるが、この手法だけでは、後見人の確保につながらず、権利擁護機能を拡大するための施策の拡充も大きな課題となっている。

　自助、互助、共助、公助の関係を政策のマクロレベル、サービス提供組織レベル、さらに支援のレベルで整理すると表5-1のようになる。この表を通覧すると、システム化された共助と公助のみでは対応できないニーズにどのように対応するのか、という課題があぶりだされてくる。

　かつて、介護療養病床の廃止をめぐって、国は「地域ケア整備指針」の整備を都道府県に義務づけたが、この指針のなかに、居住の場の確保と見守り体制の確立を盛り込むよう求めたことがある。実は今後の地域包括ケアの展

表5-1 自助、互助、共助、公助の関係

		自助	互助	共助	公助
マクロ	制度	市場システム	親密性・慣行による相互扶助	システム化された互助社会保険等	社会福祉等
メゾ（支援の場）	従来型施設・長期療養施設	×	×	○	○
	居住型施設	○	?	○	?
	小規模多機能ケア拠点	○	○	○	?
	在宅	○	?	○	?
ミクロ	個別支援	自己資源の活用	インフォーマルサポート	保険給付の活用	福祉給付

出所：筆者作成。

開のなかで、見守り体制の確立が重要課題となっている。この見守りのシステムは、公的施策の課題であると同時に、これを具体化し実効性のあるものとして確立するためには、インフォーマル・サポートなど地域での互助機能の拡充強化が図られなければならない。

これらの課題を考えるにあたって、近年しばしば論じられる、アメリカの政治学者パットナムが提唱した「ソーシャル・キャピタル」（わが国では社会関係資本と訳されることが多い）という概念が有効である。これは、さまざまな制度的資源が有効に機能するためには、「人々がつくる社会的ネットワーク活動が重要であり、そのようなネットワークでうまれる、規範・価値、理解と信頼を含み、ネットワークに属する人々の間の協力を推進し、共通の目的と相互の利益を実現するために貢献するもの」と定義される（宮川・大守、2004）。おそらく、自助、互助、共助、公助がシステム化され相互に有機的に連携するためには、このソーシャル・キャピタル醸成のための投資が必要不可欠であり、生活困難者の支援の最大の論点はここにある。

5 生活困難層への支援モデル確立へ

2010年3月に群馬県渋川市の「静養ホームたまゆら」が炎上し、多数の

死者を出した事件では、大都市部の低所得高齢者がいったん介護が必要となったとき郊外の無届け施設に入所し、劣悪な処遇を受けていたことが明るみに出て、大きな社会問題となった。生活保護受給者の給付金とさらに介護保険の介護報酬を収入とし、劣悪な居住条件で入居させ収益をあげる、いわゆる「貧困ビジネス」の存在が明らかになった。

その後、このような状況は改善するどころか、都市部における低所得、単身、要介護高齢者の増大とともに増加の一途を辿っている。

しかし、事業者の倫理観の欠如と行政の不作為として規制の強化を図るだけでは、問題の解決にはならない。

東京・山谷で長くホームレス支援を展開している「ふるさとの会」というNPOがあり、自立援助ホームという居住施設を山谷の周辺に展開している。この自立援助ホームは単なる収容保護ではなく、生活保護と住宅扶助を活用しつつ、必要な場合、社会サービスとしての介護保険を導入し、非稼働層の支援とともに、稼働層の利用者には就労訓練を行い、ホームヘルパーとして雇用するという試みを実践している[9]。

この実践は、現在では、台東区、墨田区、荒川区、豊島区、新宿区におよぶ事業展開を果たし、総勢で1,200人を超える生活困窮単身者への支援を実施している。

その支援の方法は、自立援助ホームへの共同居住のほか、アパート借り上げの際の家賃保証およびトラブルの早期発見とその対処、金銭管理を含む日常生活支援を組み合わせた地域生活の確保、サブリース方式によるケアハウスの運営、サポートセンターを設置し、ワンストップの相談に応じるとともに、社会サービスへの導入支援を行うなど多様に展開している。この事業モデルは、生活保護の給付と、介護保険、障害者自立支援法などのサービスを活用しつつ実施されている。共同居住の場としては、地域のアパートなどを家主の協力を得て建て替えたり、改修したアパートを借り受け居住確保がなされており、地域の家主にとっても事業継続の可能性をもたらし、地域の社会資源の活用の方式を生み出している。

しかし、現実の制度では、日常生活支援部分については生活保護費を活用する以外に財源調達の方法はなく、このような自助および互助が失われてい

る生活困窮者を地域で支援するための「支援付き住居」の制度化が望まれるところである。

このような視点から、住宅確保と生活支援を組み合わせた制度構想が今後求められるであろう。

すなわち、地域包括ケアシステムの構築における、支援の前提としての住まいのあり方を重視しなければならない。住まいは、「住宅」というハードの側面と「住まい方」というソフトの側面の双方について配慮することが重要である。このような視点に立って、ニーズにふさわしい住宅確保の方策とともに、住まい方として、入居支援、住居でのさまざまなフォーマル・サービスおよびインフォーマル・サポートも含む支援のあり方を検討する必要がある[10]。

その際重要なのは、家賃補助ないし住宅手当の検討である。借家の低所得者が高齢になれば、直ちに住まいの困窮が発生すること、公営住宅をはじめとする公的施策には供給量の限界があるので、これを補完する家賃補助ないし住宅手当の制度化について、検討する必要がある。この点は次章で詳論することにする。

注
*　本章は筆者が『月刊介護保険』2010年1月号に掲載した「介護保険の自助・互助・共助・公助の関係」を素材として改稿したものである。
1)　「共同連帯」という用語は、「高齢者の医療の確保に関する法律」および「国民年金法」の総則の条文にも使われている。
2)　宮島（2012a）。なお、本論文は9回にわたって連載され、政策担当者の立場から地域包括ケアについて論じた好論文である。
3)　1968年のシーボーム報告においてこの用語が使われた。この語は日本では対人福祉サービスあるいは個別社会サービスと訳されることがあるが、必ずしも適訳とは言えない。正確には教育、保健医療、社会保障（所得保障）、住宅などの一般国民を対象とする社会サービス概念に第5の領域として加えられた概念とされている。
4)　この報告書の全文は、http://www.mhlw.go.jp/houdou/2009/05/h0522-1.html で電子版が入手できる。
5)　池田（2000）。後に、池田（2011）に収録された。

6) 宮島俊彦氏も同様の見解を述べている。宮島（2012c）参照。
7) このような支援の事例集として日本社会福祉士会（2009）がある。
8) 本書第6章の白川論文を参照。
9) 滝脇（2012）参照のこと。
10) このような検討の試みとして、宮島（2012b）および宮島（2012c）。
また、高齢者住宅財団（2012）が http://www.koujuuzai.or.jp/pdf/project_2011_04_05.pdf で公開されている。

参考文献

Wilensky, H. L. and C. N. Lebeaux（1958）*Industrial Society and Social Welfare*, New York: Russell Sage Foundation（四方寿雄・本出祐之監訳『産業社会と社会福祉』岩崎学術出版社、1971年）。

池田省三（2000）「サブシディアリティ原理と介護保険」『季刊社会保障研究』第36巻第2号（後に、池田省三『介護保険論──福祉の解体と再生』中央法規出版、2011年に収録）。

高齢者住宅財団（2012）「低所得者の住宅確保と介護施設の将来像に関する調査・検討」『平成23年度老人保健健康増進等事業報告』。

滝脇憲（2012）「生活困窮者の包括的支援システム」髙橋紘士編『地域包括支援システム』オーム社。

日本社会福祉士会編（2009）『地域包括支援センター実践事例集』中央法規出版。

三浦文夫（1985）『社会福祉政策研究』全国社会福祉協議会。

宮川公男・大守隆編（2004）『ソーシャル・キャピタル』東洋経済新報社。

宮島俊彦（2012a）「地域包括ケアの展望」その1「課題と方向」『社会保険旬報』No. 2510。

─── （2012b）「地域包括ケアの展望」その5「住まいとケア」『社会保険旬報』No. 2514。

─── （2012c）「地域包括ケアの展望」その6「生活支援の設計」『社会保険旬報』No. 2515。

第6章

地域包括ケアの前提となる住宅確保にかかる政策的課題

白川 泰之

1 はじめに

　介護サービスの基盤強化のための介護保険法等の一部を改正する法律（平成23年法律第72号）は、2012年4月より施行されたが、その趣旨は、「高齢者が住み慣れた地域で安心して暮らし続けることができるようにするため」に、医療、介護、予防、住まい、生活支援サービスを切れ目なく提供する「地域包括ケアシステム」の構築[1]を目指すものである。ここで今一度確認しておくと、地域包括ケアは、「ニーズに応じた住宅が提供されることを基本とした上で」（地域包括ケア研究会、2009、p. 6）展開されるものである。すなわち、住宅の確保が大前提として据えられているのである。
　一方、高齢者住宅財団の推計によれば、高齢者単身世帯のうち、民間借家居住の要支援または要介護者世帯（単身・借家・要介護等）は、2010年に全国で177,524世帯であったが、これが20年後の2030年には、379,906世帯に増加するとしている。これを東京都に限った推計でみると、同じく2010年の29,690世帯から2030年には83,109世帯へと増加するとしており、特に、都市部において、増加が著しいことがわかる（高齢者住宅財団、2012、pp. 25-26）。もちろん、これらの単身・借家・要介護等世帯がすべて住宅確保困難者となるわけではないが、顕在化しうるニーズとして押さえておくべきであ

ろう。

　一方で、高齢者の介護施設は、高齢者保健福祉推進十か年戦略以来、計画的な整備が推進されてきたが、都市部においては、現状においても整備計画量に実績値が届かないという状況も生じており、なおかつ、特別養護老人ホームの入所申込者数は、全国で約42.1万人[2]に上るなど、今後、施設への入所によって居住のニーズに対応できる可能性は、限定的と言わざるを得ない。

　以上の状況を踏まえれば、地域における住宅を今から確保していく取り組みを進めていくことが必要である。そこで、本章では、「地域包括ケア」の前提となる住宅の確保にかかる現状の課題を提示したうえで、その解決に向けての政策的展開について、主に制度論から考察を行うこととする。なお、本章では、地域に居住するという前提で住宅を捉えることとし、施設については、基本的に射程外とする。

2　住宅確保にかかる政策の限界

　現行の社会保障政策、住宅政策は、高齢者の住宅の確保について、どのような態度をとっているのだろうか。この点については2つの評価が成り立ちうる。1つには、「低所得者向けの残余的居住政策」である。これは、必ずしも高齢者に限られるものではないが、社会保障政策の面からみると、生活保護法では、困窮のため最低限度の生活を維持できない者に対し、住居、補修その他住宅の維持に必要なものについて、住宅扶助を行うこととしている[3]。こうして被保護者は、住宅扶助により住宅の確保が可能となるが、要保護状態に至らない低所得者については、先進諸国で普及をみている住宅手当制度も日本には恒久的な制度としては存在せず[4]、住宅を保障するための方策が手薄である。もう一方の住宅政策としては、健康で文化的な生活を営むに足りる住宅を整備し、これを住宅に困窮する低所得者に対して低廉な家賃で賃貸し、または転貸するために「公営住宅」を整備してきた。しかし、公営住宅についても、特に都市部では選考倍率が著しく高率となり、抽選結果という運に左右される状況は、「保障」という言葉にはほど遠いと言わざるを得ない[5]。

もう1つの評価は、「被用者OB向けの住宅政策」である。これは、サービス付き高齢者向け住宅のように、利用料の設定水準が厚生年金等の受給者でないと賄えない水準に設定されることにより、事実上、被用者OBとして厚生年金等を受給する者にしか対応できないということを指す。すなわち、老齢基礎年金（国民年金）のみの受給者や遺族年金受給者には、住宅の保障が及んでいないのである。

以上のように、わが国における高齢者の住宅確保に関する政策は、要保護者または中高所得者に重点化され、その中間にある層に薄い。特に、住宅の確保に困難を抱える低所得者層に着目すると、保護を要しない水準の低所得であれば、住宅の確保がきわめて不安定な立場に置かれ、そこから保護を要する状態にまで達するに至って初めて、住宅扶助によって住宅が保障されるということになる。換言すれば、最低限度の生活として保障されている住宅が、最低限度の生活を超える場合には保障されないという奇妙な「逆転現象」が生じているのである。

3　政策展開の方向性

(1)　憲法第25条と住宅

なぜ住宅の確保が公的施策として必要なのかを論ずるに当たり、まず、憲法第25条が規定する「生存権」との関係を整理することが出発点であると考えられる。従来から生活保護法が住宅扶助を行ってきたのは、憲法第25条に規定する「健康で文化的な最低限度の生活」のために住宅の確保が不可欠であるからにほかならない。そうであれば、要保護状態に至らない国民に対しても、少なくとも最低限度の水準の住宅保障が行き渡ることが求められるはずである。一方で、住宅の保障なくして生存権の保障は成立しないという点については、憲法、社会政策、経済のそれぞれの学問分野が大きな関心を払わないできたとの指摘もある（野口ほか、2011、p. 5）。また、長期にわたる国の持家政策の推進が、住宅の確保について、国家の責任を極小化し、個人の問題に転嫁しすぎたとも考えられる。

2005年の社会資本整備審議会の答申によれば、「従来の住宅基本法を巡る

議論においては、いわゆる憲法25条に基づく生存権を具体的に保障するため、すべての国民が一定水準の住居に一定の住居費で居住する権利を認め、それを国が保障する責務を負うべきとの議論があったが、居住に関する権利は、私法上の権利も含め、その内容も多岐にわたるものであり、包括的な権利として基本法制に定めることについての国民的コンセンサスがあるとはいえないと考えられる」とし、「今後とも、『住宅困窮者の安定した居住の確保』を住宅政策の基本理念の一つと位置づけ、これを踏まえて、公営住宅制度をはじめ必要な個別具体の施策を講ずることにより、住宅分野において憲法25条の趣旨の具体化に努めるべきである」として、生存権と住宅の保障をリンクさせることには、一歩距離を置いている（社会資本整備審議会、2005、p. 16）。住宅政策において、「市場重視の施策展開」は、依然として大きな柱であるが、「住宅セーフティネット」の思い切った拡充が必要であり、そのためには、生存権と住宅の保障の関係について、現在の社会情勢に照らした検討・構築が求められる。

(2) 低所得者型かアフォーダビリティ向上型か

住宅確保のための政策を構築する場合に、大別すれば、「低所得者型」か「アフォーダビリティ向上型」かという2つの選択肢がありうる。前者は、文字どおり低所得者層に限って住宅の公的保障を行うものであり、後者は、より広い所得階層をターゲットにして、適正な家賃で適正規模の住宅の確保をより容易にするものである。これは、次項に述べるように、社会住宅の供給という「現物給付」の形を採るか、住宅手当の支給という「現金給付」を採るか、いずれの場合にも共通する課題設定である。

この問題は、前述の生存権と住宅の確保の関係、すなわち、国として、どの範囲の国民にどのような水準の住宅を保障するかという問題に深く関係してくる。その責任範囲を「健康で文化的な最低限度の生活」に準じたものに絞れば、低所得型がより適合的であり、広めに設定すれば、アフォーダビリティ向上型になじむことになる。方法論としては、生存権の保障から出発して、まずは最低限度の住宅を保障するという発想に立ち、低所得者向けの政策から着手すべきであろう。公営住宅が、前述のとおり、特に都市部ですで

に飽和状態に達していることからも、優先的に低所得者に配分することが現実的と言える。

　ただし、長期的に着地点をどこに置くかは別の問題である。日本の社会保障においては、公的部門外のセクターが政府の社会保障の機能の一部を代替してきたことが指摘されるが（エスピン-アンデルセン、2001、p. ⅲ；広井、1999、pp. 64–65）、そのなかで、住宅の確保、より明確に言えば、持家の取得に企業の終身雇用と年功序列賃金は大きな役割を果たしてきたと考えられる。しかし、非正規労働者の増加、賃金水準の低下という昨今の雇用情勢を考えた場合、これまでのように持家確保の資金需要に耐えられる階層は、より限定的になるとも考えられる。そうであれば、長期的には、アフォーダビリティ向上型の指向が求められる可能性も想定しておく必要がある。その場合には、生存権に基づく「最低限度」を超えた住宅保障の確立が求められることになる。

(3)　現物給付と現金給付

　住宅確保の政策手段としては、社会住宅という「現物給付」と住宅手当の支給という「現金給付」がある。もちろん、これは、必ずしも二者択一ではなく、併用することも可能であるし、むしろ、複数のアプローチから住宅保障の「隙間」を埋めていくほうが効果的であろう。

　現在の低所得者向け社会住宅としての公営住宅をみた場合、既述のとおり、特に都市部で供給量を確保できていないという問題がある。一方で、直接建設方式によって、行政自らが建設コストを負担して住宅の供給を行うことは、現下の財政状況を考慮すれば、限界がみえている。このため、1996年の公営住宅法の改正により、直接建設方式だけでなく、民間住宅の借上方式も導入された。この借上方式は、当初、公営住宅用の住宅を建設する事業者を募集し、事業者が建設した住宅の一棟を一括して長期間借り上げる方式であったものが、現在では、新規建設ではなく既存住宅を活用し、かつ、住戸単位での借上げも可能となっている。しかし、管理戸数全体に占める借上方式の割合は、比較的導入が進んでいる東京都特別区でも約2割との調査結果もあり（高齢者住宅財団、2012、p. 60）、今後の普及が待たれるところである。

一方で、公営住宅の供給については、「公的賃貸住宅のみを住宅セーフティネットの柱として国民の居住の安定を図っていくことは、もはや困難」（社会資本整備審議会、2005、p. 40）との指摘もあり、公営住宅と併用すべき手段が必要となってくる。こうして、既存ストックの活用とそれを実効的にするための「住宅手当」の必要性が浮上してくる。国民の権利として広く住宅を保障する立場に立てば、普遍的・恒久的な制度として住宅手当の導入が望まれるところである。そこで、次節では、住宅手当に焦点を絞って、その主要な論点を整理してみることにする。

4 住宅手当をめぐる論点

(1) 誰に保障をするのか

住宅手当を「低所得者型」として構想するとしても、問題はそう単純ではなく、どの範囲を「低所得者」とするかを具体的に画定しなければならない。

「低所得者」をきわめて限定的に捉えるならば、たとえば、現に生活保護を受給していない者について、その者の収入から家賃相当額を除いた生活費の水準が、生活保護基準以下であれば住宅手当を支給するという考え方もありうる。この場合の住宅手当の支給は、実質的に住宅扶助の単独支給と同じ効果となり、それ自体意味のないことではないが、生活保護基準を上回る低所得者層に恩恵が及ばないという意味で、現状を改善する効果は限定的と言える。

ほかに考え得る基準としては、社会保障制度における「低所得者」概念の整合性から導き出す方法がありうる。たとえば、介護保険では、保険料額の設定、高額介護サービス費における負担上限額の設定、特定入所者介護（予防）サービス費（いわゆる「補足給付」）の対象者については、市町村民税世帯非課税でラインが引かれている[6]。社会保障制度全体の整合性を考慮すれば、1つの有力な指標となりうるだろう。

また、住宅確保困難者は、高齢者に限られるわけではない。失業者、母子世帯、障害者世帯などが同じ状況に置かれれば、年齢に関係なく住宅を保障すべきである。その意味で、住宅手当は、世代普遍的制度を目指すべきであ

る。この場合、「低所得者」について、世代を超えて一律の基準で把握すべきか否かも問題となってくる。公的年金等控除などの税制面での違いを考慮すれば、高齢者とは異なる基準設定が必要となる可能性に留意すべきである。

(2) どの水準を保障するのか

支給対象物件

　極端な話、いわゆる「貧困ビジネス」として問題となっているようなきわめて低レベルで「住宅」の名に値しない場合も住宅手当の対象とすべきかと問われれば、生存権から住宅の確保を導き出したうえで、公費を投入するのであれば、やはり、そこには「支給対象物件」として、一定の基準を設定せざるを得ない。1つの参考となるのは、「最低居住面積水準」である。住生活基本計画によれば、「世帯人数に応じて、健康で文化的な住生活を営む基礎として必要不可欠な住宅の面積に関する水準」とされ、単身者は$25m^2$、2人以上の世帯$10m^2×$世帯人数$+10m^2$を原則としている（国土交通省、2011、p. 23）。ただし、この定義では、「最低限度」の面積水準ではなく、「基礎として不可欠」という表現になっており、必ずしも生存権を保障する基準として位置づけられているものとは言えない。よって、最低居住面積水準と生存権をより明確にリンクさせるか、そうでなければ最低居住面積水準以外の「最低限度」の基準の設定が必要となってくる。

　このほか、単身者向け住宅の場合と、世帯向け住宅を複数人でシェアする場合とでも基準の設定は異なりうるし、高齢者・障害者では、バリアフリー対応をどの程度求めるかという問題もある。こうした基準の設定は、住宅手当の支給基準に適合した物件の建設・改築を誘導する効果を及ぼし、居住者のみならず、物件の貸主・住宅市場にも大きな影響を与えることになる点に留意が必要である。

手当額

　次に、住宅手当の支給額の水準である。住宅扶助の基準では、1級地および2級地で13,000円以内、3級地で8,000円以内[7]としつつも、東京都区市では53,700円といった特別基準が設定されている。生存権の保障としての

住宅保障という立場に立てば、住宅扶助の金額が住宅手当の有力な基準となりうる。ただし、現行の住宅扶助額そのものの適否については、今一度検討の余地がある。すなわち、住宅の規格、たとえば、面積、築年数、設備、耐震性といった要素によって、適正な家賃額があるはずだが、むしろ、こうした住宅の規格にかかわらず、住宅扶助額の上限に家賃が「張り付く」現状がある。適正額の住宅手当を支給する観点からは、住宅の規格を指標にして、住宅をある程度類型化したうえで、それぞれの類型に属する住宅の「適正家賃額」を算出するという仕組みの導入の検討も必要である。

また、制度の設計思想として、家賃の負担能力の足らざるを補うとの発想に立てば、対象者の所得や資産の状況、つまりは家賃の負担能力に応じて、住宅手当の支給額を漸減させていく方法も考えられる。たとえば、所得については、生活保護水準と同等の者に住宅手当の満額を支給することとし、その水準を超えて所得が上昇するにつれて支給額が漸減していき、市町村民税世帯非課税を超えた場合に全額を支給停止とするなどである。さらに、資産要件を課す場合には、保有できる資産の上限額を設定したうえで、対象者が保有する資産に応じて、同様に支給額を漸減させることも考えられる。もちろん、「低所得者」に該当すれば、住宅扶助相当額を一律に支給するという方法も選択肢としてはありうるが、「低所得者」の基準の境界線上にある者について考えた場合、住宅手当の支給を受けた者のトータルの収入が、非「低所得者」を大きく逆転するおそれがあり、公平の観点からは問題があるだろう。

(3) 他の給付との関係

最も基本的な論点は、生活保護の住宅扶助との関係である。住宅扶助はそのまま制度として存続させたうえで、別の仕組みとして住宅手当を導入するか、または、被保護者も含む普遍的な制度として住宅手当を導入し、住宅扶助を廃止するかのいずれの方法を採るかの問題である。この問題の検討に当たっては、現行法令で被保護者を適用除外としている制度の性格を考慮する必要がある。被保護者が適用除外とされている制度としては、国民健康保険、後期高齢者医療制度[8]を挙げることができる。これらは、社会保険制度であ

り、給付を受けるためには、その反対給付としての保険料の拠出を要するが、保険料相当額は生活保護費に算入されておらず、制度上、拠出を求め得る構造になっていない[9]。拠出を前提としない住宅手当は、他の社会手当と同様、生活保護受給者を排除しないとの整理が自然であり、住宅扶助は廃止したうえで、住宅手当に一本化を図るべきではないだろうか。この場合、既述の「支給対象物件」の基準を適用することにより、生活保護受給者をターゲットにした悪質な貧困ビジネスを間接的に規制する効果も期待できるし、「適正家賃額」の設定により、住宅保障のための支出を適正化することも可能となる。

　また、介護保険施設にかかる補足給付（居住費部分）については、居住のコストに対する支給であるという点で共通するものであるため、住宅手当への一本化も可能となる。ただし、「支給対象物件」である一般の住宅とのバランスは必要となってくる。施設の居室が他の「支給対象物件」と比較して遜色ないものでない限り、生存権に基づき最低限度の住宅の保障を行うという住宅手当の趣旨に反することになるからである。端的に言えば、施設の居室は、4人部屋でも住宅手当の支給対象とするという整理は困難ではないか。「居住」は居室の面積と態様だけで決まるものではないが、施設を特別に扱う合理的な理由を見出すか、あくまで経過的措置として認めるか、住宅手当なしでも負担できる水準に改定するかの3つの選択肢のいずれかを採らざるを得ないだろう。

　なお、高齢者に限らず、普遍的な制度として構想するのであれば、他の社会手当と併給しうる場合に、両者の調整をどのように行うべきかが課題となる点にも留意が必要である。

5　むすび

　今般の介護保険法の改正により、高齢者介護にとって、住宅政策が重要なパートナーであるとの位置づけが明確に付与されたとみることができる。住宅政策を抜きにしては、今後の社会保障は、その効果を十分に発揮できない状況に立ち至っていることが法のうえでも確認されたのである。本章では、

住宅の確保について、考えられる政策展開について制度論を中心に考察を進めてきた。すべての論点を網羅することはできておらず、また、住宅そのもののあり方については、別途、建築の分野からの考察も不可欠である。

　本章で提起した住宅手当については、日本では議論の俎上に載ったことはあっても、長い間「検討課題」とされ、今日に至っている。しかし、今後の高齢化の進展とそれに対応した介護サービスの基盤を拡充してくためには、これ以上の先送りは許されない。普遍的・恒久的な制度として、法的な根拠を持ち、義務的な公的負担を伴う形で整備するよう検討が求められる。そして何より国民に広く住宅の確保が保障され、それを基盤として、1人ひとりが望む「居住」のあり方を実現し、「地域包括ケア」が各地で開花することを望んでやまない。

注

1) 「介護サービスの基盤強化のための介護保険法等の一部を改正する法律等の公布について」（平成23年6月22日付老発第0622第1号・都道府県知事あて厚生労働省老健局長通知）、p.2。
2) 「特別養護老人ホームの入所申込者の状況」（平成21年12月22日厚生労働省公表資料）。
3) 生活保護法第14条。
4) 昨今の雇用情勢を受けて、政府では、住宅手当を導入したが、これは、住宅を喪失し、またはそのおそれがある者に対し、就労能力と常用就職の意欲があって公共職業安定所に求職申し込みを行うことを前提として、家賃額の補助を行うものである。しかし、この制度では、対象者が低所得者一般ではなく、稼働年齢層に限定され、かつ、支給期間も6カ月から最長9カ月と恒久的なものではないことから、有意義な制度ではあるものの、本質的な限界を抱えていると言わざるを得ない。
5) 高齢者住宅財団（2012、p.59）によると、全国平均の応募倍率が15.5倍であるのに対し、東京都特別区の場合、平均応募倍率が31.9倍、最大応募倍率は、103倍となっている。
6) 「平成22年度 介護保険事業状況報告（年報）」より、この市町村民税世帯非課税に該当する高齢者は、保険料の段階別人数から推計すると、第1号被保険者の約31％となる。
7) 「生活保護法による保護の基準」（昭和38年厚生省告示第158号）別表第3。

8) なお、被保護者であるため、後期高齢者医療制度の適用除外となる者は、健康保険でも日雇特例被保険者となる場合を除き、適用除外となる。
9) ただし、社会保険制度であっても、介護保険の第1号被保険者については、保険料相当額を生活扶助に算入することによって、被保護者を被保険者とする対応となっており、社会保険制度のなかでも必ずしも一貫していない状況にはある。

参考文献

エスピン-アンデルセン、G.（岡沢憲芙・宮本太郎監訳）（2001）『福祉資本主義の三つの世界』ミネルヴァ書房。
高齢者住宅財団（2012）「低所得高齢者の住宅確保と介護施設の将来像に関する調査・検討」（平成23年度老人保健健康増進等事業）。
国土交通省（2011）「住生活基本計画（全国計画）」（平成23年3月15日）。
国土交通省住宅局住宅総合整備課（2009）「既存民間住宅を活用した借上公営住宅の供給の促進に関するガイドライン（案）」（平成21年5月）。
小玉徹（2010）『福祉レジームの変容と都市再生』ミネルヴァ書房。
社会資本整備審議会（2005）「社会資本整備審議会答申　新たな住宅政策に対応した制度的枠組みについて」（平成17年9月26日）。
社会保険研究所（2007）『介護保険制度の解説』社会保険研究所。
地域包括ケア研究会（2009）「地域包括ケア研究会報告書――今後の検討のための論点整理」（平成20年度老人保健健康増進等事業）。
野口定久・外山義・武川正吾編（2011）『居住福祉学』有斐閣。
広井良典（1999）『日本の社会保障』岩波書店。

第3部　各サービス供給の現状と諸課題

第7章

在宅医療の現状・理念・課題

島崎　謙治

1　はじめに

　本章では在宅医療について論じる[1]。地域包括ケアと在宅医療の関係をどう捉えるかということについては議論の余地がある。すなわち、「地域包括ケアが上位概念で在宅医療はその構成要素である」とする見方が一般的だと思われるが、筆者は「地域包括ケアと在宅医療は表裏一体のものである」と捉えるべきだと考えている（その理由は第4節で述べる）。ただし、後者の立論を採る場合はもちろんのこと、前者の見解に立つ場合であっても、地域包括ケアを進める上で在宅医療が必要不可欠であることは間違いない。問題は、国が在宅医療の政策の旗を振っても、思ったような成果が上がっていないことである。それは一体なぜなのか。理念が間違っているのか、あるいは政策の手法が適当ではないのか。それとも、国民の期待と関係者の意識等が隔絶しているためなのだろうか。本章の目的は、このような問題意識に立ち、在宅医療の現状を押さえた上で、在宅医療の理念について考察を行い、克服すべき課題を明らかにすることにある[2]。

2 在宅医療の現状

(1) 在宅医療の政策の動向と沿革

在宅医療や地域包括ケアの推進に向け政策の舵が大きく切られている。2012年度予算では、在宅医療の実施拠点となる基盤整備に23億円、在宅医療の人材育成に1億900万円が投じられた。また、2012年の診療報酬改定では医療と介護の連携強化や在宅医療の充実に1,500億円が充てられ、介護報酬改定でも24時間定期巡回・随時対応型訪問介護など新メニューの創設をはじめ地域包括ケアに重点的な配分が行われた。さらに、2012年度の医療計画の改定に当たっては、「在宅医療の体制構築の指針」が設けられるなど在宅医療は5疾患・5事業と並ぶ大きな柱と位置づけられた。他方、2011年の法改正により地域包括ケア推進の努力規定が介護保険法に設けられたのを受け、第5期介護保険事業計画の策定に当たっては、医療と介護の連携について明記することとされた[3]。いわば予算・報酬・制度の「総動員体制」であり、厚生労働省の幹部の口から「2012年度を"新生在宅医療・介護元年"の年にしたい」、「法律上は、平成24年をもって、地域包括ケア元年ということになる」という言葉も発せられている[4]。

しかし、歴史を冷静に振り返れば、在宅医療や地域包括ケアが強調されるのは何も今に始まったわけではない。在宅医療だけ例にとれば、1980年に在宅自己注射指導管理料が新設されたのを嚆矢とし、1986年に寝たきり老人訪問指導料、1994年には在宅末期総合診療料が設定されるなど、診療報酬改定のたびに在宅医療に関する点数設定や引上げが行われてきた。とりわけ2006年には、マイナス改定の中で在宅療養支援診療所制度の創設など在宅医療には手厚い配分が行われたことは記憶に新しい。また、在宅医療を展開する上で訪問看護は不可欠であるが、1991年に老人保健法が改正され老人訪問看護ステーションが制度化された。そして、1992年には医療法が改正され、居宅が医療提供の場として位置づけられるとともに（医療法第1条の2第2項）、1994年の健康保険法の改正によって、在宅医療（居宅における療養上の管理及びその療養に伴う世話その他の看護）は「療養の給付」の対象であることが明確化された（健康保険法第63条第1項第4号）。つまり、在宅

医療は、国が政策課題として取り上げて以来、少なくみても20年以上の歴史がある。

さらにいえば、在宅医療にせよ地域包括ケアにせよ、白紙から政策が生まれたわけではない。むしろ、先駆的な取組みをモデルに政策を構築していった面が強い。東京白十字病院の佐藤智院長（当時）が1980年に組織化した在宅医療の「ライフケアシステム」はその一例である[5]。また、公立みつぎ総合病院の山口昇院長（当時）は、30年以上前に地域包括医療ケアという言葉を用い、在宅医療や訪問看護等の活動を展開していた[6]。こうした取組みが行われたのはなぜか。退院患者の生活の質の向上を図るためには、そうする必要があったからである。在宅医療や地域包括ケアは行政官の頭の中で創出されたものではない。地域医療を展開する過程で生まれた実践的なコンセプトであることは強調されてよい。

(2) 在宅医療の普及状況

在宅医療には以上のような先駆的な取組みがあり、国も1980年代から在宅医療の推進に向けて相次いで政策を打ち出してきた。けれども、それらは在宅医療の大きな潮流として結実したわけではない。それは次の3つのデータから確認できる。

第1は、死亡の場所別の年次推移である。各年の厚生労働省「人口動態統計」によれば、自宅で死亡する割合は、1970年が56.6％、1980年が38.0％、1990年が21.7％、2000年が13.9％と急減した。そして、国が本格的に在宅医療の梃入れを始めたこの10年をみても、自宅で死亡する割合は12％から13％程度（直近の2011年は12.5％）、病院で死亡する割合は8割弱（2011年は76.2％）とほぼ横ばいで推移している。

第2は、在宅医療を受けている患者数である。厚生労働省「平成23年患者調査」によれば、調査日に在宅医療を受けた推計患者数は110.7千人であり、「平成17年患者調査」の64.8千人に比べ2倍近く増加している。ただし、推計外来患者数（総数）に対する比率でみると、この6年間で0.8％から1.5％に増加したにすぎない。なお、同調査の在宅医療には往診等が含まれているため、本来の在宅医療（訪問診療）に限定すると以上の数値はさらに小さ

くなり、同期間において、34.5千人から67.2千人への増加、推計外来患者数（総数）に対する比率でみると、0.5％から0.9％に増加したにとどまる。

第3は、在宅医療の医療費全体のシェアである。この数字を正確に算出することは難しいが、単純に「社会医療診療行為別調査」の医科の在宅医療の割合（各年の医科の在宅医療の点数を医科の総点数で除した数字）でみると、2006年が2.4％、2008年が2.5％、2010年が2.7％と微増にとどまっている[7]。

在宅医療は入院・外来に次ぐ「第3の医療」といわれることがある。しかし、以上みてきたとおり、在宅医療は近年増加傾向にあるとはいえ、「第3の医療」というにはほど遠いのが実状である。

次に、在宅医療の供給側の実態についても2つだけ押さえておこう。

第1は、在宅療養支援診療所である。これは2006年の診療報酬改定において制度化されたものであるが、「厚生労働省保険局医療課調べ」（2010年7月1日時点）によれば、2010年の在宅療養支援診療所の届出数は2006年の9,434から12,487に増加している。ただし、担当患者数1名以上のものは10,661、在宅看取り数1名以上のものは5,833にすぎず、名目だけの在宅療養支援診療所が少なくない[8]。また、人口10万人当たりの在宅療養支援診療所数の全国平均は10.1であるが、最大（長崎県20.9）、最小（富山県3.9）と5倍以上の格差がある。

第2は、訪問看護事業所である。在宅医療の実施に当たって訪問看護は不可欠であるが、厚生労働省「介護給付費実態調査」によれば、訪問看護ステーション数は、2006年の5,559から2012年は6,173とやや増加している。ただし、厚生労働省「介護サービス施設・事業所調査」によれば、利用者数は2006年の291,907人から2011年は316,583人と微増にとどまっている。なお、都道府県によって訪問看護事業所の整備状況は大きな差異がある。この結果、高齢者千人当たりの訪問看護利用者数をみても、最多（長野県）と最少（香川県）では約4倍の差があるなどバラツキが非常に大きい。

(3) 家族介護の実態

在宅医療は入院や外来に比べはるかに家族介護の依存度が高い医療形態である。このため、在宅医療の現状について論じる場合、（必ずしも在宅医療に

限られるわけではないが）家族介護の実態についても押さえておく必要がある。

　第1は、誰が介護を担っているかである。2010年の厚生労働省「国民生活基礎調査」によれば、同居している者が主な介護者になっている割合は64.1％となっている。その内訳を続柄別でみると、配偶者が25.7％、子が20.9％、子の配偶者が15.2％となっている。また、性別でみると、男性30.6％に比べ、女性69.4％となっており、女性に大きな負担がかかっていることがうかがえる。また、要介護者等と同居している場合の主な介護者の年齢構成をみると、男性では64.9％、女性では61.0％が60歳以上となっており、いわゆる「老老介護」が大きな割合を占めていることがわかる。

　第2は、同居している介護者の肉体的・精神的負担である。2010年の「国民生活基礎調査」の「同居している主な介護者の介護時間（要介護者等の要介護度別）」をみると、要介護度が高いほど介護時間が長く、要介護4では「ほとんど終日」が48.4％、「半日程度」が15.8％、要介護5では「ほとんど終日」が51.6％、「半日程度」が20.5％となっている。一方、「介護給付費実態調査月報（2012年5月審査分）」によれば、要介護者全体での居宅サービス利用者は施設サービス利用者の約2.8倍となっているが、要介護4ではこの比率は約1.2倍と低下し、要介護5では逆に施設サービス利用者数が居宅サービス利用者数の約1.2倍となっている。つまり、要介護度が高いほど家族介護の負担は重く、施設サービスの需要もそれと比例的な関係にある。

　第3は、老親扶養意識である[9]。国立社会保障・人口問題研究所が2011年に刊行した『現代日本の家族変動（第4回全国家庭動向調査：2008年社会保障・人口問題基本調査）』によれば、「年老いた親の介護は家族が担うべきだ」という設問に対する賛成は57.7％と反対33.4％を上回っている。この回答結果からみると、今日でも老親扶養意識は底堅いものがあるように思われる。ただし、反対も約3分の1に上ることに加え、「まったく賛成」が8.3％、「どちらかといえば賛成」が49.4％と、消極的な賛成が多いことからすると、かつてのように自分の生活すべてを犠牲にしても老親を扶養するといった意識とは異なっていると考えられる。

3 在宅医療の理念

(1) 患者中心の医療と在宅医療

　医療関係のシンポジウムでは、「患者中心の医療」が強調されることが多い。斜に構えた見方になるが、それは現在の日本の医療が患者の立場を見失いがちであることの裏返しの表現ではないかと思われる。筆者は、医師と患者の関係は、通常の売り手と買い手の取引とは本質的に異なり、医師と患者が同じ方向を目指して行う「協働行為」だと考えている[10]。したがって、いたずらに消費者主権を振りかざすことがよいとは思っていないし、患者が望めばすべてそのとおりに行うのが医療のあるべき姿だと考えているわけでもない。しかし、患者が現状の医療のどこに不満や不安を抱いているか、何を医療に望んでいるかが、医療政策を考える上でまず基本に据えられるべきだということも間違いない。在宅医療とりわけ看取りまで視野に入れた医療については、国民がどこで最期を迎えたいと思っているかが基本となる。

　これについてはさまざまな調査があるが、最も重要なのは、厚生労働省の「終末期医療に関する調査」である。この調査は5年おきに行われているが、直近の2008年の結果をみると、「あなたが高齢となり、脳血管障害や認知症等によって日常生活が困難となり、さらに、治る見込みのない状態になった場合、どこで最期まで療養したいですか」との問いに対する回答として、一般国民は、病院（44.3%）、老人ホーム（15.2%）、自宅（22.4%）となっており、自宅を希望するのは4人に1人以下となっている。ただし、この回答結果から「国民の多くは病院や施設で療養したいと思っている」と結論づけることは適当ではない。なぜなら、「（病院など）自宅以外の場所で最期まで療養したいと思っている者」にその理由を尋ねた回答（複数回答あり）をみると、「家族の介護などの負担が大きい」（85.5%）、「緊急時に迷惑をかけるかもしれないから」（53.5%）という2つの理由が他の理由を引き離しているからである。一方、「自宅で最期まで療養したいと思っている」と答えた者にその理由を尋ねた回答（複数回答あり）をみると、「住み慣れた場所で最期を迎えたい」（67.4%）、「最期まで好きなように過ごしたい」（50.1%）、「家族との時間を多くしたい」（47.3%）が上位を占めている。つまり、本当は住み慣

れた自宅で家族に囲まれ最期まで好きなように療養したいと思っていながら、家族の負担や迷惑を考えると躊躇するという「国民の意識像」が浮かび上がってくる。もしそうならば、在宅で療養することを希望していながらその選択を躊躇させている要因を取り除いていくことこそが、「患者中心の医療」の具現化ということになろう。

(2) 個人の意思の尊重と憲法上の根拠

　患者本位とは、言い換えれば個人の意思や選択を尊重するということであるが、その憲法上の根拠はどこに見出せるのか。在宅医療を語るのに憲法まで持ち出すのは大仰に思われるかもしれない。しかし、在宅医療は一人ひとりの人間の生き方に関わる問題である。そして、在宅医療は単なる技術論を超え一種の社会運動論としての性格を帯びている。そうであれば、国家と国民の関係を規律する最高規範であり、国や社会の"かたち"を規定する憲法にまで遡って考える必要がある。とりわけ、在宅医療は「安上がりの医療」を目指すものだという皮相な理解があることを考えれば、なおさら重要なことだと思われる。

　そこで日本国憲法の条文を眺めてみる。社会保障と憲法というと、直ちに思い浮かぶのは憲法25条の生存権の規定である。確かに、住み慣れた自宅や地域で暮らすことは「健康で文化的な最低限度の生活」の保障だと考えれば、憲法25条に在宅医療の根拠を見出すことも可能である。しかし、個人の意思や選択という要素を重視すれば、「すべて国民は、個人として尊重される。生命、自由及び幸福追求に対する国民の権利については、公共の福祉に反しない限り、立法その他の国政の上で、最大限の尊重を必要とする」という憲法13条の規定がより適合する。この条文の前段は「個人の尊重」あるいは「個人の尊厳」原理、後段は「幸福追求権」と呼ばれているものであるが、なぜ「幸福追求権」が「個人の尊厳」との関係で重要なのか。それは、「人間の一人ひとりが"自らの生の作者である"ことに本質的価値を認めて、それに必要不可欠な権利・自由の保障を一般的に宣言したものである」(佐藤、1995、p. 448) からである。「幸福追求権」が各種の権利・自由を包摂する基幹的な権利といわれることがあるのはそのためである。そして「幸福追

求権」が保障されることにより、個人の人格的自律性や個人の尊厳が確保されるという構造に立つ[11]。在宅医療に即していえば、人が病み障害をもったときに自宅で医療を受けるという個人の意思や選択を尊重するということである。看取りを例にとれば、その人が、"自らの生の作者"としてこれまで綴ってきた人生の最終章として、自宅で最期を迎えるという自己決定を尊重するということである。その意味で、在宅医療が現実的な選択肢となりうるよう必要な条件整備を図ることは、人格的自律性や個人の尊厳を尊重することであり、これは憲法上の要請であるということができる。

　もっとも、以上の立論に対しては、家族の意思や生活が犠牲にされてよいのかと反論がありうる。換言すれば、患者本人の意思の尊重を強調することは、家族に対する介護の強要に繋がるとの批判である。確かに、患者本人の意思が尊重されなければならないのと同様、その家族にはそれぞれ固有の事情があり、その意思を無視することは非現実的であるだけでなく適切でもない。また、第2節で述べたように、国民の老親扶養意識は低くはないが、自分の生活すべてを犠牲にしても扶養するという意識とは異なっていると考えるべきである。けれども、この問題を患者本人と家族の意思の相反と単純に捉えることは適当ではない。それは在宅医療の質にもよるからである。つまり、在宅医療の質が高ければ家族の介護力への依存度は低くなり、逆に質が低ければ家族の介護力への依存度は高くなる。結局のところ、患者や家族の事情や需要に応じた多様かつ手厚いサービス体制が整備され、患者や家族の選択の幅をいかに広げられるかが重要な鍵となる[12]。

(3) 在宅医療の本質

　在宅医療を必要とする者にとって適切な医療の提供は不可欠であるが、医療はあくまで生活の一部として存在するのであって、決してその逆ではない。そもそも病院は基本的に患者の疾病を治すための場所であって生活する場所ではない。なぜなら、病院における医療は、治療の観点から患者の生活をいわば「切り取って」行うものであり、治療を効果的・効率的に行うためには患者を管理することが必要になるからである。在宅医療はこれとは異なり、各人の生活の固有性と多様性がそのまま現出する。比喩的にいえば、病院で

は医療が前面に現れ生活が背後に追いやられるのに対して、在宅医療では日常生活の一部に医療が溶け込んでいる。もう1つ重要なことは、人は他者や場所との関係性の中で生きていることである。"慣れ親しんだ"人間関係や生活環境が重要であるゆえんである。そして、先に述べた「終末期医療に関する調査」において、一般国民が「自宅で最期まで療養したいと思っている」理由として、「住み慣れた場所で最期を迎えたい」、「最期まで好きなように過ごしたい」、「家族との時間を多くしたい」ことを挙げているのは、その端的な表れであると考えられる。

　もちろん、人の性格や価値観は一様ではない。新しい場所で人間関係を構築することにさほど抵抗感がない人も存在しよう。また、家族との軋轢を生むくらいなら施設で暮らしたいと思う人もいよう。けれども、一般的にいえば（特に高齢者の場合には）、住み慣れた場所を離れることに伴う心理的・肉体的負担は決して小さくない。できるだけ住み慣れた場所で生活を支援するということは、やはり重要な価値規範である。ただし、住み慣れた場所の典型は自宅であるが、家庭環境や住宅事情などさまざまな理由によりそれが無理なことも少なくない。しかし、その場合でも、自宅のいわば「延長」としての居住系の施設（広義の居宅）において「自由な生活空間」を用意することが必要である。

(4) 在宅医療の定義と地域包括ケアとの関係

　在宅医療の本質を以上のように捉えると、在宅医療とは「患者の生き方に関する意思や選択を尊重し、住み慣れた居宅において、他者との関係性をもって生活を送ることを支える医療である」と定義できる。この定義がもつ政策的な意味は重要である。

　第1に、在宅医療は単一的な医療観・医療モデルを改める契機となる。医療を辞書で引くと「医術で病気をなおすこと」（広辞苑）と記されている。感染症中心の疾病構造の時代はこの定義で事足りた。だが、超高齢社会への移行に伴い、生活習慣病が増え、いわば「病気と共存する」ことが常態になれば、「治す医療」だけでなく「生活を支える医療」の重要性が増す。誤解がないようにいえば、これは「治す医療」を疎かにしてよいということでは

ない。治せなかった疾病を治せるようにすることは今後とも医学の重要な使命であり、日進月歩の医療技術の革新に劣後してはならない。そして、そのためには医学の専門分化が進むことも必然である。しかし、専門分化が進めば同時に包括的な医療の重要性が増す。また、高齢者（特に後期高齢者）は身体機能の低下や認知症の発現に伴い介護需要も高まる。「医療は医学の社会的適用である」といわれることがあるが、適用すべき社会の姿が人口構造の変容等により一変する以上、医学や医療のあり方自体の見直しが求められるのである。

　第2に、「生活を支える」という視点に立てば、在宅医療の「視界」（守備範囲）は狭義の医療にとどまらず、隣接する保健・介護・福祉・住宅、さらには"まちづくり"まで一挙に広がる。実際、生活の基盤である住まいや必要な保健・介護・福祉サービスを欠けば、在宅医療は成り立つはずがない。そして、在宅医療をこのように捉えれば、これは取りも直さず、「ニーズに応じた住宅が提供されることを基本とした上で、……医療や介護のみならず、福祉サービスを含めた様々な生活支援サービスが日常生活の場で適切に提供できるようにする」（地域包括ケア研究会報告書、2008）という地域包括ケアのコンセプトと重なり合う。比喩的にいえば、在宅医療と地域包括ケアは、同じ山を医療の側から眺めるか、ケアの側から眺めるかの違いでしかない。

　第3に、在宅医療と地域包括ケアの本質が同じであれば、当然、両者のキーワードも共通する。たとえば、在宅医療に当たっては、サービス提供者側の都合で患者の生活を"切り刻む"のではなく、その人の生活全体を支えるという「包括性」が重要となる。また、人の生活は、時間軸の中で過去との連続性を持ちながらも絶えず変化し現在から未来に流れていく。このため、サービスの提供に当たっては、サービスの「継続性」だけでなく、患者の状態の変化に応じ「柔軟性」をもって対応することが求められる。さらに、人の生活は住み慣れた場所で日常的・継続的に営まれるものである以上、在宅医療は「居宅」・「地域」と無関係に存在するはずもない。要するに、提供者側の視点ではなく患者の視点に立って考えれば、地域包括ケアのキーワードである「居宅」・「地域」・「包括性」・「継続性」・「柔軟性」は、在宅医療にもそのまま当てはまるのである。

4 在宅医療の課題

(1) 国民の意識からみた在宅医療の阻害要因

在宅医療が「生活を支える」ものだとすれば、在宅医療の課題についても、まず国民の側から考察する必要がある。図7-1は、「終末期医療に関する調査」で「在宅医療は実現困難である」と回答した者に、その理由を尋ねた設問に対する回答（複数回答あり）である。まず注目されるのは、2008年調査と2003年調査の回答はほとんど変わっていないことである。この5年間の政策効果が思うように上がっていないことをうかがわせるが、それはともかく、この調査からみた在宅医療の阻害要因は3つに大別することができる。

第1は、介護者の不在または過重負担である。在宅医療は家族の介護力への依存度が高く、患者やその家族にとって在宅医療を選択することは重大な

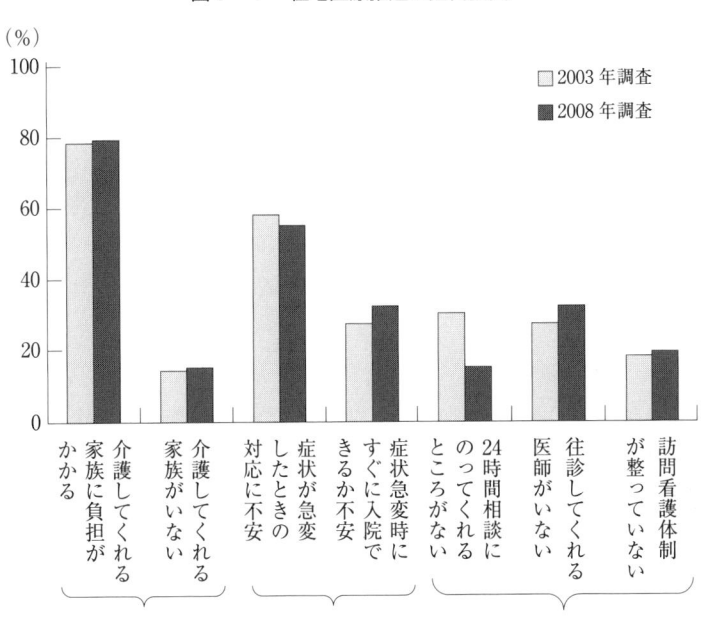

図7-1 在宅医療推進の阻害要因

①介護者の負担・不在　②急変時の不安　③在宅医療サービスの不足

出所：厚生労働省「終末期医療に関する調査」（各年）。

選択である。患者やその家族からすれば、在宅医療の理念は抽象的にはわかるにしても、どのようなサービスやサポートが受けられ、どの程度まで家族が介護等の負担をすれば在宅医療が可能なのか、具体的なイメージが摑み切れないのが実状だと思われる。ただし、これを患者本人と家族の意思の相反と捉えるべきではないことは既述した。家族が在宅で患者を支えられる臨界点という意味で「在宅限界」という言葉があるが、在宅限界は家族の介護力のみによって規定されるのではなく、在宅医療の質により上下するのである。

第2は、急変時の不安である。その背景には、在宅医療を担う医師(以下「在宅医」という)の対応能力が不十分であることや病院との連携がうまく機能していないことがある。たとえば、在宅患者の急性増悪時における在宅医の適切な診療、病院での対応が必要になった場合の受入れ、あるいは病院から在宅に戻る場合の適切な情報伝達など、病院(および病院勤務医)と在宅医との密接な連携は不可欠である。これは在宅医療の対象疾患が広がる中で特に強調される。図7-2は疾患別の死に至るパターンであるが、在宅医療の実践家が異口同音に指摘するのは「非がん系」の難しさである。すなわち、がんの場合は図7-2の①に示した特徴があり、患者や家族の意思も明確な場合が多く、在宅での看取りは比較的行いやすい。これに比べ、「非がん系」では死期の予測が困難である上に、心臓・肺・肝臓等の臓器不全(図7-2の②)では急性増悪期と終末期の区別が難しい。このため、急性増悪時に適切な対応を図れるか否かが、在宅医療の継続に重要な意味をもつ[13]。在宅医の診療のスキル向上や病院との適切な連携体制の確保が求められるゆえんである。

第3は、在宅医療サービスの不足である。注目されるのは、2008年調査と2003年調査の回答を比較すると、「24時間相談にのってくれるところがない」という回答は減少しているが、「往診してくれる医師がいない」、「訪問看護体制が整っていない」という回答が増えていることである。いうまでもないが、在宅医療を展開していく上で、患者の生活を支えるというマインドとスキルをもった在宅医の存在は不可欠である。片山壽(前尾道市医師会会長)は、「主治医とは、患者から『先生に命を預けます』といわれる存在。信頼というよりは、信託ですね」(『日本医事新報』4369号、p. 33)と指摘す

図7-2 疾患別の死に至るパターンの相違

①がん等：死亡の数週間前まで機能は保たれ、以後急速に低下

②心臓・肺・肝臓等の臓器不全：時々重症化しながら、長い期間にわたり機能は低下

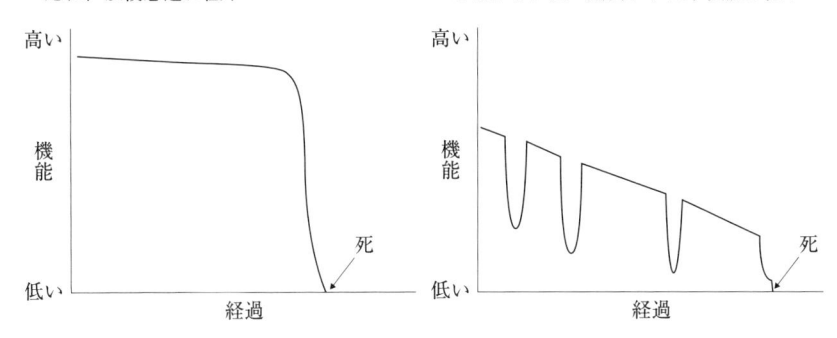

③老衰・認知症等：長い期間にわたり徐々に機能は低下

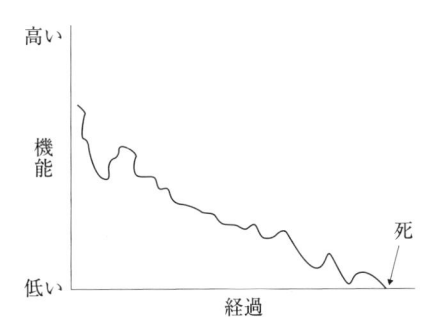

出所：Lynn and Adamson（2003）*Living Well at the End of Life*, WP-137, Rand Corporation.

るが、この言葉の意味は実は重い。信託の最も中核的な義務は、受益者（この場合は患者）の利益を専一に考えるという「忠実義務」である。これは厳格性が要求される義務であり、「24時間・365日」患者の立場になってそれを支えるという気構え（マインド）が要求される。同時に、多様な患者の病態に対応できる技術（スキル）も求められる。たとえば、緩和ケアが必要な在宅患者をケアするには緩和ケアのスキルが必要であり、認知症の患者には認知症の的確な診断とケアができなければならない。在宅医療はそれに専門特化した在宅医のみが行うべきだと筆者が考えているわけではないが、外来

診療の単純な延長線上に在宅医療が存在するのではない。また、訪問看護抜きの在宅医療はありえないが、訪問看護ステーションの事業所数が伸び悩んでいることや地域分布の偏在が大きいことは第2節で述べた。これは在宅医療を進める上でアキレス腱になりかねない。尾形（2012）が指摘するように、人材の育成および経済的インセンティブの付与、訪問介護とのサービスの差別化、看護管理者の経営管理能力の向上および事業の大規模化などが必要である。

(2) 在宅医療が進まない本質的な理由

以上、「終末期医療に関する調査」の回答を基に在宅医療の3大阻害要因について述べたが、在宅医療の阻害要因を指摘しその改善を促すだけでは考察不足の謗りを免れない。さらに、在宅医療が進まない理由について掘り下げて検討する。

第3節で詳述したように、在宅医療の本質が「生活を支える」ことにあると捉えれば、医師が訪問診療すれば事足りるわけではない。医療に限っても急性増悪時には病院との連携が必要になる。また、保健・介護・福祉・住宅、さらには"まちづくり"まで含め、在宅医療の構成要素の質を高めることが求められる。しかし、それは必要条件であって十分条件ではない。筆者が在宅医療の現状をみていて想起するのは、生物学の「リービッヒの最小律」（生育に必要なさまざまな要素のうち供給が最も少ないものに支配されるという法則）である。それになぞらえれば、在宅医療のレベルは各構成要素の質の総和で決まるのではなく、構成要素（特に、訪問診療、急性増悪時の受入れ病床、訪問看護、訪問介護、住宅の5つ）のうち最も脆弱な要素によって規定される。つまり、各構成要素は他の構成要素で代替し切れないため、5つの構成要素のうち1つでも欠けば、それがボトルネックとなり在宅医療の「包括性」や「継続性」が損なわれてしまうのである。さらに難しいのは「柔軟性」である。患者の状態やニーズは一定ではない。標準的・定型的なサービスの提供で足りる「平時」の場合もあれば、患者の病態が夜間に急変するなど「緊急時」の場合もある。そうした変化に柔軟かつ即時的な対応ができなければ「生活を支える」ことにはならない。

以上述べたことは病院と対比するとわかりやすい。病院では、生活の質という面ではともかく、医療にせよ看護にせよ介護にせよ、いわば「生存するために必要な機能」は充足されている。たとえば、夜間であってもナースコールを押せば看護師や介護士が病床を訪れる。緊急に医療が必要になれば当直医が対応してくれる。一方、在宅では、看護や介護は家族の介護力と在宅サービスで賄われており、たとえば、重度の要介護者であっても週1・2回程度の訪問看護と訪問介護しか提供されなければ、残余の負担は家族にのしかかってくる。また、夜間であっても当然医療が必要になる場合があるが、それに適切に対応できなければ在宅医療と呼ぶに値しない。

 要するに、生活は間断なく営まれており、在宅医療の本質が「生活を支える」ことにある以上、在宅医療の各構成要素の質が高く、かつ、それぞれが有機的に結合し、24時間365日「生活を支える」サービス体制が確保できてはじめて在宅医療の実質が備わるということである。地域における各機関・職種の「切れ目のない」連携の重要性が強調されるのもそのためである。しかし、率直にいって、このレベルの連携が実現できている地域は多くはない。それはなぜか。本質的な理由は2つある。

 第1は、「インターフェース・ロス」の発生である。これは、元来、機械の機種等が異なるために情報がうまく伝達できないことを意味する用語であるが、異なる組織・職種間で情報伝達が行われる場合にも、一種の「インターフェース・ロス」が発生する。たとえば、異なる職種が褥瘡のある患者を訪れたとしよう。多少誇張していえば、医師は褥瘡の深さや治療の難易度に目が向くはずである。保健師はそのこともさることながら、患者と家族の人間関係（例：家族による適切な清拭の有無）が気になり、ケアマネジャーは介護サービス給付の必要性に関心が向くと思われる。つまり、職能・職責の相違のほか、受けてきた教育のバックグラウンドや思考のロジックが違うために、同じ患者をみても観察のポイントや必要な情報の"切り取り方"が異なってしまうのである[14]。そしてその結果、互いに"隔靴掻痒"の感を招くだけでなく他の職種・職能に対する不信さえ招きかねない。しばしば連携強化のために「情報の共有」が強調される。しかし、それは手段であって目的ではない。しかも「共有」の実質が覚束ないとすれば、関係者が適切な役割分

担と相互補完を行い患者の「生活を支える」という最終目的に辿り着けるはずがない。

第2は、属する組織体の間では意思統一や迅速な決定が難しいことである。組織や仕事の内容等が異なれば方針や考え方が一致しないことはしばしばある。同一職種であっても、病院勤務医と開業医、病棟看護師と訪問看護師が互いに相手方の無理解を難じることがあるのはその一例である。こうした理由もあって、異なる経営主体の間では連携の必要な調整等に時間や労力を要する（経済学的にいえば「取引コスト」がかかる）ことが少なくない。さらに、組織間で利害が相反する場合、メリットや負担が一方に偏る場合には、そもそも連携は成立しない。これを回避するには、連携（cooperation）ではなく、同一法人あるいは系列化した事業体により統合（integration）するという方法がある。二木立のいう「保健・医療・福祉複合体」が増えているのはこのためである。医療・介護関係者や行政関係者の中には、これは「患者や要介護者の囲い込み」だとして嫌悪感を抱く人が少なくないが、連携と統合は連続的な関係にあり、「連携か複合体か」といった二者択一的な問題設定の立て方は妥当ではない（二木、2004、pp. 97-106）。地域における連携や統合のあり方は、それぞれの地域の医療資源の分布、人口、地勢等の特性によって多様な形態とならざるをえない。

(3) 在宅医療を進めるための制度的な政策課題

以上、在宅医療が進まない理由や克服すべき課題について考察したが、制度的な政策課題も少なくない。筆者が特に重要だと考えている政策課題は次の3つである[15]。

第1は、医療と介護の所管の整理である。在宅医療の構成要素の全体を見渡し底上げを図る上で自治体の役割は重要である。しかし、都道府県と市町村の間で、「在宅医療も医療の一形態だから都道府県の所管、地域包括ケアは介護を中心とするケアの問題だから市町村の所管である」といった消極的な権限争いがみられる。こうした「意識の壁」を打ち破るためにも、地域包括ケアと在宅医療の本質は同じだといい切ってしまうほうが適切だと思われるが、実は国レベルでも医療行政（医政局）と介護行政（老健局）の関係が

きちんと整理されているとはいえない。筆者は、在宅医療は生活圏域（中学校区レベル）のエリアで展開する必要がある以上、医療と介護の調整を含め在宅医療の資源把握・計画的整備は市町村が一義的な役割・責任を負うと割り切ってしまうべきだと考えている[16]。誤解がないようにいえば、これは都道府県が在宅医療に関与しなくてよいということではない。入院医療と在宅医療の接続や人材育成の技術的支援など都道府県が果たすべき役割は当然存在する。なお、地方自治体の実態をみていると、国の政策を消化するのに汲々としている場合が少なくない。しかし、地域の医療・介護資源の分布、人口や地勢、関係団体の意識や取組み状況等は異なるため、最適解は地域の数だけあるといっても過言ではない。自治体や関係者の創意工夫が求められるゆえんであるが、国も基本だけ押さえ後は地域の自主的な判断に委ねるという柔軟な姿勢をもつ必要がある。

第2は、訪問診療の体制強化である。わが国の診療所は基本的に「ソロ・プラクティス」（単独診療）中心である。しかし、これでは夜間緊急時の適切な対応は困難であり、在宅医療を進めるには複数医師あるいは複数診療所（中小病院を含む）による「グループ・プラクティス」が必要である。ちなみに、2012年の診療報酬改定では、①常勤医が3人以上、②過去1年間の緊急往診実績が5件以上、③過去1年間の看取り件数が2件以上、の3要件を満たす在宅療養支援診療所は「機能強化型」として手厚い評価が行われたが、重要な点は、複数の医療機関が連携し上記の3要件を満たす場合も「機能強化型」の点数を算定できることである[17]。これは政策の方向性としては正しいが、これを後押しするには地区医師会等の積極的な対応が求められる。また、これに関連していえば、在宅医療の客観的評価と開示を是非行ってほしいと筆者は考えている。その理由は、在宅医療における医師と患者の関係は外来よりはるかに濃密であり、とりわけ看取りまで考えれば、真に自分の身を託するに足る在宅医であるかどうか不安がつきまとうからである[18]。なお、こうした評価・開示は必ずしも国が直接行う必要はない。むしろ、在宅医療を実践している組織・団体（たとえば在宅療養支援診療所連絡協議会）が率先して取り組んでいくことが望ましい。

第3は、多様な形態の「住まい」の提供である。在宅医療を望んでも、現

実問題として、家族介護力が十分ではないといった事情のほか、自宅が狭隘であるなど住宅条件がネックとなる場合が多い。しかし、自宅か入院・入所か二者択一的に考えるべきではない。自宅と病院の間には、サービス付き高齢者向け住宅、有料老人ホームやグループホームなど多様な形態が連続的に存在するからである。そして、単独世帯や高齢者夫婦世帯の増加等を考えると、集住形態の「住まい」がより一般化すると考えられる。その際、重要なことが2つある。1つは、「箱物」の機能を設定しそれに合わせ入所者を決定するという供給者サイドの発想は改め、入所者の状態の変化に対応し医療・介護サービスを柔軟に提供できるようにすることである。また、軽費老人ホーム、グループホームなどの施設・住宅は法令により細分化されているが、これはすべて高齢者向けの「住まい」として捉えるべきである。これは介護保険3施設も例外ではなく、居宅と同じように必要な医療サービスは外部から提供すること（サービスの「外付け」）を基本とすべきである。要するに、病院と狭義の居宅の間には多様な集住系の「住まい」の形態があり、居

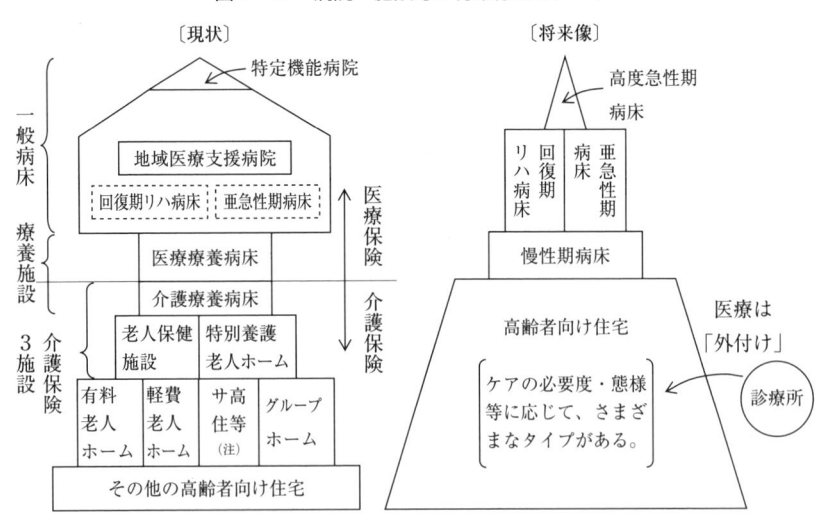

図7-3　病院・施設等の将来像のイメージ

注：「サ高住」とは、「サービス付き高齢者向け住宅」（バリアフリー構造等を有し、介護・医療と連携し、高齢者を支援するサービスを提供する住宅）の略称である。
出所：島崎（2011, p.315）を一部改変。

住者の態様やニーズに応じ提供される医療や介護サービスの濃淡があるだけの違いとなる（図7-3参照）[19]。2つ目は、「住まい」の費用負担である。患者や家族の選択が重要だといっても、所得が低ければ選択肢は狭まる。たとえば、厚生労働省と国土交通省との連携の下にサービス付き高齢者向け住宅等の整備が進められているが、家賃の支払い能力がなければ入居できない。率直にいって、低所得者の「住まい」確保という問題に対する"処方箋"を国は描き切れていない。公営住宅の活用のほか、介護保険の補足給付の見直しと併せ「家賃補助政策」等の方策も検討する必要があると思われる。

5　おわりに

　自治体職員や医療・介護関係者から「在宅医療の重要性はわかっているが、なかなか連携が進まない。在宅医療を進めるために、どこからどのように手を着けていけばよいかわからない」といった声がしばしば聞かれる。しかし、実のところ、在宅医療がなぜ必要なのか、連携はなぜ難しいのかがわかっていないことが多い、というのが筆者の率直な印象である。在宅医療は単なる医療提供の技術論ではない。「生活を支える医療」への思想的転換である。そして、「生活を支える医療」という以上、提供者側の論理でなく患者や家族の側の視点に立つことが求められる。そして、在宅医療の視界（守備範囲）は狭義の医療にとどまらず生活全般に一挙に広がる。しかも、在宅医療の重要な構成要素が1つでも欠落すれば、あるいは構成要素間の断絶が生じれば、生活は支えることができない。これが在宅医療の本質的な難しさである。やや逆説的ないい方になるが、在宅医療を進めるには、患者や家族の側に立ってその理念を再確認するとともに、在宅医療の本質的な難しさを関係者が自覚し、その上で地域の実情を踏まえ創意工夫を凝らし問題を解決していくことが重要である。制度論を含め在宅医療に関し考察すべき論点は数多くあるが、本章ではその多くを捨象しこの点を掘り下げ論じたゆえんである。

注

1) なお、本章は完全な書き下ろしではないことを断っておく。筆者の在宅医療に関する著作としては、島崎（2008a）、島崎（2008b）があり、医療政策全般に関する著作としては、島崎（2011）、島崎（2012）がある。本章はそれに新たな知見・考察を加え再構成したものである。
2) したがって、本章は在宅医療の政策動向の解説を行うことが主眼ではない。在宅医療に関する 2012 年度の予算および 2013 年度の予算概算要求の内容については、『週刊社会保障』No. 2699（2012 年 10 月 22 日号）、pp. 6-11 を参照されたい。また、2012 年の診療報酬および介護報酬改定については、『日経ヘルスケア』No. 270（2012 年 4 月号）を参照されたい。
3) 地域包括ケア推進の努力規定とは、2011 年 6 月に成立した「介護サービスの基盤強化のための介護保険法等の一部を改正する法律」により新設された、介護保険法 5 条 3 項の規定を指す。
4) 前者は大谷泰夫医政局長（当時）の全国厚生労働関係部局長会議（2012 年 1 月 20 日）における発言、後者は元老健局長の宮島俊彦の著作（宮島、2012、p. 18）からの引用である。
5) これは、1971 年に東村山市で開始した「寝たきり老人訪問看護事業」をベースに発展させたものである。詳細については、佐藤（2000）を参照されたい。
6) 詳しくは、山口（2012）を参照されたい。
7) 「この数字を正確に算出することは難しい」と書いた理由は、院外処方の薬剤分は「社会医療診療行為別調査」の対象外であることから、在宅医療とそれ以外の診療行為の薬剤比率等がわからないと算出できないためである。なお、本文の在宅医療は医科のみで歯科は含んでいない。また、「社会医療診療行為別調査」の在宅医療には往診等が含まれている（データ上区分できない）ことに留意されたい。
8) なお、2008 年の診療報酬改定では在宅療養支援病院も創設された。ただし、2010 年の在宅療養支援病院の届出数は 331 あるが、担当患者数 1 名以上のものは 266、在宅看取り数 1 名以上のものは 130 にすぎない。
9) ただし、この調査の客体は有配偶女性に限られており、必ずしも国民全体の意識というわけではないことは断っておく。
10) 医師と患者の関係をどう捉えるかは医療政策上の重要な論点であるが、これについて筆者の見解を述べる紙幅がない。島崎（2011、pp. 304-312）を参照されたい。
11) これは通説であるが、憲法 13 条後段は「公共の福祉に反しない限り」という限定が付されているため、個人の自律の核心に関わる権利は憲法 13 条前段によって保障されているという有力説もある（長谷部、2004、p. 154 以下参照）。ただし、そうであればなおさら、本文で述べた在宅で暮らしたいという自己の意思の尊重は、個人の自律の核心に関わる権利として保障されなければならない。
12) その上で、患者や家族がどのような選択を行うかは国家が容喙すべきことでは

ない。筆者は在宅医療推進論者であるが在宅医療至上主義者ではない。
13) 詳しくは、平原（2008、pp. 99-104）を参照されたい。
14) もう1つ例を挙げれば、患者の状態が急変した場合、看護職に比べ介護職や福祉職は適切な対応が取れないことが多い。これは病態が変化した場合の「リスク管理」の教育を十分受けていないことが主因である。
15) 紙幅の制約もあって政策課題を網羅的に述べることはできない。島崎（2008a）、島崎（2008b）を参照されたい。
16) ちなみに、ほぼ同趣旨の提言は「第6回厚生労働省版提言型政策仕分け」（2012年7月6日）においてなされている。
17) ただし、連携の場合の算定要件としては、①患者からの緊急時の連絡先が一元化されていること、②患者の診療情報の共有を図るため、月1回以上の定期的なカンファレンスを実施していること、③連携する医療機関数が10未満であること、④病院が連携に加わる場合は200床未満の病院に限る（ただし、無床の在宅療養支援診療所のみでグループを組む場合には、在宅療養支援病院以外の200床以上の病院との連携も可）、という4つの要件を満たす必要がある。
18) なお、もう1つ理由を付け加えれば、近年、在宅医療の高い診療報酬点数に誘引されたと思われる低質の在宅医療が散見されるからである。
19) なお、この図では医療機関の再編も含めている。在宅医療との関係では特に亜急性期病床や慢性期病床の位置づけが問題となるが、詳述する紙幅がない。島崎（2011、pp. 314-316）を参照されたい。

参考文献

池上直己（2010）『医療問題（第4版）』日本経済新聞社。
尾形裕也（2012）「日本における在宅医療の現状、課題および展望」『季刊社会保障研究』Vol. 47, No. 4。
佐藤智（2000）『在宅医療の真髄を求めて――私の歩んだ一筋の道』日本評論社。
佐藤幸治（1995）『憲法（第3版）』青林書院。
島崎謙治（2008a）「在宅医療と政策――構造・理念・課題」佐藤智ほか編『明日の在宅医療（第1巻）在宅医療の展望』中央法規出版。
―――（2008b）「地域連携・地域包括ケアの諸相と本質」片山壽ほか編『明日の在宅医療（第5巻）在宅医療・訪問看護と地域連携』中央法規出版。
―――（2011）『日本の医療――制度と政策』東京大学出版会。
―――（2012）「人口構造の変容と医療・介護の将来像」ヘルスケア総合政策研究所『医療白書2012年度版』日本医療企画。
二木立（2004）『医療改革と病院――幻想の「抜本改革」から着実な部分改革へ』勁草書房。

長谷部恭男（2004）『憲法第3版』新世社。
平原佐斗司（2008）「非がん疾患のホスピス・緩和ケアをめぐる課題」鈴木荘一・村松静子ほか編『明日の在宅医療（第3巻）在宅での看取りと緩和ケア』中央法規出版。
宮島俊彦（2012）「地域包括ケアの展望」『社会保険旬報』No. 2510（2012年10月11日号）。
山口昇（2012）『実録寝たきり老人ゼロ作戦　地域包括ケアシステムの構築をめざして──公立みつぎ総合病院45年の軌跡』ぎょうせい。

第 8 章

介護予防とリハビリテーションの現状と課題

備酒 伸彦

1　はじめに

　筆者は 1983 年に理学療法士として老人病院に勤務して以来、在宅訪問、特別養護老人ホーム、デイサービスの現場などで約 30 年にわたり高齢者ケアに関わってきた。また、この間にデンマーク、スウェーデンをたびたび訪ね、彼の地での高齢者ケアに触れる機会も得た。さらに、2007 年から高齢者ケアに携わるケア職・リハビリテーション職（以下、リハ職[1]とする）に対して継続的な研修事業を実施している。

　このような経験に基づいて、本章では、わが国の①高齢者の障害概念の変遷、②生活期にある高齢者の機能および機能低下の特徴、③介護予防の観点も含めた現在のケアサービスの問題点について考察する。

　また本章では、介護予防の具体的な方法やその効果などについては他書に譲り、①〜③を総合して、生活機能の維持・向上に向けたケアとリハビリテーションのありようについて提言したい。

2　高齢者の障害概念の変遷（時代とともに変わるケア）

　1989 年のゴールドプラン実施、2000 年の介護保険実施を経て、近年、わ

150　第3部　各サービス供給の現状と諸課題

写真8-1　退院翌日に庭先に座る高齢者の姿

が国の高齢者ケアを取り巻く環境が大きく変わった。

　介護保険がある今、写真8-1のように、退院の翌日には当事者が庭先に座り訪問看護師が寄り添う姿がごく当たり前のものとなった。薄暗い部屋のなかで寝たきりとなって、その枕元に途方に暮れた妻が座っている姿が普通であったころには、このような姿は想像することさえできなかった。

　毎日が褥瘡との戦いであったころのケアに求められたものは、傷を治すという「生物レベルのケア」であった。それが今や、庭先に座る人の生活の質までを含めた「人レベルのケア」が求められるようになったのである。

　生物レベルのケアは人レベルのものと比較して、求められる内容の多様性は狭く、ケアに関わる専門職は、それぞれの専門的知識・技術を目の前の対象に提供すれば一定の成果を挙げることができる。ところが「人レベルのケア」を求められると対象の多様性は一気に広いものとなり、ケア提供者は、自らの専門的知識・技術を対象者に適応するように変化させながら対応することが求められる。換言すれば、「障害高齢者」という対象を前にしたとき、従前は「障害」に焦点を当てた対応で事足りたものが、現在では「高齢者」や「者」に焦点を当てて、自らの知識・技術を提供することが求められるようになったと言える。このような時期に従来のICIDH（国際障害分類。機能障害→能力障害→ハンディキャップ）に代わって、人を総合的に捉えたICF

(International Classification of Functioning, Disability and Health：国際生活機能分類）の障害概念が示されたことは時節を得たものと言える。

　さてここで注目すべき点は、このような変化は緩やかな時の流れのなかで起こったものではなく、介護保険という制度によって革命的に世に出現したということである。わずか12年しか経過していないこともあり、ケアの手法がいまだに「傷害や障害を治す」ことに終始していることや、ケア職がそこから意識を踏み出すことに躊躇していることも否めない。

　もちろん「治す」ことは肯定されるべきもので、リハビリテーションにおいても病期や障害の進行時期によっては治すことを最優先とする場合もある。一方で、人レベルのケアを考える際には治すという手法のみでは不十分で、特定の障害を治すために当事者の行動を規制することは、時として効果以上の逆効果を生じさせかねない。この点は、リハ職が常にリスクファクターとして意識し、何を目的にリハビリテーションサービスを提供しているのかを慎重に考える必要がある。

　このように考えると、ケア職に対する卒前教育の内容も検討する必要がある。理学療法士を養成する4年制大学を例にとると、現カリキュラムでは卒業に必要な124単位のうち、約110単位が、治療的手技やそのための基礎科目に当てられ、人に対する理解などというリテラシー科目は入学初年度前期にほんのわずか配当されているのみである。このような傾向は他のケア職においても同様と思われ、生物レベルのケアに加えて人レベルのケアが求められる現在に合わせたカリキュラムの再考が必要と考えられる。

3　生活期にある高齢者の機能および機能低下の特徴

(1) 成長と老化のベクトル

　図8-1は人の身体機能の向上（成長）と低下（老化）のイメージ図である。出生後20歳前後までに向上した身体機能は年齢とともに低下していくというものである。

　この図で、破線で示すようないわゆる異常な機能低下に対しては、治療的なリハビリテーションが必要で、矢印のように正常な老化曲線に戻す努力が

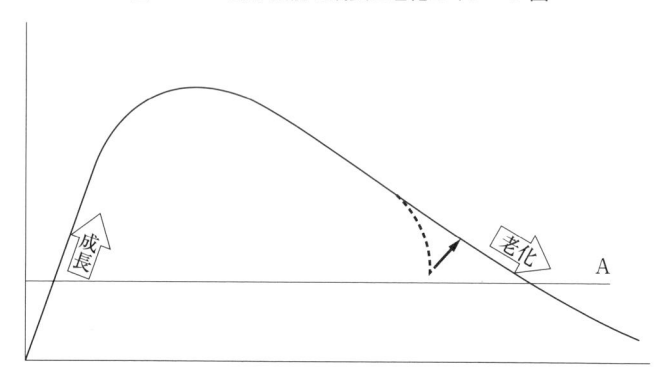

図8-1 身体機能の成長と老化のイメージ図

適当と考えられる。一方、Aの線で示すように、たとえば成長期にはそれまで歩けなかった小児が歩けるようになる、老化とともにそれまで歩けていた人が歩けなくなるという局面で、高齢期にある人に対して単純に機能強化のためのリハビリテーションを提供することには疑問がある。この時期には、老化のベクトルのなかにあることを十分に理解したうえで、単に運動機能の向上を図るのではなく、ADL（日常生活活動）・APDL（日常生活関連活動）の維持・向上に向けた取組みがなされるべきで、この際には、ケアマネジャーに限らずケア職種すべてに、問題を見出しその解決策を考え実行し、その影響を再検討しさらに改善策を見出すというPDCAサイクルを意識したマネジメント能力が求められる。

(2) 予備力の少なさへの備え

写真8-2は筆者が高齢者ケアの現場で関わってきた人たちである。週に1度はエアロビクスを踊る高齢者、いわゆる健常高齢者、明らかな疾病や障害はないものの、やや体力に不安がある高齢者、何らかの障害を有する高齢者と、さまざまな高齢者がケアやリハビリテーションの対象となる。

ここで注意しなければならないのは、高齢者ではそれぞれのグループがマイナスの側に近い位置にあるということである。すなわち、エアロビクスを踊っていた人が踊れなくなる、健常高齢者と呼ばれていた人が虚弱や障害高齢者となるリスクが若年者に比べて高いのである。

写真 8-2　高齢者ケアの現場・さまざまな高齢者像

　高齢者の身体特性として予備力が低いことが挙げられる。これにより短期間のうちに身体機能の低下や ADL・APDL の低下を招きやすく、さらに運動量の低下という負のサイクルで廃用性機能低下を招きやすいこともよく知られている。

　このようなことからも、老化のベクトルのなかでケアを実施する際は、評価・検討・対策の実施・検証・評価と連続するマネジメントを欠かさず、短期間内に起こる変化に対応することが重要である。

4　介護予防の観点からみた現在のケアサービスの問題点

(1)　何のための介護予防事業か（手段なのか目的なのか）

　介護予防事業は、要介護状態になることをできる限り防ぐことと、状態がそれ以上悪化しないようにすることを目的に行われる「手段」であるということは自明である。ところが実際には、運動すること自体が「目的」となってしまっている介護予防事業も散見される。

　このような本末転倒を避け、効果的な介護予防を実現するためには適切な評価が欠かせない。また、その際も、単に運動を提供したから運動能力を測るというものではなく、高齢者の生活に直接関わる、心理精神機能や日常生活活動の状態を明確に測る評価手法が求められる。

　川越ら (2010) は、リハビリテーション効果、ケア効果、介護予防効果、ケアマネジメントなどの評価に際して、運動能力に加えて、① ADL、

写真8-3　運動機能特化型デイサービスセンター

②IADL、③うつ得点（GDS-5得点）、④QOL（EQ-5D）、⑤主観的健康観、⑥介護負担感といった尺度を一貫して採用し、高齢者を総合的に捉える視点を維持している。

　そのなかで、運動機能特化型デイサービスにおいて特徴的な知見を得た。写真8-3に示すような運動に特化した施設でのサービスを上述のような視点で評価したところ、運動機能に著しい向上はみなかったものの、ADL、IADL、うつ、主観的健康感に明らかな改善をみた。

　このような視点、またこのような結果は、今後の介護予防を本来の目的を実現するための有効な手段として成立させるために重要なものである。一方で、多くのケア職はそれぞれの専門分野を越えた広い視点で対象を評価することに習熟しているとは言いがたく、今後、評価能力を醸成する方策が必要と考えられる。

(2)　介護職の意欲に関する問題

　ケア職、特に介護に直接従事する介護職の離職率が高く、ケアサービスを安定的に供給することの妨げとなっている。その理由には低所得や重い労働負担もさることながら、自らの職への満足感の低さも窺える。

　そこで介護職を対象として介護に関する意識調査を行った（表8-1）。

　「あなた自身が介護される場合どこで介護を受けたいですか」という問いに対して、介護職群では60.0％が自宅と回答し、特養・グループホームと回答した者は12.8％であった。比較群の自宅26.9％、特養・グループホーム

表8-1　介護に関する意識調査対象

介護職群（特別養護老人ホーム・デイサービス）			比較群（教員免許更新研修受講者）		
	数（人）	平均年齢（歳）		数（人）	平均年齢（歳）
男性	62	35.2	男性	33	46.4
女性	134	41.3	女性	138	47.4
計	196	39.4	計	171	47.2

29.8％という率と比較すると皮肉な結果と言わざるを得ない（図8-2）。

「あなた自身が最期を迎える場所としてどこを選びますか」という問いに対しても、自宅と回答した者が比較群を上回っている（図8-3）。

介護を受ける場所、最期を迎える場所について、それぞれ、配偶者の場合、親の場合という設問についてもほぼ同様の傾向で、介護職群が特養・グループホームを選ぶ率は比較群に対して明らかに低かった。

「自らが勤務している施設の介護に満足していますか」という設問に対しては、満足・どちらかというと満足という回答が45.4％、どちらかというと不満・不満という回答が53.6％であった。「勤務している施設の介護をよりよいものとするために具体的な努力をしていますか」については、積極的にしている・しているが54.1％、あまりしていない・していないが44.4％という結果であった（図8-4）。

自らの介護についての設問でもほぼ同様の傾向で、不満を感じながらもそれを改善するための具体的な行動をとっていないという回答が半数を上回った（図8-5）。

ただし、このような結果を前に、ケアサービスの質の低さの原因を介護職の意識に求めることは短絡的にして誤りであると考える。先述したように、わが国のケアはいまだ生物レベルのケアから人レベルのケアへと発展する途上にあり、そのなかで現場で働くケア職が混乱している状態にあると考えるほうが適切で建設的な思考であろう。

そこで次項では、人レベルのケアを実現するためのヒントとなる「普通の暮らしを支援する北欧ケア」と、人を総合的に捉えるケアの重要性を教えてくれる事例を紹介したい。

156　第3部　各サービス供給の現状と諸課題

図8-2　あなた自身が介護される場合どこで介護を受けたいですか

凡例：□自宅　□特養・グループホーム　■有料老人ホーム　■病院　▨わからない　■その他

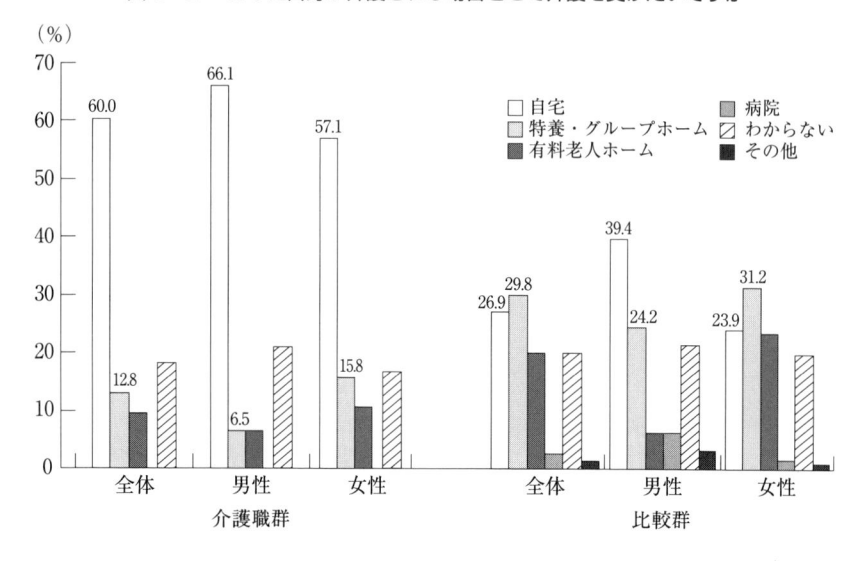

介護職群
- 全体：自宅60.0、有料老人ホーム12.8、わからない約18
- 男性：自宅66.1、有料老人ホーム6.5、わからない約21
- 女性：自宅57.1、有料老人ホーム15.8、わからない約17

比較群
- 全体：特養・グループホーム26.9、有料老人ホーム29.8、病院約20、わからない約20
- 男性：特養・グループホーム39.4、有料老人ホーム24.2、病院6、わからない約21
- 女性：特養・グループホーム23.9、有料老人ホーム31.2、病院約23、わからない約19

図8-3　あなた自身が最期を迎える場所としてどこを選びますか

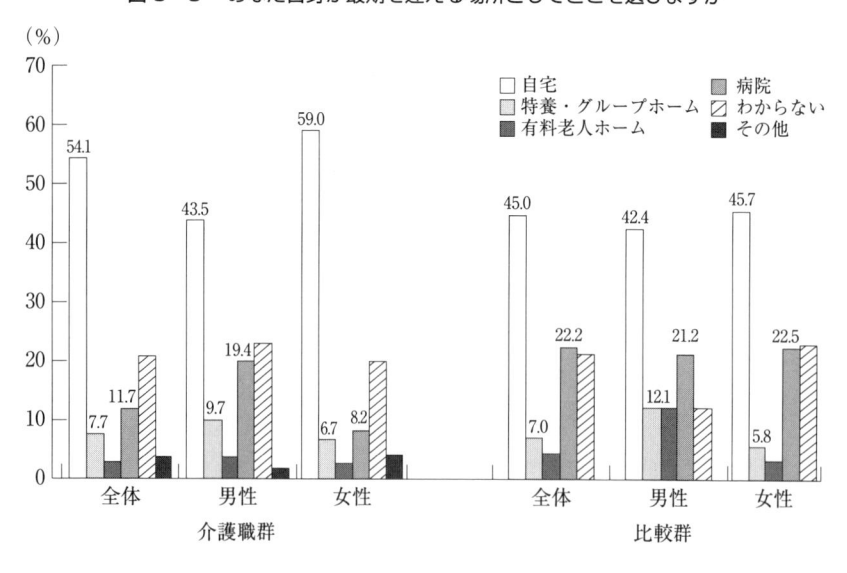

介護職群
- 全体：自宅54.1、特養・グループホーム7.7、有料老人ホーム約3、病院11.7、わからない20.8
- 男性：自宅43.5、特養・グループホーム9.7、病院19.4、わからない約23
- 女性：自宅59.0、特養・グループホーム6.7、有料老人ホーム約2、病院8.2、わからない約20

比較群
- 全体：自宅45.0、特養・グループホーム7.0、病院約4、わからない22.2、その他約21
- 男性：自宅42.4、特養・グループホーム12.1、病院約4、わからない21.2、その他約12
- 女性：自宅45.7、特養・グループホーム5.8、病院約3、わからない22.5、その他約22

第8章　介護予防とリハビリテーションの現状と課題　157

図8-4　勤務している施設の介護について

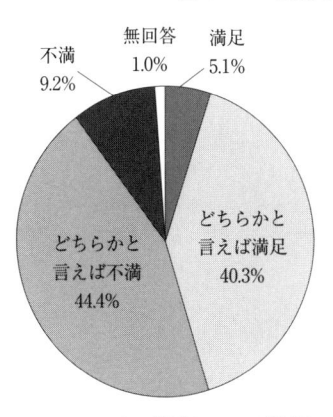

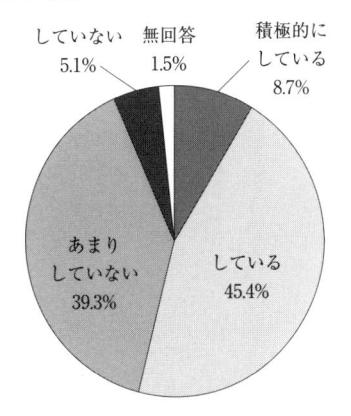

- 不満 9.2%
- 無回答 1.0%
- 満足 5.1%
- どちらかと言えば満足 40.3%
- どちらかと言えば不満 44.4%

a　あなたは、今、勤務している施設の介護に満足していますか

- していない 5.1%
- 無回答 1.5%
- 積極的にしている 8.7%
- している 45.4%
- あまりしていない 39.3%

b　あなたは、今、勤務している施設の介護をよりよいものにするために具体的な努力をしていますか

図8-5　自分自身の介護について

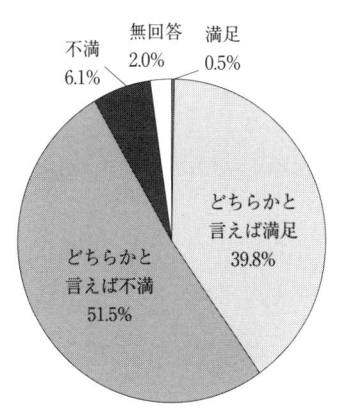

- 不満 6.1%
- 無回答 2.0%
- 満足 0.5%
- どちらかと言えば満足 39.8%
- どちらかと言えば不満 51.5%

a　あなた自身がしている介護に満足していますか

- していない 2.6%
- 無回答 2.0%
- 積極的にしている 7.7%
- している 48.0%
- あまりしていない 39.8%

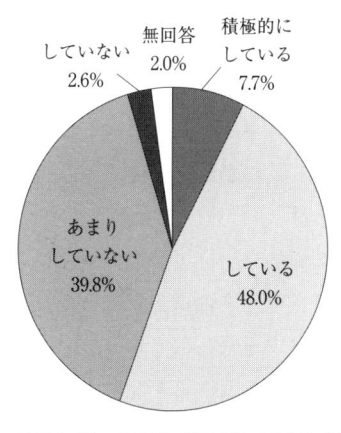

b　あなたは、あなた自身がしている介護をよりよいものにするために具体的な行動をしていますか

写真8-4　スウェーデンのグループホームの食事風景

(3) 人レベルのケアを実現するために（普通の暮らしを支援するケア）

　北欧ケアの根底に流れる「普通の暮らしを支援する」という考え方を紹介し、わが国との相違を通して人レベルのケアを考えてみる。

　写真8-4はデンマークのグループホームの食事風景である。10人ほどの利用者に対して2人のケアスタッフで楽しく食事が進んでいく北欧の風景は、わが国の現状を知る者としては驚きでさえある。

　さて、わが国でこのような風景を実現するためには何が必要か。端的に述べれば、"普通"に食事を楽しむ環境をつくるということに尽きる。もちろん、適切な座位姿勢を保つための椅子であったりテーブルの高さや形状への配慮、車いすの選定であったり適切な操作も不可欠ではあるが、それにもまして食事を楽しむという、暮らしのなかでごく普通なことへの配慮がきわめて重要であることを北欧ケアの現場が教えてくれる。

　彼らが食事を摂るテーブルには、わが国の施設ではまずみることのできない"火の灯ったロウソク"がある。この施設を訪れた日本人の1人が「ロウソクは危なくないですか」と尋ねたところ、先方のスタッフは「えっ、私たちの暮らしのなかにはいつもロウソクがあるんですよ」と答えた。この言葉は、「普通の生活を支える」という北欧ケアの理念を見事に体現しているものだと言える。一方、わが国のケアは「障害のある高齢者に安全に食事を提

供する」という意識が明らかに強く、結果的に「ケアのために生活を縛っている」という点が否めない。

もちろん、これらの背景には「国民意識の相違」があることは明らかで、ケアスタッフだけの問題にすることは的外れである。一方、ケアの専門家である我々が、これからのケアのあるべき姿をイメージし、世に問うことは大きな使命である。

(4) 人としてのケアを実現するために（生活機能≠身体機能）

図8-6に示す式は、例えば10の身体機能がある高齢者に、適切なケア10が掛け合わせられれば100に、そこに10の意欲が掛け合わせられると1,000の生活機能が発揮されるというものである。逆に、10の身体機能があっても、ケアが5、意欲が0.1なら5の機能になってしまうという考え方で、高齢者ケアの現場ではきわめて受け入れやすい感覚を表している。

このことを実際に示してくれた事例を紹介したい。

それは、80歳で脳血管障害を発症し、右片麻痺となり家に帰った男性である。病院での治療とリハビリテーションにより、自ら歩けるようになって退院したものの、帰った家では何の意欲もないままほとんど寝たきりの状態となってしまった。

廃用性機能低下が進むケース（対象者）を前にして、ケアスタッフは頭を抱えつつカンファレンスを行った。そのなかで、この男性が牛を飼うこと一筋に生きてきた人であることから、「牛小屋に行ってみよう」というアイデアが生まれた。この時、男性が牛小屋に出かけることについて、①過度の身体的負担にならないか、②ケアチームが行うこのような関わりによって、家族とケースの間に溝を生じさせないか、③自分たちのサービス提供に継続性

図8-6 生活機能の構成要素とその関係

$$生活機能 = \frac{身体機能 \times 適切なケア \times 意欲}{社会的・身体的環境阻害因子}$$

出所：Kane R. L., et al.（2004），p.51を翻訳・一部改変。

が担保されているかなどについて十分に検討したうえで、男性に「牛小屋に行ってみませんか」と提案した。

さて当日、家から数百メートル離れた牛小屋に車いすでたどり着いた男性は、自ら立ち上がり、捨ててしまいたいと言っていた麻痺した手で牛の身体を撫でて歩いた。6カ月寝たきりであった男性がである。これを契機にこの男性の生活は一変し、毎日が活気あふれるものになった。

「人は動けるから動くのではなく、動きたいと思うから動く」ということを端的に教えてくれる事例である。

また、ややもすると行為の自立支援に向けた技術偏重に流れがちなケアにあって、「人」を理解し考え、当事者の自律を支援することの重要さを教えてくれるケースでもある。

5　おわりに

生物レベルのケアから人レベルのケアに発展しようとするわが国にあって、それを具体的に進めるための提言をもっておわりにしたい。

①人を包括的かつ客観的に評価することの重要性をケア職に周知し、そのための手法や具体的な評価ツールを開発し普及することが望まれる。
②ケアマネジャーに限らず、すべてのケア職がマネジメントの重要性を理解し、単に個々のサービスを提供するのではなく、サービス全般のなかで自らが行うサービスの位置づけをマネジメントの視点でみることのできる能力を醸成する。
③以上の2点を実現するために、評価・マネジメントを主たる内容とした教育機会をすべてのケア職を対象に提供する。

実現にはほど遠い提言であるかもしれないが、人が人をケアするという重大性に鑑みれば、当然実現されるべき内容であると考える。少なくともケアに関わる我々はこれらの実現に向けて精進したいものである。

注

1) リハ職とは理学療法士（PT）・作業療法士（OT）・言語聴覚士（ST）の3職種を指すものとし、ケア職とは高齢者ケアに関わる保健・医療・介護・福祉すべての職種を指すものとする。

参考文献

Kane, R. L., J. Ouslander and I. Abrass（2004）*Essentials of Clinical Geriatrics*, 5th ed., McGraw-Hill.
大内尉義・秋山弘子編『新老年医学（第3版）』東京大学出版会。
川越雅弘（2010）「退院後のケアマネジメントプロセスへのリハ専門職の介入効果」厚生労働科学研究費補助金政策科学総合研究事業（政策科学推進研究事業）「要介護高齢者の生活機能向上に資する医療・介護連携システムの構築に関する研究」平成23年度分担研究報告書、pp. 37-78。

第 9 章

サービス付き高齢者向け住宅と生活支援サービス

三浦　研・落合　明美

1　はじめに

　わが国の高齢化は、最大のボリュームゾーンである団塊世代が高齢者の仲間入りをすることを受け、新しい局面に入った。高齢者のみ世帯の急増・若年世代の減少は社会のあり方を変え、地域のなかで自助・互助を促しながら、効率的に公的サービスを使って住み続けることのできる仕組みづくりが求められる。特に都市部では、施設が不足しているうえに急激に高齢化が進行するため、施設整備に代わる対策が急務である。

　そのような背景から、「サービス付き高齢者向け住宅（サ高住）」が、2011年4月27日に成立した「改正高齢者住まい法（高齢者の居住の安定確保に関する法律）」により創設され、同年10月20日より登録が開始された。

　同時に、高齢者円滑入居賃貸住宅（高円賃）、高齢者向け優良賃貸住宅（高優賃）、高齢者専用賃貸住宅（高専賃）が廃止され、サービス付き高齢者向け住宅に一本化されるとともに、一定の基準を満たした有料老人ホームも登録できることになった。

　国土交通省は、住生活基本法に基づく住生活基本計画において、2020年までに、高齢者人口に対する高齢者向け住まいの割合を3〜5％まで高めることを掲げている。サービス付き高齢者向け住宅の創設により、複雑な高齢

者向け住まいの体系をシンプルにし、ハード・ソフトの最低基準を設けて質を担保しつつ、補助金や税制優遇、融資による支援措置を実施して、供給促進が図られている。

本章では、はじめに高齢者向け住まい・サービス付き高齢者向け住宅の整備状況を概観し、次にサービス付き高齢者向け住宅における生活支援サービスの実施を含む課題を示したうえで、今後、急速な高齢化の進展が見込まれる、一般の団地等における対応策について考察する。

2　高齢者向け住まいの整備状況

(1)　サービス付き高齢者向け住宅創設の背景

わが国では、福祉政策、住宅政策のなかで、多種多様な高齢者向け住まいが整備されてきた。それらを分類すると、「介護保険施設」（特養・老健・療養病床）と「福祉系住まい」（有料老人ホーム、認知症グループホーム、ケアハウスなど）、「住宅系住まい」（サービス付き高齢者向け住宅、シルバーハウジング）に整理される。

図 9-1 は、高齢者向け住まいを、入居者の身体状況と経済状況により、概括的に位置づけたものである。

従来の施策で対応してきたのは、居住機能とサービスがパッケージ化された施設的な住まいと、低所得者に配慮された住まいであった。新しく制度化されたサービス付き高齢者向け住宅は、主として中間所得層向けに、心身変化に応じて必要なサービスを適時適切につけ加えることにより、幅広い対象者をカバーする。

これらの高齢者向け住まいの整備量をみてみると、「介護保険施設」や「福祉系住まい」はすでに一定量が整備されているが、「住宅系住まい」は、欧米諸国に比べてまだまだ少ないと指摘される（図 9-2）。

今後、供給増が期待される「住宅系住まい」と、「介護保険施設」や「福祉系住まい」の違いを比較すると、後者は、住居と食事、生活支援、介護サービスまで、生活全般にわたって事業主体が「包括的」にサービスを提供する形態である。一方、「住宅系住まい」は、住宅とサービスを分離し、住宅

第9章 サービス付き高齢者向け住宅と生活支援サービス　165

図9-1　身体状況と経済状況からみた高齢者向け住まいの位置づけ

住宅系住まい
福祉系住まい
介護保険施設

注：上記は、入居時の介護度、経済条件などの実態をふまえて整理したもの。

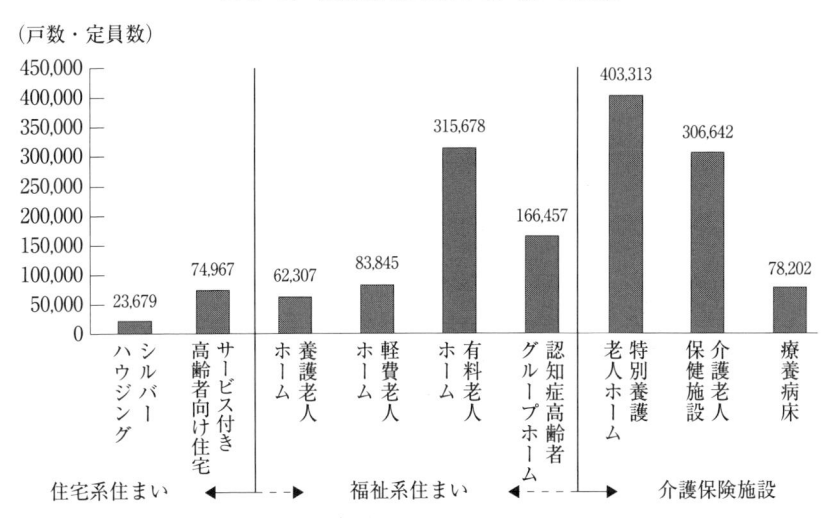

図9-2　高齢者向け住まいの戸数・定員数

（戸数・定員数）

- シルバーハウジング　23,679
- サービス付き高齢者向け住宅　74,967
- 養護老人ホーム　62,307
- 軽費老人ホーム　83,845
- 有料老人ホーム　315,678
- 認知症高齢者グループホーム　166,457
- 特別養護老人ホーム　403,313
- 介護老人保健施設　306,642
- 療養病床　78,202

住宅系住まい　　福祉系住まい　　介護保険施設

出所：厚生労働省、国土交通省資料をもとに高齢者住宅財団作成。

については事業主体と賃貸借契約を結び、サービスについては、入居者が個々に必要なサービスを選択し、個別にサービス契約を結んで利用する。い

わば、必要に応じてサービスを「外付け」する形態である。

「介護保険施設」や「福祉系住まい」は、住宅とサービスが一体的に事業主体から提供されることの安心感が高い。しかし、受けられるサービスや職員配置が固定されるため、状態変化に合わせて別の施設に移らなければならない場合もある。利用者本位の立場に立てば、「人」が「サービス」に合わせて移動するのではなく、「サービス」が「人」に合わせて柔軟に提供される形態が望ましい。また、住戸（居室）面積に着目すると、福祉系住まいでは、個室化・ユニット化が進められているものの、"生活者" として暮らすための居住空間が十分には保障されていない。元来は病院モデルからスタートしたため、ベッドを置くための寝室機能が中心である。サービス付き高齢者向け住宅は、住戸専用部分の最低面積を原則 $25m^2$ とし、居室内に浴室、トイレ、台所、洗面、収納設備の設置が必須である（共用部に適切な共用の浴室、台所、収納設備がある場合は、最低面積基準は $18m^2$ に緩和され、住戸内設備もトイレ、洗面のみで可）。

サービス付き高齢者向け住宅は、国土交通省と厚生労働省の共管の制度として、厚生労働省との連携をより強めた。ヘルパー2級以上の有資格者を常駐させ、状況把握や生活相談といった最低限の見守り機能を付帯させることを必須条件としたうえで、「定期巡回・随時対応型訪問介護看護サービス」等の介護や看護・医療サービスと組み合わせた仕組みの普及を図り、地域のなかで安心して住み続けるための有効な選択肢の1つとして機能することが期待されている。いわば、住まいとケアが渾然一体となって建物のなかですべてが完結する施設的なものから、「住まいとケア」を分離し、住宅として一定の質を備え、ケアの知識を持つ常駐職員を配置した高齢者住宅において、地域の医療や介護サービスなどを必要に応じて取り入れながらなるべく最後まで暮らせる方向性が目指されている。

(2) サービス付き高齢者向け住宅の登録情報の分析

サービス付き高齢者向け住宅は、2011年10月20日の登録開始から、2012年3月末には31,094戸に、同年8月末には65,647戸と戸数を伸ばした（図9-3）。1年経過した2012年10月21日現在では2,355件74,967戸が全

図9-3　サービス付き高齢者向け住宅（高専賃）登録戸数推移

（戸数）
- 高齢者専用賃貸住宅（高専賃）
  - 2007年度末：18,794
  - 2008年度末：29,766
  - 2009年度末：42,878
  - 2010年度末：51,059
  - 2011年10月20日時点：62,752
- サービス付き高齢者向け住宅
  - 2011年度末：31,094
  - 2012年8月31日時点：65,647

国で登録されており、旧高専賃の総登録戸数（62,752戸）を1.2万戸上回った。従来の高専賃からの再登録に加え、制度創設を機に、新規参入した事業者も多い。

ここでは、2012年8月31日時点で登録されていた2,065件65,647戸について分析した結果を整理する。

サービス付き高齢者向け住宅の事業を行う者

法人等種別では、株式会社が55.8％を占め、次いで医療法人が15.0％、有限会社が13.7％、社会福祉法人が7.0％であった。

主な業種別でみると、介護系事業者が56.0％を占め、次いで医療系事業者が15.3％、不動産・建設業者が10.9％であった（図9-4）。

旧高専賃と比較すると、介護系・医療系事業者の割合が増え、不動産・建設業者が大幅に減っている（平成22年度に実施した高専賃アンケート調査（高齢者住宅財団、2011）によれば、介護系25.1％、不動産・建設系23.1％、医療系13.0％、社会福祉法人6.5％であった）。

戸数

1件当たりの住宅戸数は、「10戸以上20戸未満」が25.2％を占め、次いで「20戸以上30戸未満」が21.5％であった。40戸未満の物件が全体の7割強を占め、平均は31.8戸だった（図9-5）。

図9-4 主な業種（N=2,072件）

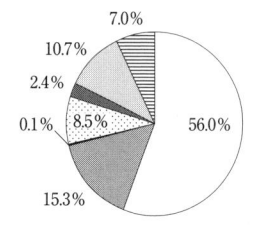

- 介護系事業者 56.0%
- 医療系事業者 15.3%
- ハウスメーカー 0.1%
- 不動産業者 8.5%
- 建設業者 2.4%
- その他 10.7%
- 無回答 7.0%

図9-5 住宅戸数（N=2,065件）

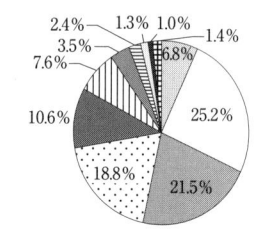

- 10戸未満 25.2%
- 10戸以上20戸未満 21.5%
- 20戸以上30戸未満 18.8%
- 30戸以上40戸未満 10.6%
- 40戸以上50戸未満 7.6%
- 50戸以上60戸未満 3.5%
- 60戸以上70戸未満 2.4%
- 70戸以上80戸未満 1.3%
- 80戸以上90戸未満 1.0%
- 90戸以上100戸未満 1.4%
- 100戸以上 6.8%

提供される高齢者生活支援サービスと常駐職員

食事の提供は94％と、ほとんどの物件において実施されている。入浴等の介護サービスや調理等の家事サービス、健康の維持増進サービスも、いずれも半数以上の物件で提供されている（表9-1）。

また、「状況把握・生活相談サービス」を提供する職員が24時間常駐する物件が74.2％で、夜間は緊急通報対応のみとする物件は25.8％であった。

併設施設の有無と種類

全体の約8割が何らかの介護・医療系の事業所を併設しており、半数以上が2件以上の事業所を併設している（表9-2）。

併設事業所の種類は、通所介護事業所（44.7％）と訪問介護事業所（41.6％）が多く、次いで居宅介護事業所（29.8％）、小規模多機能型居宅介護事業所（10.8％）であった（図9-6）。

住戸の床面積と設備

住戸専用部分の床面積は、$20m^2$未満が53.7％と最も多く、$25m^2$未満のタイプが約7割を占めた。平均は$23.03m^2$であった（図9-7）。

また、住戸内設備の整備状況については、浴室なしが約7割、台所なしが5割強を占め、住戸内で生活が完結できる浴室、台所等の設備が完備している住戸は、3割弱であった（表9-3）。

第 9 章　サービス付き高齢者向け住宅と生活支援サービス　169

表 9-1　提供される高齢者生活支援サービス（N=2,065 件）

サービス	提供する 実数	提供する 割合(%)	提供しない 実数	提供しない 割合(%)
状況把握・生活相談	2,065	100.0	—	—
食事の提供	1,949	94.0	116	6.0
入浴などの介護	1,075	52.1	990	47.9
調理などの家事	1,125	54.5	940	45.5
健康の維持増進	1,284	62.2	781	37.8

表 9-2　併設施設の有無（N=2,065 件）

	実数	割合(%)
なし	447	21.6
1 件	609	29.5
2 件	459	22.2
3 件	295	14.3
4 件以上	255	12.3

図 9-6　併設施設の種類（複数回答、N=2,065 件）

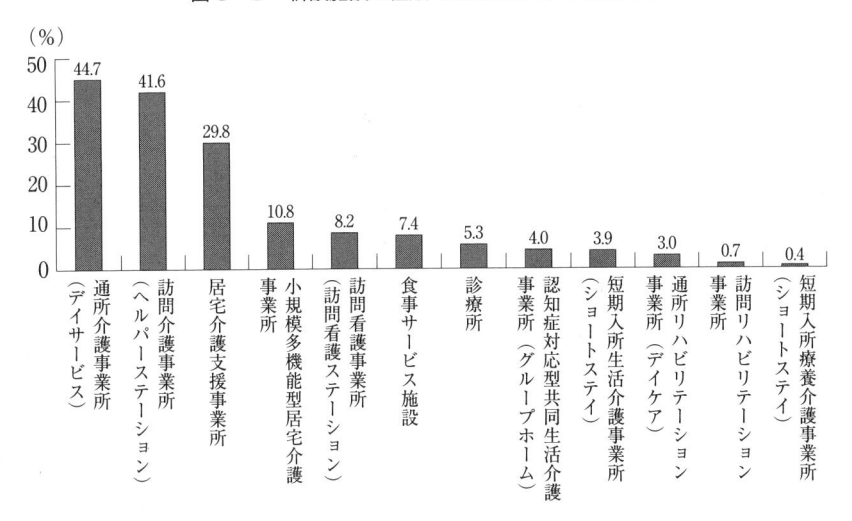

- 通所介護事業所（デイサービス）: 44.7%
- 訪問介護事業所（ヘルパーステーション）: 41.6%
- 居宅介護支援事業所: 29.8%
- 小規模多機能型居宅介護事業所: 10.8%
- 訪問看護事業所（訪問看護ステーション）: 8.2%
- 食事サービス施設: 7.4%
- 診療所: 5.3%
- 認知症対応型共同生活介護事業所（グループホーム）: 4.0%
- 短期入所生活介護事業所（ショートステイ）: 3.9%
- 通所リハビリテーション事業所（デイケア）: 3.0%
- 訪問リハビリテーション事業所: 0.7%
- 短期入所療養介護事業所（ショートステイ）: 0.4%

図 9-7　専用部分の床面積（N=65,647 戸）

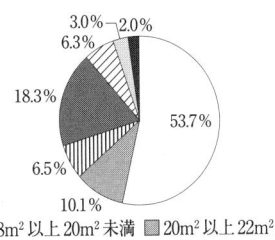

- 18m² 以上 20m² 未満: 6.5%
- 20m² 以上 22m² 未満: 10.1%
- 22m² 以上 25m² 未満: 18.3%
- 25m² 以上 30m² 未満: 53.7%
- 30m² 以上 40m² 未満: 6.3%
- 40m² 以上 50m² 未満: 3.0%
- 50m² 以上: 2.0%

表 9-3　住戸内設備の整備状況（N=65,647 戸）

	なし		あり	
便所	6	(0.0%)	65,641	(100.0%)
洗面	295	(0.4%)	65,352	(99.6%)
浴室	45,766	(69.7%)	19,881	(30.3%)
台所	34,406	(52.4%)	31,241	(47.6%)
収納	2,318	(3.5%)	63,329	(96.5%)
5 点完備	46,789	(71.3%)	13,858	(28.7%)

図9-8 月額家賃（N=65,647戸）

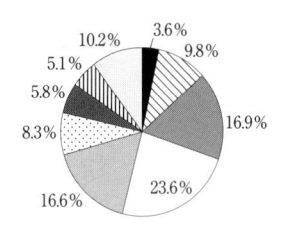

■3万円未満　☒3万円以上4万円未満
■4万円以上5万円未満　□5万円以上6万円未満
□6万円以上7万円未満　▨7万円以上8万円未満
■8万円以上9万円未満　▥9万円以上10万円未満
□10万円以上

3.6%　9.8%　16.9%　23.6%　16.6%　8.3%　5.8%　5.1%　10.2%

表9-4　共同利用設備の設置状況（N=2,065件）

	あり	なし
浴室	1,708（82.7%）	357（17.3%）
台所	1,219（59.0%）	846（41.0%）
食堂	1,836（88.9%）	229（11.1%）
居間	1,310（63.4%）	755（36.6%）
収納設備	522（25.3%）	1,543（74.7%）

月額家賃、共益費等

月額家賃は、5万円以上6万円未満が23.6%と最も多く、次いで4万円以上5万円未満が16.9%、6万円以上7万円未満が16.6%であった。平均は64,178円だった（図9-8）。また、共益費の平均は19,895円（物件ごとの中間値）であった。サービス提供対価の合計額の平均は25,674円（食事以外）、食事サービスの平均額は42,851円であった。

家賃、共益費、サービス提供対価の平均を合計すると、月額約11万円。これに食事サービスの平均額を加えると月額約15万円になる。

共同利用設備

共同利用設備の設置状況をみると、食堂は9割弱、浴室は8割強、台所・居間は約6割が共用部に設置していた（表9-4）。

(3) 分析結果からみた現状と課題の整理

以上の登録情報の分析結果よりみえてくるサービス付き高齢者向け住宅の平均像は、住戸面積20m^{2}前後で、居室内には浴室・台所を設置せず、共用部の共用設備を利用する要介護者を意識したハードであることがわかる。住まいとしての質が必ずしも高いと言い難いものが多数含まれていることがうかがえる。

また、事業主体は介護・医療系が7割を占め、24時間職員が常駐する物

件が約74％、何らかの介護・医療系の事業所を併設する物件が8割近くという実態から、入居対象者は主に要支援・要介護の単身高齢者であり、事業主体と同一または系列の法人が運営する併設の介護サービス事業所を利用しながら生活しているパターンが多いことが推察される。つまり、自立した高齢者にふさわしいハード・ソフトを備えた物件が少ない実態が浮き彫りになった。

　月額利用料の総額は、家賃、共益費、サービス費（介護保険サービス費以外）、食費を含めて約15万円と、厚生年金受給者の平均額に近く、主として中間所得層を対象とした物件が多いことがわかる。

　サービス付き高齢者向け住宅では、状況把握・生活相談サービスの提供が必須となり、少なくとも日中はヘルパー2級以上の有資格者の配置が義務づけられたため、介護サービス事業所等と併設することが効率的であり、また、介護職員が常に身近にいることの安心感は入居者にとっても大きい。

　一方で、要介護者の「囲い込み」や、ビジネスモデルが介護保険収入に依存していないかが、懸念されるところである。

　平成23年度に当財団が実施した事業者アンケート調査（高齢者住宅財団、2012a）では、事業収支の考え方について、「事業全体でみて、採算が合えばいいと考えている」という回答が54.0％で、「住宅事業・介護事業等、事業別に採算が合うような収支計画を立てる」の44.8％を上回った。主な母体法人別では、図9-9のとおり、「医療法人」「介護サービス関連法人」で、「事業全体でみて、採算が合えばいい」との回答が多かった。

　さらに、事業開始前に各種のニーズ調査や情報収集を行っているか尋ねたところ、「不動産・建設業」は比較的複数の事前調査を行っている割合が高かったが、「医療法人」「介護サービス関連法人」はあまり行っていない傾向がみられた（図9-10）。

　多くの物件で、運営事業者自身が介護サービスを提供しており、収入構造も、介護サービス事業からの収入を大きく見込んでいる現状では、入居者のサービス選択の自由が保障されているかどうかが疑問視される。また、制度改変リスクから逃れられず、介護保険収入への依存度が高い場合は事業の継続性の面でも課題が指摘される。市場調査・ニーズ把握を行わない安易な参

172　第3部　各サービス供給の現状と諸課題

図9-9　収支計画の考え方

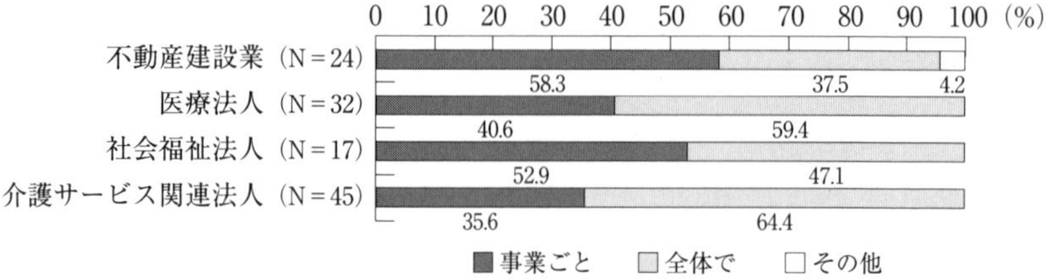

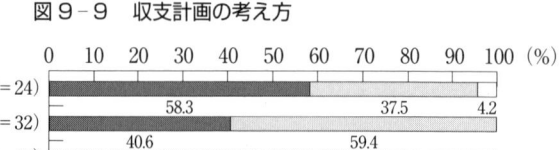

	事業ごと	全体で	その他
不動産建設業 (N=24)	58.3	37.5	4.2
医療法人 (N=32)	40.6	59.4	
社会福祉法人 (N=17)	52.9	47.1	
介護サービス関連法人 (N=45)	35.6	64.4	

図9-10　事前に行った市場調査・ニーズ把握（複数回答）

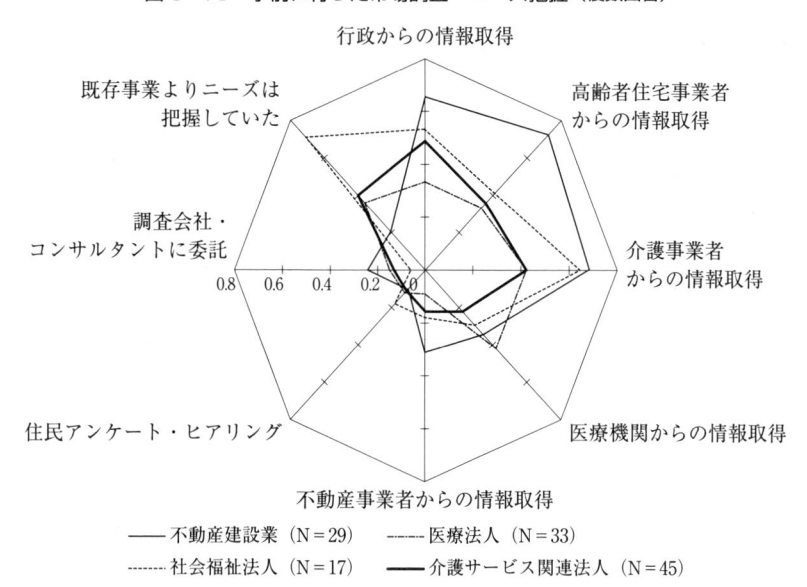

―― 不動産建設業 (N=29)　----- 医療法人 (N=33)
……… 社会福祉法人 (N=17)　━━ 介護サービス関連法人 (N=45)

入も懸念されるところである。

　このように、地域包括ケアシステムの基盤として「住まい」が位置づけられているが、その理念が必ずしも事業者に浸透していない実態がある。サービス付き高齢者向け住宅が地域の資源を取り入れ、またサービス付き高齢者向け住宅の持つサービス機能や共用空間を地域に開放することによって、地域包括ケアが効率的に実現することが期待される。

3 サービス付き高齢者向け住宅における生活支援サービス

　次に、サービス付き高齢者向け住宅における生活支援サービスを含む課題について考えてみたい。サービス付き高齢者向け住宅の建設を10年間で60万戸という目標を掲げて急ぐ背景には、団塊世代の高齢化に備え、生活支援サービス、特に状況把握、安否確認のサービス付き住まいを普及させることの重要性がある。

　というのも、在宅介護サービスは使い手の力量を要求するところがあり、ヘルパーに的確に指示を出せる利用者には効果的だが、うまく要望を伝えられない利用者には、サービスが十分に機能しない場合があるからである。その背景には、本格化する団塊の世代の高齢化に、在宅介護・在宅看護サービスで効果的に対応するには、家族の役割に相当する状況把握、安否確認サービスによって、在宅介護サービスとスムーズに連携させる、という問題意識がある。

　具体的な例を挙げてみよう。たとえば、ホームヘルプサービスを利用し、昼に夕食を冷蔵庫に用意してもらっていたが、認知症のため、目の前のテーブルに食事がセットされないと食事に気づかずに、ヘルパーが何度も冷蔵庫に作り置きしても、翌日になっても手を付けていない。このため、この人は1日に1食しか食べないと誤解され、長い期間、昼食しか用意してもらえずに、次第に痩せて体調を崩した1人暮らしの高齢者のケースや、薬剤師が薬カレンダーをセットしても、曜日を間違えたり、服薬を忘れて体調を崩してしまうケースである。ちょっとした声かけや支援があれば生活を組み立てられるが、単身の高齢者世帯ではその支援が難しい。

　サービス付き高齢者向け住宅は1カ所に集住するメリットを活かし、1人暮らしの高齢者の"家族機能"をケアの専門家が代替し、高齢期の居住を安定させられる点に特徴がある。

(1) 生活支援サービスの実態と課題

　このような、"家族機能"の代替、つまり、介護以外の生活支援サービスの実態と課題について考えてみたい。サービス付き高齢者向け住宅は2011

年に制度化され、それ以前は高齢者専用賃貸住宅（以下、高専賃）という制度であったため、ここでは2011年秋に実施した生活支援を実施しているとホームページで確認した高専賃、住宅型有料老人ホームに実施したアンケート調査をもとに、生活支援サービスの実態と課題を探ることにする（三浦・佐藤・米野、2012）。当然、本調査結果はサービス付き高齢者向け住宅そのものの生活支援の実態把握には基づかないが、当時はサービス付き高齢者向け住宅が制度化されておらず、基本的にそれと同様に介護保険の在宅サービスによって介護を提供する仕組みであったため、おおむねサービス付き高齢者向け住宅の生活支援の実情が映し出されていると考えられるからである。

なお、調査では生活支援サービスの実態を、「緊急時の対応、見守り・安否確認、各種情報提供、介護保険外の家事援助、外出付き添い、食事サービス、身体介護・看護、服薬管理・確認、買い物代行、軽度認知症声かけ、ゴミ出し代行、住宅内の機器対応、健康維持・管理、交流支援、外部への連絡・調整、入院時の生活支援、支払い代行・金銭管理、公的機関等への手続き支援、駅・病院等への送迎」の19項目に分けている。また、サービスメニュー自体の有無（提供体制が整っているか）と、実際にサービスを実施しているか（実施の有無）が異なるため、それぞれ提供率、実施率として分析したほか、サービスの提供主体、費用の徴収方法について回答を求めた。

(2) 生活支援サービスの提供および実施状況

まず、生活支援サービスの提供と実施の実態をみてみよう（表9-5）。19項目のいずれも比較的高い割合で実施されており、高齢期の生活を支えるには、包括的なメニューが必要なことがわかる。

なかでも8割以上でメニューが提供され、かつ8割以上で実際に実施されているサービスには、今回のサービス付き高齢者向け住宅で必須とされる緊急時対応、見守り・安否確認のほか、各種情報の提供、食事サービス、住宅内の機器対応、健康維持・管理、交流支援、外部への連絡・調整が挙げられた。続いて、8割以上でメニューが提供され、実施率も7割以上のサービスには、外出付き添い、服薬管理・確認、軽度認知症声かけ、ゴミ出し代行が含まれた。サービスとして設けたものの、実際の利用がやや少ない背景には、

入居後まもなく、まだ入居者の ADL（日常生活活動）が十分に高いことがその要因として挙げられる。今後、経年変化に伴い入居者の要介護度が重度化すれば、入院時の生活支援等は、必要になる可能性が高い支援と言えるだろう。

(3) 生活支援サービスの提供主体

次にサービスの提供主体をみてみよう（表9-5）。サービス付き高齢者向け住宅は、住宅を管理する住宅事業者、介護等の併設事業所、訪問介護事業所などの多業種による協働によってサービスが形成されている。ひと口に生活支援サービスと言っても、その内容に応じて実施主体は大きく異なる。今回の調査の結果からは、主に住宅事業者が実施するサービスとして、各種情報提供、住宅内の機器対応など、従来の住宅管理の範疇と言えるサービスのほかに、服薬管理・確認、ゴミ出し代行、交流支援、入院時の生活支援、支払い代行・金銭管理、公的機関等への手続き支援、病院等への送迎などが挙げられた。これらのサービスは、スタッフが常駐するメリットを活かしてはじめて実施できるものであり、一般の単身高齢者世帯では支援の難しいサービスである。集住のメリットを活かし、きめ細やかな支援を実施している実態を読み取れるだろう。

一方、食事サービスについては委託業者、介護に関連した生活支援は併設事業所や訪問介護事業所などがサービス提供の主体になる場合が多く、ひと口に生活支援サービスと言っても、多様な主体の協力によって実施されている実態が把握できる。

(4) 生活支援サービスの費用の支払い方法

続いて、各種生活支援サービスの費用の支払い方法についての結果をみてみよう（表9-5）。サービスの提供時間や回数に応じて課金している生活支援には、家事援助、外出付き添い、食事サービス、身体介護・看護、買い物代行、入院時の生活支援、駅・病院等への送迎など、実施を把握・確認しやすいメニューが並んだ。逆に実施回数の確認しにくい見守り・安否確認、声かけ、などの生活支援サービスについては、費用なしの無償とするか、サー

表9-5　高専賃・住宅型有料の生活支援サービスの実施の有無等

生活支援サービスの項目	サービス提供の有無				サービスの提供者（%）					費用の支払方法（%）					
	提供あり 実績なし	提供なし	提供率（%）	実施率（%）	住宅事業者	併設事業所	訪問介護事業所	委託事業者	その他	費用なし	サービス費等に含む	時間回数課金	個別相談	内容による	未定
①緊急時の対応	127 3 1		99.2	96.9	58.0	15.2	18.8	6.5	1.4	24.4	54.5	14.6	2.4	2.4	1.6
②見守り・安否確認	125 3 3		97.7	95.4	49.0	18.6	27.5	2.0	2.9	24.6	67.2	4.9	1.6	1.6	0.0
③各種情報提供	105 4 17		86.5	83.3	76.5	14.7	6.9	0.0	2.0	46.7	47.6	2.9	2.9	0.0	0.0
介護保険外の対応 ④家事援助	75 16 33		73.4	60.5	43.8	18.8	31.3	3.8	2.5	9.6	25.3	55.4	7.2	1.2	1.2
⑤外出付き添い	91 9 24		80.6	73.4	44.6	17.4	18.5	17.4	2.2	12.8	18.1	62.8	4.3	1.1	1.1
⑥食事サービス	107 9 11		91.3	84.3	45.9	17.4	14.7	19.3	2.8	5.5	36.7	53.2	4.6	0.0	0.0
⑦身体介護・看護	83 12 29		76.6	66.9	31.1	16.5	35.0	13.6	3.9	10.0	32.2	48.9	3.3	4.4	1.1
⑧服薬管理・確認	94 11 20		84.0	75.2	65.3	13.3	20.4	1.0	0.0	19.4	44.7	30.1	3.9	1.9	0.0
⑨買い物代行	92 14 20		84.1	73.0	56.3	15.6	25.0	1.0	2.1	16.5	20.6	54.6	7.2	0.0	1.0
⑩軽度認知症声かけ	95 6 23		81.5	76.6	55.5	20.0	21.8	1.8	0.9	44.1	45.2	5.4	1.1	2.2	2.2
⑪ゴミ出し代行	93 10 22		82.4	74.4	60.0	13.0	23.0	4.0	0.0	28.1	46.9	19.8	2.1	2.1	1.0
⑫住宅内の機器対応等	114 6 10		92.3	87.7	70.5	13.1	13.1	1.6	1.6	34.2	44.7	13.2	4.4	2.6	0.9
⑬健康維持・管理	106 3 18		85.8	83.5	54.0	24.8	17.7	0.9	2.7	32.0	56.3	5.8	2.9	2.9	0.0
⑭交流支援	104 7 15		88.1	82.5	69.1	13.6	10.9	3.6	2.7	33.7	44.2	10.6	4.8	5.8	1.0
⑮外部への連絡・調整	113 3 11		91.3	89.0	58.3	21.7	17.5	1.7	0.8	41.8	47.3	6.4	2.7	0.9	0.9
⑯入院時の生活支援	88 9 30		76.4	69.3	61.2	15.3	22.4	1.0	0.0	31.5	28.3	33.7	1.1	3.3	2.2
⑰支払い代行・金銭管理	70 10 47		63.0	55.1	76.4	15.3	6.9	0.0	1.4	28.8	42.5	23.3	5.5	0.0	0.0
⑱公的機関等への手続き支援	73 19 33		73.6	58.4	70.9	21.5	3.8	1.3	2.5	39.3	38.1	19.0	1.2	2.4	0.0
⑲駅・病院等への送迎	80 7 39		69.0	63.5	64.7	17.6	11.8	2.4	3.5	18.1	14.5	60.2	2.4	3.6	1.2

網掛けの凡例　■：90％以上，■：80％以上，■：70％以上，■：60％以上。　各項目で　■：1番割合の高い方法，■：2番目

出所：三浦ほか（2012）より引用，米野史健氏作成。

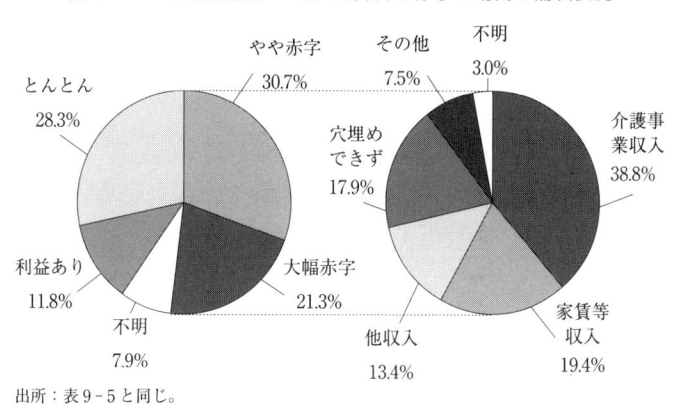

図9-11　生活支援サービスの採算と赤字の場合の補塡状況

やや赤字 30.7%
その他 7.5%
不明 3.0%
介護事業収入 38.8%
家賃等収入 19.4%
他収入 13.4%
大幅赤字 21.3%
穴埋めできず 17.9%
不明 7.9%
利益あり 11.8%
とんとん 28.3%

出所：表9-5と同じ。

ビス費用として包括的に徴収している実態が把握できた。事業者に実施したインタビューにおいても、「家族の中にはおむつ交換の費用を請求すると、証拠を要求された。証拠としてオムツの写真をその都度、撮影するわけにもいかず、結局、個別に費用を徴収するのを諦めた」という声も聞かれた。また、軽度の認知症のお年寄りへの声かけについても、支援の声かけと挨拶などを厳密に区別することは難しいこと、また声かけは外形的に把握しにくいため、日常業務の一環として実施している、という指摘もあった。日常生活に密着した支援ゆえに生じる実態とその課題と言えるだろう。

(5)　利潤を生みにくい生活支援サービスの実態

　こうした生活支援サービスは利益を生み出しているのだろうか。図9-11は、生活支援サービスの採算を「利益あり」「とんとん」「やや赤字」「大幅赤字」として回答を求めた結果である。図9-11のように実に5割を超える割合で、赤字傾向が確認され、利益を生み出している住宅事業者は約1割に過ぎない。赤字の場合の穴埋め方法についての設問では、介護保険収入が約4割、家賃等が約2割、穴埋めできていないが約2割弱という結果となった。

　つまり、サービス付き高齢者向け住宅の鍵を握る生活支援サービスはサービス単体としては利益を生みにくく、介護保険収入やその他の収入と合わせて事業収支が成立する側面がある。

表9-6 生活支援サービスを提供する職員の兼務状況

	兼務の実施		兼務ありの場合の内容（複数回答）						
	なし	あり	事務	介護	清掃	配膳	受付	厨房	その他
件数	22	106	85	53	53	36	28	7	4
割合（％）	17.2	82.8	80.2	50	50	34	26.4	6.6	3.8

出所：表9-5と同じ。

表9-7 訪問介護職員による生活支援サービスの実施

	なし	あり	有償実施	無償実施	有償・無償
件数	21	60	34	21	5
割合（％）	25.6	73.2	41.5	25.6	6.1

出所：表9-5と同じ。

　実際にアンケート調査では、生活支援を担当する人員の約8割が他業務（主に、事務、介護、清掃）を兼務している（表9-6）。同様に、高齢者住宅を訪問する介護職員による介護保険外サービスの実施について確認したところ、実に約7割で訪問介護職員が生活支援サービスを実施していた（表9-7）。

　つまり、高齢者住宅では、事務職員や清掃職員が生活支援サービスを兼務することで、または介護保険で配置した人員を、ケアプラン外の時間に有効活用することによって、生活支援サービスを成立させていると言える。多少の赤字でも生活支援サービスを提供することで入居者を確保できれば、より高額な介護保険サービスを利用してくれるようになるため、トータルでみれば利益を確保できる。一方、住宅運営事業者が介護保険サービスと関連がなければ、こうした帳尻の合わせ方はできない。単体で生活支援サービスを成立させるため、生活支援サービス専門の人員を配置すると、それだけ共益費や生活支援サービスの料金に跳ね返ってしまう。本来、住宅の提供、介護、食事などは、個別に取捨選択できるべきだが、サービス付き高齢者向け住宅の生活支援サービスの提供には、良くも悪くも住宅事業者と介護保険サービスとの連携が欠かせない実態が浮かび上がった。

　園田真理子氏は論文「これからの高齢者住宅の可能性」において「入居者を見守るサービスは定員の充足や介護の程度に関係なく固定的、定常的に要するにもかかわらず、その費用は介護保険上は明示されていない。現実には、

介護保険の施設介護または居住系介護（認知症対応型および特定施設）が適用されれば定額給付なので、それを施設ごとに丸めた金額の中で見守りを含めた介護提供が行われている。反対に居宅介護サービス利用の高齢者住宅では、見守り費用は、介護保険の範疇外であり自己負担である。（中略）この両者間の違いは、保険という普遍的な制度を使っている以上、矛盾だといえる」と指摘し、「高齢者住宅や施設の「見守り費」相当分を介護保険の給付対象として計上し、他の家事援助や身体介護の費用とは別立てとすること」を提案している（園田、2012）。

仮にこの提案が実現するなら、生活支援サービスを介護保険サービスと切り離して高齢者住宅に付帯させやすくなり、コレクティブ・ハウジングやグループリビングなど、共助を前提としたサービス付き高齢者向け住宅などの整備を進めやすくなる。地域包括ケアが互助や共助を期待しても、すべて住民任せでは普及しにくい。互助・共助を促進・支援する仕組みの構築こそ今後の課題と言えるだろう。

(6) ハードから浮かび上がる課題1──狭い住戸面積

本章の図9-7からわかるように、サービス付き高齢者向け住宅では、最低基準が事実上のスタンダードになっている実態がある。

狭小物件が多数を占めるには背景は、主な入居対象者と想定する厚生年金受給者の平均受給額約16万円／月から食費4〜5万円、介護保険料1〜3万円、水道・光熱費2万円、共益費等2〜4万円、小遣い等を引くと、家賃等に充てられる金額は5〜8万円となり、その範囲で支払える面積として住戸を計画するからである。

住戸面積が狭ければ、当然、元の家で使用していた家具のすべてをサービス付き高齢者向け住宅に移せないので、多くの入居者が一部の家具を元の自宅に置いたまま、サービス付き高齢者向け住宅に引っ越し、ストックの有効活用が進まない。

一方、元の自宅が売却できれば、その資金で広いサービス付き高齢者向け住宅を借りることができるはずだが、子どもに資産を残したいという考えや、昨今の地価の下落や、高齢社会の進展によって、郊外の一戸建ての需要が陰

り、思うような値段で売却できないため、高齢者が売却を諦め、年金の範囲で暮らせる狭小なサービス付き高齢者向け住宅を選択している、という見方もできる。つまり、狭いサービス付き高齢者向け住宅の供給と、元の家を売却しない／できないという両側面が鶏と卵の関係になって悪循環を生じている。

　いずれにしても、狭小なサービス付き高齢者向け住宅が多いという現実は、夫婦で入居できる物件が限られることを意味する。また、狭小な面積では、どれだけ工夫しても魅力的な住宅は作りにくく、早めに住み替え、積極的に入居したいと思える物件が生まれにくい。仕方なく入居するような物件が多くを占めれば、サービス付き高齢者向け住宅の社会的評価は低くなるだろう。

　こうした悪循環を絶つには、元の家を売却、流通させる取り組みが欠かせない。この点、東急電鉄による「ア・ラ・イエ」というシステムは示唆に富む。高齢者の住み替えや建物の老朽化によって郊外の住宅地で空き家が増加する実態を受けて、東急電鉄では、かつて分譲した沿線の自社物件の古い戸建て住宅を買い戻し、リフォームして若者世帯向けに再分譲し、沿線のブランドイメージを維持する住み替え促進事業に取り組んでいる。売り手にはつなぎ融資によって、売却前に引っ越し先の高齢者住宅などを購入できるほか、一定の期間に売却できない場合は100％の買い取り保障を行う。一方、元の住宅には完全なリフォームを施し、魅力を高めたうえで、買い手を探す。買い手には、瑕疵担保保障を行い、中古住宅を購入する際の不安を解消するよう取り組む。こうした仕組みが広がり、適切な広さの住宅に住み替えることが当たり前になれば、サービス付き高齢者向け住宅の面積も広くなるだろう。

　実際、サービス付き高齢者向け住宅の現場では、広い物件から埋まるという声も聞くように、団塊世代がどのような暮らしぶりをこれからの高齢期に期待するのか、適切にニーズを読み取り、サービス付き高齢者向け住宅を企画する必要があるだろう。

(7)　ハードから浮かび上がる課題2──行政指導のあり方

　魅力的なサービス付き高齢者向け住宅の普及には行政の役割も大きい。サービス付き高齢者向け住宅の住戸面積は国が定めた最低居住水準（健康で文

化的な住生活の基礎としての必要不可欠な水準）の中高齢単身世帯に則り、原則 $25m^2$ 以上とされているが、共用部に風呂やキッチンなどの一定の設備があれば居室は $18m^2$ 以上でもよいとされる。これはグループホームのような空間構成を念頭に置いた措置であるが、では、共用部はどうあるべきか、という詳細を国は定めておらず、各都道府県等の判断に任されている。

その結果、都道府県のなかには居室が $25m^2$ に満たない場合、不足する面積を共用部で確保するように指導するケースがある。たとえば、30戸のサービス付き高齢者向け住宅の住戸面積を $18m^2$ にした場合、本来の基準 $25m^2$ よりも $7m^2$ 少ないため、30戸 × $7m^2$ = $210m^2$ を共同の食堂や風呂などの共用部として確保するよう求める場合がある。

ところが、この共用部に食堂や風呂以外に何を含めるか、という点が建築の設計上の問題になる。この $210m^2$ に食堂と風呂だけを認め、エレベーター前のロビーや各戸の玄関前のアルコーブなどのスペースが認められなければ、事業者はこうしたスペースを無駄な共用部として削減するため、廊下などの共用空間がハーモニカ型の中廊下ばかりの画一的な住宅になり、住居としての魅力が乏しく、また、玄関前に歩行器や電動車いすなどを置けなくなる。

グループリビングやユニットケアなどの空間構成では、各戸の専有部分よりもむしろ共用部分がカギを握るはずだが、サービス付き高齢者向け住宅には共用空間の質を評価する視点が十分に確立されていないのが実態である。高齢社会に対応した住宅の水準をどのように評価するのか、という点は、まさに今日的な課題と言えるだろう。

4　高齢者が多数集住する団地や地域の課題

ここまでは、サービス付き高齢者向け住宅の暮らしに焦点を当てて実態と課題を示したが、その一方、サービス付き高齢者向け住宅に入らない人にどのように支援や見守り・安否確認を実施するのか、という課題が残る。そこで、地域全体を高齢者住宅とみなして、サービス付き高齢者向け住宅と同様の支援を組み立てられないか、考えてみたい。

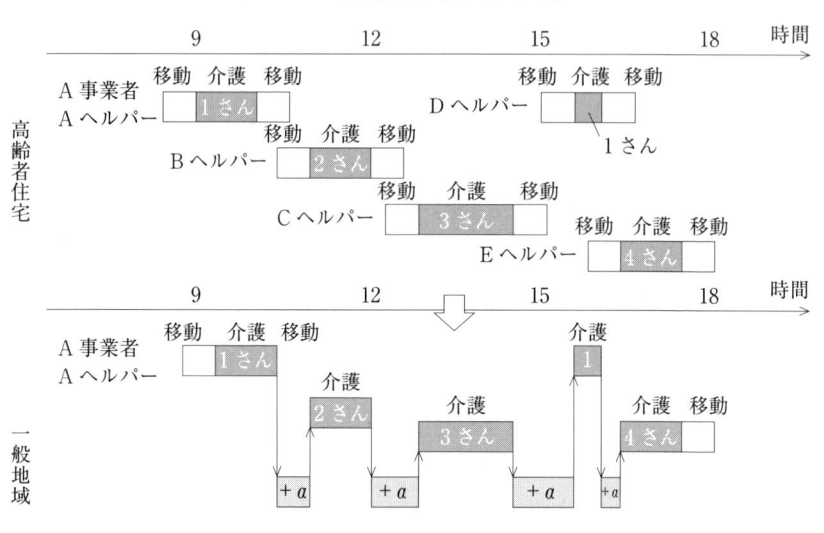

図9-12 訪問介護の提供方法の違い

(1) 高齢者が多数集住する団地や地域における訪問介護の実態

　介護保険の居宅介護サービスは個人と事業者の契約に基づき、地域で個別に提供されるため、住民がどのようにホームヘルプを利用しているのか、大規模団地や地域では、誰も全体像を把握していない。このため、図9-12の概念図のように同じ事業所からA、B、C、D、Eという5名のホームヘルパー（以下、ヘルパー）が前後して同じ団地を訪問する、というケースが発生している。

　しかし、1人の利用者の介護を終えたヘルパーが、次の入居者の介護までの空き時間を、事業所に戻らずそのまま共同住宅に滞在し、ケアプラン外のフリーな時間帯を利用し、他の入居者の見守りや生活支援サービスを提供できれば、追加の費用を要することなく、見守りや安否確認が可能になる。実はこれこそ、サービス付き高齢者向け住宅で実施している生活支援サービスや見守りの提供方法である。高齢者が多数居住する団地や共同住宅も、ホームヘルプの実態を把握し、空き時間を有効に活用する視点を持てば、今以上の対応を組み立てられる可能性がある。

表 9-8　南芦屋浜団地の概要

◇名称　南芦屋浜団地
◇所在地　兵庫県芦屋市
◇開設年　入居開始 1998 年
◇住戸数 814 戸（県営 414 戸、市営 400 戸（うちシルバーハウジング 228 戸）
◇市営住宅 400 戸
人口：727 名、65 歳以上人口：350 名、独居数：186 名、介護認定者数 97 名、
高齢化率：48.1％、介護認定率：28.0％、独居率：53％
要支援 1：18 名、要支援 2：17 名
要介護 1：18 名、要介護 2：12 名、要介護 3：18 名、要介護 4：8 名、要介護 5：6 名
◇県営住宅 414 戸
人口：732 名、65 歳以上人口：366 名、独居数：179 名、介護認定者数 85 名、
高齢化率：50.0％、介護認定率：23.0％、独居率：49％
要支援 1：16 名、要支援 2：13 名
要介護 1：18 名、要介護 2：15 名、要介護 3：13 名、要介護 4：5 名、要介護 5：5 名

（2012 年 5 月現在）

（2）　高齢者が多数集住する団地や地域におけるシミュレーション

実際に、高齢化の進む団地の事例として兵庫県にある南芦屋浜団地（表 9-8、高齢化率約 50％）を選定し、同団地にライフサポートアドバイザー（LSA）を派遣し、団地内の要介護認定者 182 名のうち 2 割程度の要介護者にホームヘルプを派遣する、社会福祉法人「きらくえん」の協力を得て、こうした集住型のケアマネジメントの実現性を検証するため、ホームヘルプのシミュレーションを実施した（高齢者住宅財団、2012b）。

ある月の社会福祉法人「きらくえん」が南芦屋浜団地で受け持つホームヘルプのスケジュールを月曜日から土曜日まで時間別に、1 マスが 15 分に相当するよう表にまとめ、30 分以内の間隔で次のホームヘルプが発生する時間帯に○印をつけると、図 9-13 のように示される。なお、ここで 30 分の空き時間を目安としたのは、ホームヘルプの拠点まで戻り、再び団地を訪問するには、30 分という間隔では無駄が大きく、30 分以内の空き時間であれば、ヘルパーがそのまま団地に滞在したほうが合理的とみなせるからである。

図 9-13 から、2011 年 4 月現在、南芦屋浜団地ではホームヘルプ間に 30 分以内の空き時間が 1 週間当たり 315 分あり、その時間を見守り・安否確認

184 第3部 各サービス供給の現状と諸課題

図9-13 現行のモデル団地におけるホームヘルプの実態（○印は30分以内の空き時間）

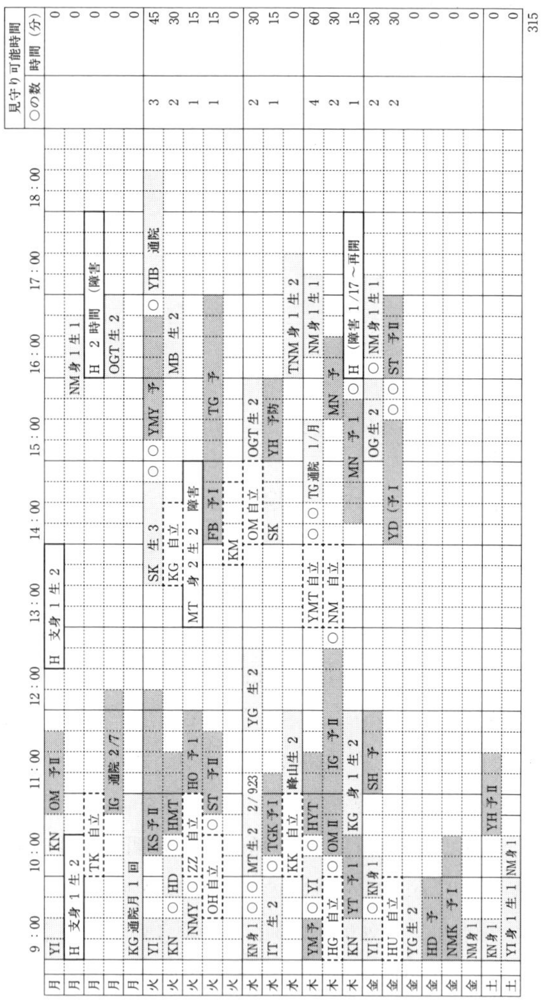

に充てれば、現状でも315分の時間を活用可能な実態が把握できる。なお、「きらくえん」が担当する要介護者は、団地全体のおおむね5分の1程度であり、他の事業所が受け持つ分も含めて推計すると、単純計算で、団地全体において315×5＝1,575時間／週のホームヘルプ間の空き時間が存在すると推計できる。

さらに、身体介護は決められた時間の訪問が必要な場合が多い一方、生活支援は必ずしも時間に縛られない場合も多いため、図9-14内に「予」「生Ⅰ、Ⅱ」と記載した自立者、要支援者の生活支援の時間のスケジュールを15分から30分前後させ、さらに効率的なホームヘルプのスケジュールを検討した結果、30分以内のホームヘルプ間の空き時間は、1週間で435分に増えた。

くわえて、身体介護の利用者（図中で「身」と記載）も15分から30分程度、訪問の時間をずらし、調整すると、30分以内のホームヘルプ間の時間は、1週間で635分に増える（図9-15）。社会福祉法人「きらくえん」の担当する要介護者は、団地全体のおおむね5分の1なので、他の事業所と協力して団地全体でホームヘルプをうまくマネジメントした場合、理論上、635×5＝3,175分／週を見守り・安否確認に活用できると推計できる。

ただし、昨今のホームヘルプは、登録ヘルパー等の活用も多く、直行直帰のケースも多いため、こうしたシミュレーション結果をそのまま当てはめることは難しい。しかし、一定の加算等を導入すれば、必ずしも非現実的な想定とは言えないだろう。

そこで、30分以内のホームヘルプ間の空き時間に無償で見守り・安否確認を実施することに加えて、ホームヘルプの行き帰りの前後15分に団地内の見守り・安否確認に従事した場合に一定の加算など（たとえば「ヘルパーの見守り・安否確認の実施加算」）をつけることを想定し、現在のホームヘルプのスケジュールに当てはめた（図9-16）。

図9-16の●印は、ホームヘルプの前後の15分に、ヘルパーが担当する要介護者のヘルプに合わせて、別の要支援者の自宅を訪問する時間で、○印はホームヘルプ間の30分以内の空き時間である。その結果、○印が21コマ、●印が93コマとなり、合計1,845分／週の見守り・安否確認の時間を確保

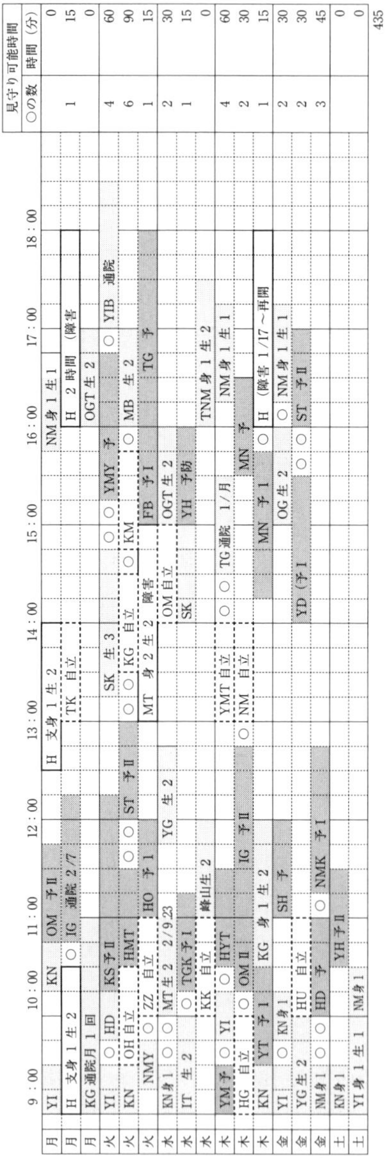

186　第3部　各サービス供給の現状と諸課題

図9-14　自立者・要支援のホームヘルプの時間を一部変更した場合（○印は30分以内の空き時間）

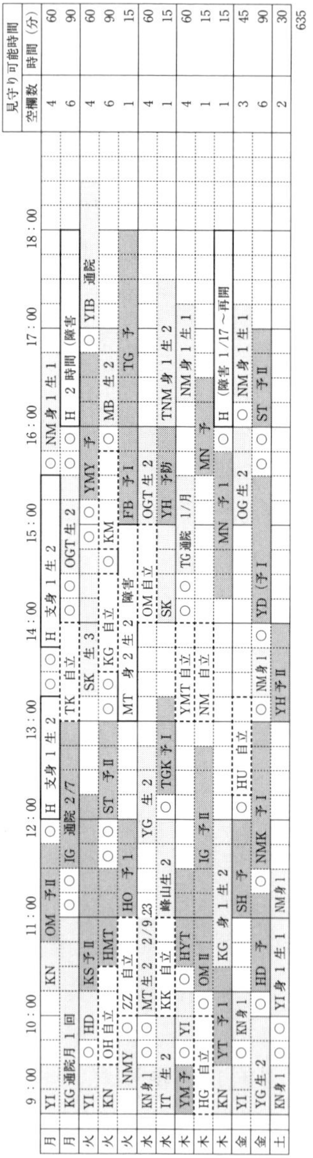

図9-15　全員のホームヘルプの時間を一部変更した場合（○印は30分以内の空き時間）

図 9−16 ホームヘルプ間の空き時間（○印は 30 分以内の空き時間）に加えて，前後 15 分（●印）を活用した場合

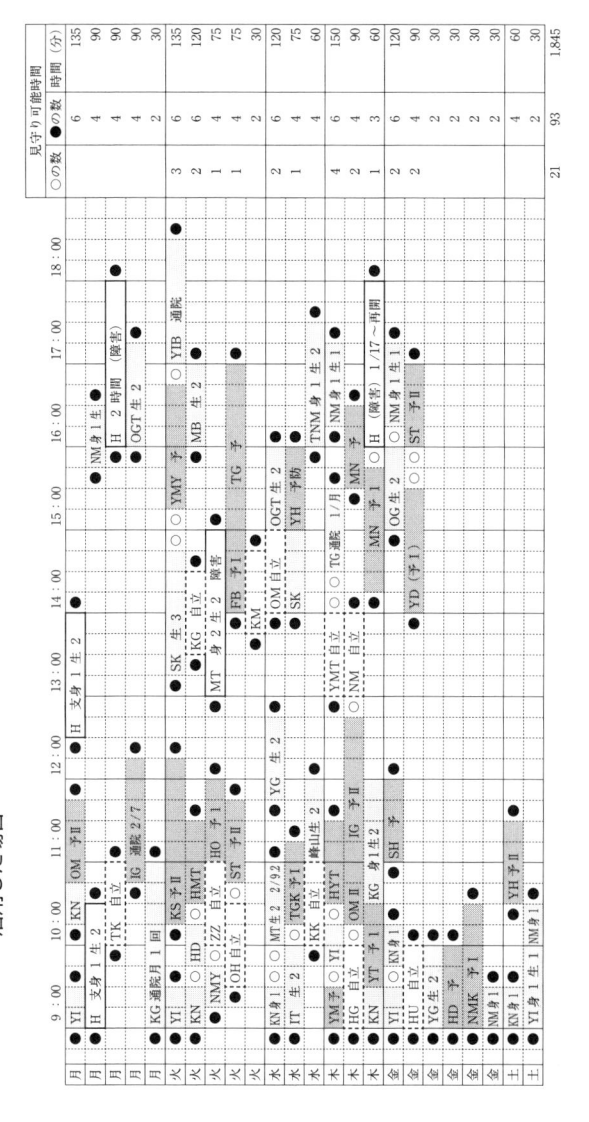

できることになる。

　仮に15分当たり40単位に設定し、ホームヘルプ間に生じた30分以内の空き時間（○印）は加算の対象とせず、93コマの●印のみを加算の対象とすると、ホームヘルプの見守り・安否確認加算は、93×40単位×10円＝37,200円／週のコストとなり、1月＝4.3週で計算すると、37,200円／週×4.3＝159,960円／月となるが、合計1,845分／週の見守り・安否確認の時間を確保できる計算になる。

　なお、このシミュレーションは、団地の要介護者の5分の1を受け持つ「きらくえん」の対象者による想定であり、団地全体でホームヘルプを組み立てた場合、理論上はその5倍、つまり159,960円／月×5＝799,800円、1,845分×5＝9,225分／週と推計できる。

(3) 地域全体をマネジメントする視点の必要性

　これまで在宅では、個別のケアプランに基づきホームヘルプを実施してきたが、エリア全体をマネジメントする視点がないため、1回のホームヘルプごとに訪問するなど、移動に時間がかかり、貴重なマンパワーを有効に活かせなかった。ケアプランに基づき、個別性の高い支援が実現した点は高く評価できるが、その一方、多数の高齢者が集住している場合でも、そのメリットを活かしにくく、包括的なケアを実施しにくかった。

　一方、特養などの施設では、建物内でケアをマネジメントし、移動距離が短く、高頻度でかつ包括的なケアを提供できたが、忙しい時間帯に介護ニーズが集中する場合、短時間の流れ作業的なケアとなり、十分な個別対応が犠牲になる点が課題であった。

　こうした在宅と施設の課題を克服し、双方の利点を活かすには、在宅のホームヘルプにおける個別対応の良さを残しつつ、施設の合理性を取り入れる視点が必要になる。特に多数の要介護者が集住する団地や共同住宅では、複数のヘルプを連携させ、移動時間を削減し、マンパワーを有効に活用することが課題になるだろう（図9-17）。

　それには、事業所の垣根を取り払い、複数の事業所が参加し、より包括的な発想に基づく支援を実施できるか否かが鍵を握る。複数の事業所がより包

第9章　サービス付き高齢者向け住宅と生活支援サービス　189

図9-17　地域包括支援センターを中核とする集住型ケアマネジメントのイメージ

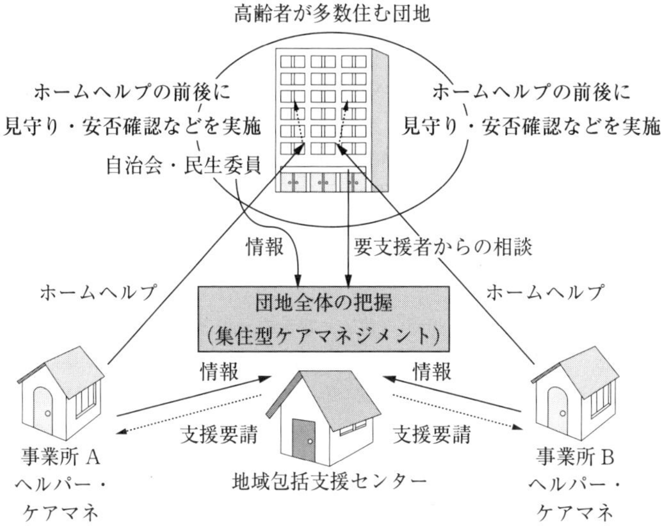

括的な発想で連携して支援にあたれば、従来以上の見守りや安否確認の時間を確保できるようになり、サービス付き高齢者向け住宅でなくても、同様の支援が可能になるだろう。現在、早朝や夜間のホームヘルプや高頻度のホームヘルプが不足しているため、在宅継続を断念せざるを得ないケースについても、こうした方策により、より長期間の在宅ケアが可能になることが期待される。

　築年数の経過した団地など、一定のエリアに要介護者が集中する厳しい現実も、集住型ケアマネジメントの視点に立つと、それだけホームヘルプを有効活用できる余地があることを意味する。サービス付き高齢者向け住宅における合理的な生活支援の提供は、地域全体を包括的にマネジメントする新しい視点を持てば、一般の地域にも応用可能と言えるだろう。

参考文献

高齢者住宅財団（2011）「改正高齢者住まい法施行後の高齢者専用賃貸住宅におけるサービスの付帯のさせ方と事業実態の把握、及び情報提供のあり方に関する調査研究報告書」（平成23年3月）。

高齢者住宅財団（2012a）「サービス付き高齢者向け住宅の事業モデルと情報提供に関する調査研究」（平成24年3月）。

高齢者住宅財団（2012b）「平成23年度厚生労働省老人保健健康等報告書　地域包括ケアシステムによる公的住宅団地の再生、及び集住型ケアマネジメントに関する実証的研究」（平成24年3月）。

園田真理子（2012）「これからの高齢者住宅の可能性」高橋紘士編著『地域包括ケアシステム』オーム社。

三浦研・佐藤由美・米野史健（2012）「住宅と福祉の「すき間」を埋める新たな居住支援の検討――高齢期の安心居住に向けた住宅管理サービスの事業モデル」『平成23年度住宅総合研究財団研究論文集』No. 38（2011年版）、pp. 211-222。

第10章

退院支援／退院時ケアマネジメントの現状・課題と改善策
――要介護高齢者の退院後のADL向上の観点から

川越　雅弘

1　はじめに

　要介護高齢者の在宅生活をできる限り継続して支えるためには、医療、介護、生活支援などのサービスが日常生活の場（日常生活圏域）で用意されると同時に、高齢者の状態やその変化に応じて、これらサービスが包括的・継続的に提供される仕組みが必要となる。そのための手段として位置づけられているのが「ケアマネジメント」である。
　さて、継続的なケアマネジメントが求められるのが「退院」の場面である。
　病院から自宅に退院する場合、療養環境やケア環境が大きく変化する。日常生活活動（activities of daily living: ADL）に障害を有する要介護高齢者の場合、その影響を受けて、退院時よりもADLが低下してしまう事例も多い（村上ほか、2007）。一方、退院直後から訪問によるリハビリテーション（以下、リハ）を導入することで、退院後のADLが有意に改善するとの報告もある（Kawagoe, et al., 2009）。このことは、退院支援／退院時ケアマネジメントが、退院後の生活の質（quality of life: QOL）に大きく影響する可能性を示唆したものと言えよう。
　他方、政策面からも、退院支援／退院時ケアマネジメントの質の向上が期待されている。国立社会保障・人口問題研究所が行った人口推計によると、

2025年にかけて75歳以上人口が急増すると予想されている（国立社会保障・人口問題研究所、2012）。厚生労働省の患者調査によると、入院受療率は、75歳から急激に高くなることが知られている。したがって、入院を必要とする高齢者が今後急増することになる。

ただし、財政的な制限もあり、病床数は現状維持ないし削減する方向にある。したがって、病床の回転率を上げる、いわゆる平均在院日数の短縮化政策が推進されることになる[1]。入院ニーズが高まるなか、退院後の受け皿となる家族の介護力は低下し、長期入院の受け皿となる療養病床数も2005年以降減少している[2]。こうした状況下、自宅への退院を円滑に行うための退院支援／退院時ケアマネジメントの機能強化が重要な政策課題となっているのである。

そのため、厚生労働省は、ここ数年間、退院支援の機能強化に向けた報酬改定を実施し[3]、2012年の同時改定を経て、急性期入院から自宅退院までの退院支援／退院時ケアマネジメントの機能強化を目的とした報酬設定がほぼ完成した。

今後問われるのは、退院支援／退院時ケアマネジメントの質となる。特に、要介護高齢者の場合、療養環境やケア環境の変化がADLに影響を及ぼす可能性が高いため、退院支援／退院時ケアマネジメントへのリハ職の関与が重要となるが、これら実態を明らかにした論文は少ない（浜村、2008）。また、退院後のケアプランへのリハ導入要因に関する研究や、退院支援／退院時ケアマネジメントの改善を図り、その効果を検証した研究もほとんどみられない。

そこで、本章では、第2節で、退院支援／退院時ケアマネジメントの概要（用語の定義を含む）について解説する。第3節では、介護支援専門員が有する退院事例調査をもとに、要介護高齢者に対する退院支援／退院時ケアマネジメントの現状と課題を明らかにする（課題抽出）。第4節では、第3節で明らかになった課題の改善策の検討を目的に、退院後に策定されるケアプランへの訪問リハの新規導入要因を明らかにする（要因分析）。第5節では、介護支援専門員とリハ職の協働ケアマネジメントが、退院後のADLやケアマネジメントに及ぼす効果の検証を行う（改善策の実施と効果評価）。最後に、第4節までの調査結果をもとに、退院支援／退院時ケアマネジメントの質を

高めるための対策の提言を行う。

2　退院支援／退院時ケアマネジメントとは──用語の操作的定義

(1)　退院支援とは

　退院支援の仕組みをいち早くシステム化したのが米国である。1984年、アメリカ病院協会はガイドラインを策定し、そのなかで退院支援を「患者とその家族が退院後の適切なケアプランを作成するのを援助するために、患者側が利用可能でなくてはならない、部門を超えた病院全体のプロセスである」と定義している（手島、1998）。同ガイドラインでは、その目的として、①良質な患者ケアの継続、②入院が必要な他の患者に対する病院資源の有効活用、③退院後の社会資源の適切な利用の3つを保障することとしている（森山、1998）。

(2)　退院支援の流れ

　退院支援は、①退院支援必要者の抽出（スクリーニング）、②実際の退院の支援（アセスメント、退院支援計画策定、退院前訪問指導の実施、退院前ケアカンファレンス（以下、退院前CC）の開催など）、③退院後のフォローアップで構成される（長野、2009）。ここでは、退院支援の流れについて解説する。

退院支援必要者の抽出（スクリーニング）

　すべての入院患者に対し、専門部署のスタッフが関与することが望ましいが、現実的には困難である。そこで、退院支援が必要な人を早期に抽出するためのスクリーニングが行われる。

情報収集／アセスメント／退院支援計画の策定

　次に、退院支援計画策定に必要な情報の収集・分析（アセスメント）が行われる。通常、病院内の多職種が参加したカンファレンスが開催され、得られた情報を総合的に分析したうえで、支援方針や内容が決定される。

退院前訪問指導の実施

自宅退院が決定した後、円滑な退院を図るため、退院前訪問指導が実施される。退院前訪問指導の目的は、①自宅環境の確認、② ADL・手段的 ADL（instrumental ADL：IADL）の動作確認、③住宅改修の必要性の判断と改修箇所の確認、④退院後のサービスの確認などである。

退院前 CC の開催

①患者情報の共有化、②生活ニーズ、目標、サービス内容の共有化、③関係者間の役割分担の確認などを目的に、病院関係者と退院後の在宅サービス提供に関わる職種が一堂に会する場が「退院前 CC」である。患者・家族の不安の軽減、自宅への円滑な移行の推進を図るうえでの重要な会議と位置づけられている。

退院後のケアマネジメントの実施

退院支援では、退院後に生じた問題の把握と対応、病院が行った退院支援の評価を目的に、退院後のフォローアップを行うことが必要とされている。一部には、退院後訪問などを実施している病院もあるが、ほとんどの病院ではフォローアップまでは対応できておらず、実質的には、退院するまでが病院の退院支援の役割となっている。

要介護高齢者の場合、退院後、介護支援専門員によるケアプラン策定〜サービス担当者会議の開催〜ケアプランに基づくサービス提供〜定期的なモニタリングとケアプランの見直しといった一連のケアマネジメントが実施される。

(3) 退院支援／退院時ケアマネジメントの定義——用語の操作的定義

本来、退院支援は、退院支援必要者の抽出〜実際の退院の支援〜退院後のフォローアップで構成されるが、本章では、自宅への退院が決定した後、病院の専門職が主体となって行う外部との連携のことを「退院支援」、退院後に介護支援専門員が行うケアマネジメントのことを「退院時ケアマネジメント」と操作的に定義する。また、この両者をあわせて、「退院支援／退院時

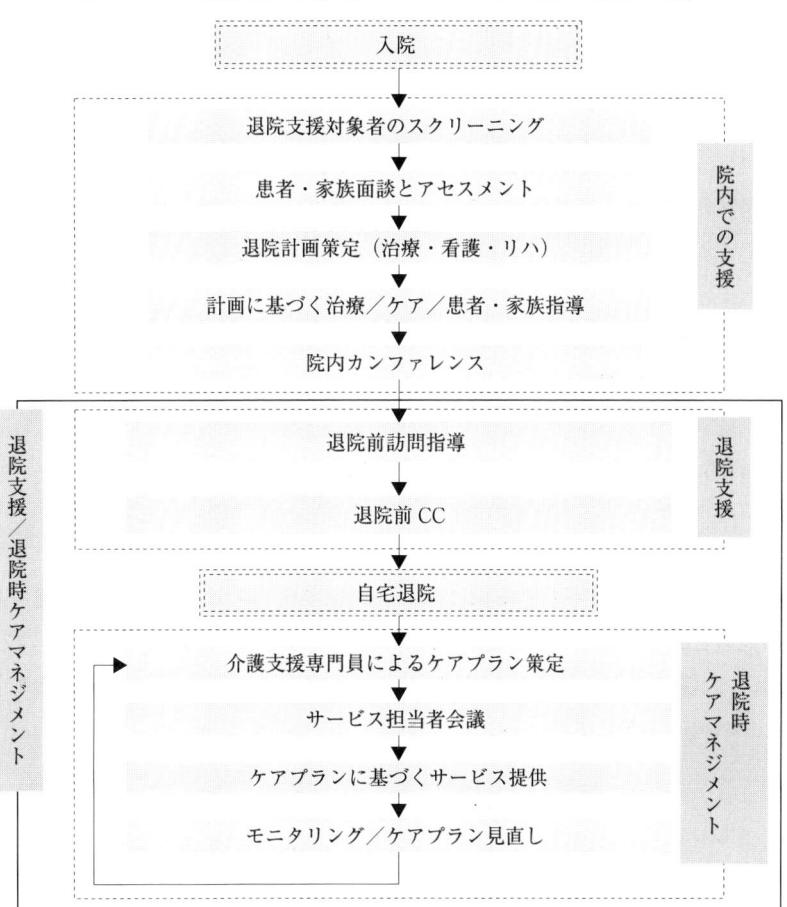

図 10-1　退院支援／退院時ケアマネジメントの流れと用語の定義

```
                    ┌─────────┐
                    │  入院   │
                    └────┬────┘
                         ▼
        ┌─────────────────────────────┐
        │   退院支援対象者のスクリーニング   │
        │              ▼               │
        │   患者・家族面談とアセスメント    │   院
        │              ▼               │   内
        │   退院計画策定（治療・看護・リハ）│   で
        │              ▼               │   の
        │  計画に基づく治療／ケア／患者・家族指導 │  支援
        │              ▼               │
        │      院内カンファレンス         │
        └──────────────┬──────────────┘
   退                   ▼                    退
   院       ┌─────────────────────┐         院
   支       │     退院前訪問指導      │         支
   援       │          ▼           │         援
   ／       │       退院前 CC       │
   退       └──────────┬──────────┘
   院                  ▼
   時              ┌─────────┐
   ケ              │ 自宅退院 │
   ア              └────┬────┘
   マ                   ▼
   ネ      ┌─→ 介護支援専門員によるケアプラン策定 ┐   退
   ジ      │           ▼                       │   院
   メ      │       サービス担当者会議             │   時
   ン      │           ▼                       │   ケ
   ト      │    ケアプランに基づくサービス提供      │   ア
           │           ▼                       │   マ
           └── モニタリング／ケアプラン見直し ──┘   ネ
                                                  ジ
                                                  メ
                                                  ント
```

ケアマネジメント」とする（図 10-1 参照）。

3　退院支援／退院時ケアマネジメントの現状と課題――退院事例調査から

　2010 年 5～7 月、要介護高齢者に対する退院支援／退院時ケアマネジメントの現状把握を目的に、近畿地区の A 県介護支援専門員協会の会員 1,612 人を対象とした退院事例調査を実施した（川越ほか、2011）。回収数は 809 人

（回収率 50.2％）で、うち、退院事例を有さなかった 26 人を除く介護支援専門員 783 人の直近の退院 1 事例（合計 783 事例）を分析対象とした。以下、主な結果を示す。

(1) 回答者（介護支援専門員）の基礎資格

回答者 783 人の基礎資格をみると、「介護福祉士」が 52.0％と最も多く、次いで「看護師」23.0％、「その他」14.2％、「社会福祉士」9.3％の順であった。

(2) 入院の状況

入院元の病床種類

入院元の病床種類をみると、「急性期病床」が 65.4％と最も多く、次いで「回復期リハ病床」22.0％、「療養病床」9.3％の順であった。

入院原因疾患

入院原因疾患を病床種類別にみると、急性期病床は「肺炎」17.8％、「その他の骨折」8.8％、「心疾患」8.4％の順、回復期リハ病床は「脳梗塞」27.9％、「大腿骨骨折」23.3％、「脳出血」12.8％の順、療養病床は「脳梗塞」21.9％、「その他の骨折」19.2％、「肺炎」15.1％の順であった（表 10-1）。

表 10-1 入院原因疾患

	総数 (n=783)	急性期病床 (n=512)	回復期リハ病床 (n=360)	療養病床 (n=73)
第1位	肺炎 14.8％	肺炎 17.8％	脳梗塞 27.9％	脳梗塞 21.9％
第2位	脳梗塞 13.7％	その他の骨折 8.8％	大腿骨骨折 23.3％	その他の骨折 19.2％
第3位	大腿骨骨折 11.7％	心疾患 8.4％	脳出血 12.8％	肺炎 15.1％
第4位	その他の骨折 10.1％	脳梗塞 8.2％	その他の骨折 10.5％	大腿骨骨折 11.0％
第5位	心疾患 7.3％	大腿骨骨折 8.0％	肺炎／心疾患 4.7％	脳出血 9.6％

注：総数にはその他の病床、未回答を含んでいる。

(3) 退院支援プロセス

退院前訪問指導の実施状況

退院前訪問指導の実施率を病床種類別にみると、「急性期病床」16.0％、「回復期リハ病床」48.8％、「療養病床」34.2％であった。

退院前訪問指導実施時の病院専門職の参加率を病床種類別にみると、急性期病床では「看護師」65.9％、「医療ソーシャルワーカー（Medical Social Worker：MSW）」51.2％、「理学療法士（Physical Therapist：PT）」46.3％の順、回復期リハ病床では「PT」89.3％、「作業療法士（Occupational Therapist：OT）」61.9％、「MSW」47.6％の順、療養病床では「PT」76.0％、「看護師」56.0％、「OT」「MSW」28.0％の順であった。

介護支援専門員の参加率はいずれの病床でも約9割と高かったが、在宅サービスに従事するリハ職の参加率は1割未満と低位であった。

退院前CCの実施状況

退院前CCの実施率を病床種類別にみると、「急性期病床」54.9％、「回復期リハ病床」73.8％、「療養病床」78.1％であった。

退院前CCへの病院専門職の参加率を病床種類別にみると、急性期病床では「看護師」88.3％、「MSW」63.7％、「医師」32.0％の順、回復期リハ病床では「MSW」79.5％、「看護師」77.2％、「PT」76.4％の順、療養病床では「看護師」87.7％、「MSW」64.9％、「PT」49.1％の順であった。

在宅ケア関係者の参加率を病床種類別にみると、急性期病床では「訪問看護師」28.8％、「介護職」24.6％、回復期リハ病床では「訪問看護師」17.3％、「介護職」16.5％、療養病床では「介護職」33.3％、「訪問看護師」19.3％の順で、在宅サービスに従事するリハ職やかかりつけ医の参加率は低位であった（図10-2）。

リハ継続の必要性に関する指導の実施状況

介護支援専門員への退院後のリハ継続の必要性に関する指導・助言の実施率をみると、「急性期病床」33.2％、「回復期リハ病床」79.2％、「療養病床」51.4％であった。

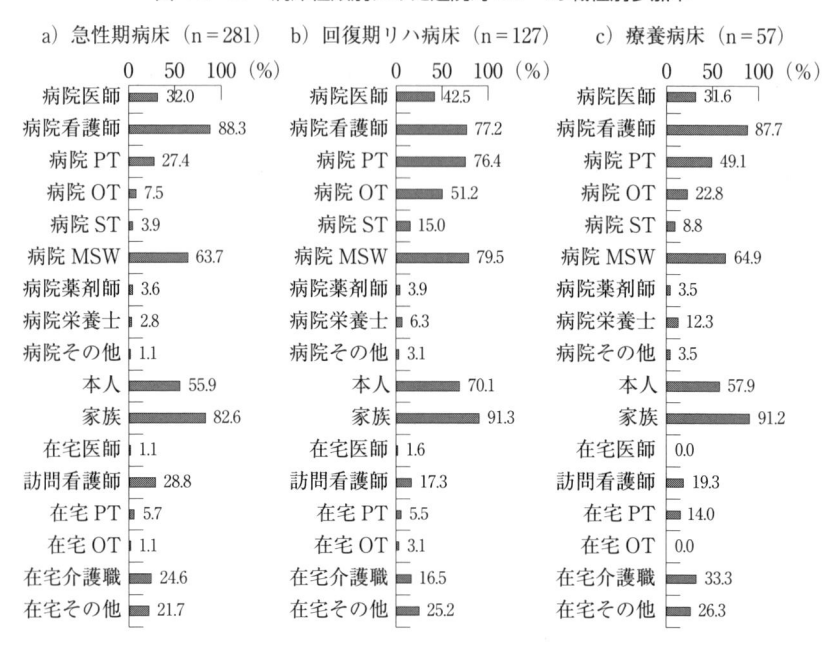

図10-2　病床種類別にみた退院時CCへの職種別参加率

a) 急性期病床 (n=281)

職種	%
病院医師	32.0
病院看護師	88.3
病院PT	27.4
病院OT	7.5
病院ST	3.9
病院MSW	63.7
病院薬剤師	3.6
病院栄養士	2.8
病院その他	1.1
本人	55.9
家族	82.6
在宅医師	1.1
訪問看護師	28.8
在宅PT	5.7
在宅OT	1.1
在宅介護職	24.6
在宅その他	21.7

b) 回復期リハ病床 (n=127)

職種	%
病院医師	42.5
病院看護師	77.2
病院PT	76.4
病院OT	51.2
病院ST	15.0
病院MSW	79.5
病院薬剤師	3.9
病院栄養士	6.3
病院その他	3.1
本人	70.1
家族	91.3
在宅医師	1.6
訪問看護師	17.3
在宅PT	5.5
在宅OT	3.1
在宅介護職	16.5
在宅その他	25.2

c) 療養病床 (n=57)

職種	%
病院医師	31.6
病院看護師	87.7
病院PT	49.1
病院OT	22.8
病院ST	8.8
病院MSW	64.9
病院薬剤師	3.5
病院栄養士	12.3
病院その他	3.5
本人	57.9
家族	91.2
在宅医師	0.0
訪問看護師	19.3
在宅PT	14.0
在宅OT	0.0
在宅介護職	33.3
在宅その他	26.3

ケアプランへのリハ導入に関する事前相談の実施状況

　ケアプランへのリハ導入に関する専門職への事前相談率を病床種類別にみると、「急性期病床」43.4％、「回復期リハ病床」68.0％、「療養病床」53.4％であった。

ケアプランへのリハサービスの導入状況

　ケアプランへのリハサービスの導入率を病床種類別にみると、急性期病床では「訪問系リハ」[4] 19.3％、「通所リハ」17.2％、回復期リハ病床では「訪問系リハ」32.0％、「通所リハ」35.5％、療養病床では「訪問系リハ」27.4％、「通所リハ」28.8％であった。

(4) まとめ

　退院事例調査を実施した結果、

①自宅退院要介護者の入院病床は急性期病床が65％を占める
②急性期病床では、他の病床に比べ、退院前訪問指導、退院前CC、退院後のリハ継続に関する指導・助言の実施率が低い
③全病床において、退院前CCへの在宅のリハ職の参加率が低い

などがわかった。

　急性期病床の場合、平均在院日数も短く、病院スタッフは多忙なため、退院支援に十分な時間やスタッフを割く余裕がないと思われる。平均在院日数の短縮化がさらに進めば、退院支援への関与がますます厳しくなるだけでなく、入院中の看護やリハの提供、退院患者指導などが完結しない状態での退院が増加する可能性も高い。

　今後、特に、急性期病床において、病院のリハ職と在宅サービスに従事するリハ職間の連携強化（申し送り機能の強化）、リハ職によるケアプランへのリハの必要性に対する介護支援専門員への指導・助言の強化を図る必要がある。

4　訪問リハの新規導入要因分析
　　──リハの継続性を確保するための介入ポイントとは

　本節では、第3節で得られたデータ、ならびに居宅介護支援事業所の所在地のリハ資源の整備状況に関するデータをもとに、介護支援専門員が策定する退院後のケアプランへの訪問リハの新規導入に関連する要因を分析し、リハの継続性を確保するための、退院支援／退院時ケアマネジメントへの介入ポイントを検討する。

(1)　独立変数として分析に用いた変数名
　関連要因としては、先行研究から、①居宅介護支援事業所の所在地におけるリハ資源の整備状況、②介護支援専門員の属性、③利用者本人（以下、本人）の特性、④本人、家族、介護支援専門員のリハ導入に対する意向、⑤介

護支援専門員とリハ職の連携状況の5つの要素が考えられた。

居宅介護支援事業所の所在地におけるリハ資源の整備状況に関しては、同事業所が所在する二次医療圏における在宅介護サービス受給者1万人当たりの訪問リハ事業所数を、介護支援専門員の属性に関しては、介護支援専門員の基礎資格、所属法人での訪問リハ事業の実施の有無の2項目を、利用者特性に関しては、入院原因疾患、退院時の要介護度、退院時の障害高齢者の日常生活自立度(以下、寝たきり度)、退院時の認知症高齢者の日常生活自立度(以下、認知症自立度)、入退院時の寝たきり度の変化の有無の5項目を用いた。

本人、家族、介護支援専門員のリハ導入に対する意向に関しては、「必要なし」「あまり必要なし」「やや必要」「非常に必要」「確認していない」の5択の回答を用いた。なお、本人、家族の意向は、介護支援専門員からみた評価とした。

介護支援専門員とリハ職の連携状況に関しては、退院前訪問指導の有無、退院前CCへの本人、家族、介護支援専門員の参加の有無、退院後のケアプランへのリハ導入の必要性に対するリハ職による指導の有無の5項目を用いた。

(2) 分析方法

退院後のケアプランへの訪問リハ新規導入の有無と、各独立変数間の関連を検討するため、名義尺度に対してはχ^2検定、順序尺度に対してはMann-WhitneyのU検定、比率尺度にはt検定を用いた単変量解析を実施した。そのうえで、抑制因子の存在を考慮し、有意水準が10%未満の項目を独立変数の候補とした。

次に、多重共線性の検証により一部変数を削除したうえで、退院後のケアプランへの訪問リハ新規導入の有無を従属変数、上記の手続きにより選定された15変数を独立変数とした多重ロジスティック解析(強制投入法)を実施した。統計処理にはSPSS 15.0J for Windowsを使用し、有意水準は5%未満とした(表10-2)。

(3) 結果

分析対象

退院783事例のうち、入院前から訪問リハを導入していた88事例、独立変数に関する質問のいずれかに欠損があった286事例を除く409事例を分析対象とした。

退院後のケアプランへの訪問リハ導入状況

退院後ケアプランへの訪問リハ導入状況をみると、「導入あり（以下、導入群）」75人（18.3％）、「導入なし（以下、非導入群）」334人（81.7％）であった。

訪問リハ新規導入の有無と各関連要因の関係──単変量解析

介護支援専門員の所在する二次医療圏における在宅介護サービス受給者1万人当たり訪問リハ事業所数（$p=0.637$）に有意差はみられなかった。

介護支援専門員の基礎資格（$p=0.050$）、介護支援専門員の所属法人での訪問リハ事業の実施の有無（$p=0.857$）との間に有意差はみられなかった。

入院原因疾患では、「脳卒中」で有意に訪問リハ導入率が高く（$p<0.001$）、心疾患（$p=0.027$）および呼吸器疾患（$p=0.046$）では有意に低かった。退院時の要介護度（$p<0.001$）、退院時の寝たきり度（$p=0.001$）、入退院時の寝たきり度の変化（$p<0.001$）は訪問リハ導入と有意な関係にあったが、認知症自立度との間には有意差はみられなかった（$p=0.053$）。

本人、家族、介護支援専門員のリハ導入意向との関係をみると、三者の意向とも訪問リハ導入と有意な関係にあった（すべて$p<0.001$）。

介護支援専門員とリハ職の連携状況をみると、退院前訪問指導あり（$p<0.001$）、ケアプランへのリハ導入に関するリハ職による指導あり（$p<0.001$）、退院前CCへの本人の参加（$p=0.019$）、家族の参加（$p=0.005$）、介護支援専門員の参加（$p=0.038$）との間に有意な関係がみられた。

訪問リハ新規導入への要因分析──多変量解析

退院後のケアプランへの訪問リハの新規導入の有無を従属変数、単変量解析で有意水準が10％未満であった15変数を独立変数とした多重ロジスティ

表 10-2　多重ロジスティック回帰分析結果

独立変数および区分	オッズ比	95%信頼区間	p値
1．介護支援専門員の基礎資格が医療職（ref＝福祉職）	1.618	0.857-3.055	0.138
2．入院原因疾患が脳卒中である（ref＝脳卒中以外）	1.350	0.653-2.788	0.418
3．入院原因疾患が肺炎である（ref＝肺炎以外）	0.510	0.172-1.513	0.225
4．入院原因疾患が心疾患である（ref＝心疾患以外）	0.173	0.021-1.415	0.102
5．要介護度（1ランクの増加）	1.418	1.072-1.877	0.014*
6．寝たきり度（1ランクの増加）	1.589	1.006-2.512	0.047*
7．入院前と退院時の寝たきり度の重度化あり（ref＝なし）	1.469	0.783-2.755	0.231
8．認知症自立度（1ランクの増加）	0.715	0.529-0.965	0.028*
9．本人のリハ導入意向あり／ややあり（ref＝なし／あまりなし／未確認）	1.364	0.611-3.046	0.449
10．家族のリハ導入意向あり／ややあり（ref＝なし／あまりなし／未確認）	3.194	0.847-12.039	0.086
11．ケアマネジャーのリハ導入意向あり／ややあり（ref＝なし／あまりなし）	1.508	0.338-6.726	0.590
12．退院前訪問指導あり（ref＝なし）	1.865	0.932-3.732	0.078
13．退院前CCへの本人の参加あり（ref＝なし）	1.038	0.493-2.188	0.921
14．退院前CCへの家族の参加あり（ref＝なし）	0.964	0.431-2.154	0.929
15．ケアプランへのリハ導入に対するリハ職の指導あり（ref＝なし）	2.089	1.048-4.163	0.036*

＊：p＜0.05

ック回帰分析（強制投入）を実施した。

　その結果、①退院時の要介護度が重度、②退院後の寝たきり度が重度、③退院後の認知症自立度が軽度、④リハ職による退院後ケアプランへのリハ導入指導ありの4変数が有意な変数として抽出された（表10-2）。

(4) まとめ

　退院後のケアプランへの訪問リハの新規導入と有意な関係にあった4変数のうち、患者特性以外で残ったのが、「リハ職による退院後ケアプランへのリハ導入に関する指導・助言の実施」であった。したがって、リハ継続性の確保を図るためには、介護支援専門員とリハ職の連携強化を図ることが必要である。

5　多職種協働ケアマネジメントの効果評価

本節では、介護支援専門員とリハ職が退院時ケアマネジメントを協働で実施した場合の効果を検証する。

(1)　調査方法

対象地区の選定

退院事例調査で協力を得た介護支援専門員協会の関係者に対し、介護支援専門員単独による通常の退院時ケアマネジメント群（以下、対照群）への協力地域と、協働ケアマネジメント実施群（以下、介入群）への協力地域を募集し、対照群に関しては同県内のA市、介入研究に関してはB地区を候補地区に選定した。

対象者の選択基準

対象者の選定基準は、病院から自宅に退院する65歳以上の要介護者で、かつ、研究への参加に対する同意が得られた者とした。また、先行研究（Langhorne et al., 2007）を参考に、①退院時の寝たきり度がランクC、②認知症自立度がランクⅣ以上、③検査目的での入院者のいずれかの条件を満たす者は対象者から除外した。

評価項目および評価時期

協働ケアマネジメントは、本人や家族だけでなく、ケアマネジメントにも影響することが考えられる。そこで、本人への効果を検証するため、①ADL得点[5]、②IADL得点[6]、③うつ尺度得点[7]、④主観的健康観[8]を、家族への効果を検証するため、主介護者の介護負担感[9]を、ケアマネジメントへの効果を検証するため、退院後ケアプランへのリハサービス導入率、および内容別リハ導入率を評価した。なお、評価時期は、退院1週間後（ベースライン）と3カ月後の2時点である。

介入方法

今回実施したリハ職による介入は、①介護支援専門員との同行訪問の実施（退院1週間後）、②自宅環境下でのADL能力およびADL予後評価、③本人への療養指導、家族への介護指導、④ケアプラン策定に対する介護支援専門員への指導・助言、⑤退院1カ月後のモニタリングの実施と介護支援専門員に対する指導・助言である。実際の事例で使用した評価票の記入例を図10-3に示す。

(2) 結果

対象者の参加状況

介入群では、2010年8月から登録を開始、条件を満たす42人のうち32人から、対照群では、2010年7月から登録を開始、条件を満たす90人のうち46人から同意を得た。そのうち、退院後3カ月間の追跡調査ができた介入群29人、対照群43人を分析対象とした。なお、在宅療養の継続率に関しては2群間で有意差はなかった（$p=0.738$）。

ベースラインでの2群間比較

①本人の属性

本人の属性をみると、性別、平均年齢、独居者割合、配偶者の有無、主介護者、要介護度、認知症自立度に有意差はなかった（表10-3）。

②ケアプランへのリハ導入に関連する要因

介護支援専門員の属性をみると、基礎資格（$p=0.207$）、実働年数（$p=0.909$）、月間のケアプラン作成件数（$p=0.835$）、相談できるリハ職の有無（$p=0.488$）に有意差はなかった。介護支援専門員の所属法人の病院併設率（$p=0.212$）、訪問リハ事業所の併設率（$p=0.136$）に有意差はなかったが、通所リハ事業所の併設率は対照群で有意に高かった（$p=0.046$）。

次に、居宅介護支援事業所の所在地におけるリハ資源状況をみると、訪問リハを行う医療機関（$p=0.923$）、訪問リハを行う訪問看護ステーション（$p=0.636$）、通所リハ事業所（$p=0.794$）の整備状況に有意差はなかった。

次に、入院の状況をみると、入院元の病床種類（$p=0.621$）、入院日数（p

第10章　退院支援／退院時ケアマネジメントの現状・課題と改善策

図10-3　ADLおよびリハ導入の必要性に関する評価票（記入例）

ご利用者・ご家族、介護支援専門員の皆様へ←リハスタッフ

【退院後のADL能力予後とリハ導入の必要性に関する評価票】

評価日：○○年○○月○○日、評価者：○○（職種：PT、OT、ST、他）

任意番号		性別	男・女	年齢	○○歳	要介護度	申請中

退院後に目標とする生活―活動面―	退院後に目標とする生活―社会参加面―
介護者の介助により屋内歩行を継続し長期入院により低下したADL能力の改善を目指す	通所系サービスの利用により外出機会を確保し、筋力や持久力の低下を予防する。

日常生活に対する希望・要望（ご利用者）	日常生活に対する希望・要望（ご家族）
入院前と同様、あまり家族に迷惑をかけずに自立した日常生活を送りたい。	転倒して骨折などしないよう、安全に暮らしてほしい。長期入院で低下した体力を取り戻してほしい。

（ADL項目の能力評価区分） 1：自立　2：見守り 3：一部介助　4：全介助	入院前、退院直後の能力レベル評価		ADL能力の予後予測		リハ導入による改善／維持可能性 （◎：改善、 ○：やや改善、 ―：維持）
	入院前	退院直後	到達時期	最終到達自立度	
評価日	9／20	11／25	2／25	3／25	／
1. 歩行	1	4	3	3	○
2. 屋内移動	1	4	3	3	○
3. 屋外移動	1	4	4	4	―
4. 階段昇降（1段分）	1	4	3	3	○
5. 移乗	1	3	1	1	◎
6. 入浴	1	4	4	4	―
7. トイレ動作	1	4	3	2	○
8. 整容	1	3	1	1	○
9. 更衣	1	2	1	1	○
10. 排尿	1	1	1	1	―
11. 排便	1	1	1	1	―
12. 食事摂取	1	1	1	1	―
13. 失禁（1：なし、2：尿のみ、3：便のみ、4：両方）	1	1	1	1	

【リハ導入で期待される主な効果／導入しなかった場合のリスク（デメリット）】

　段差昇降や歩行中の方向転換、立ち上がりの際など立位バランスを崩しやすい場面での転倒のリスクがありますが、立位バランス練習、歩行練習により杖又は歩行器使用での歩行能力の改善、手すりを利用しての屋内歩行の改善、長期入院で低下した持久力の改善が期待できます。
　ただし、現在の介助歩行では上肢の支持で体重を支えながら歩行する機会（再学習）がなく、介護者の後方介助に依存した状態が続くことが考えられます。

【療養上の留意点／家族介護を実施する上での留意点―ご利用者・ご家族の方へ―】

　ご高齢であり長期入院により低下した筋力や持久力、歩行に伴うバランス能力の改善には時間を要すると思います。ただし、退院後、ベッド上での生活ではなくリビングで過ごすなど、ご利用者の生活意欲も高いことから、手すりの取り付け等の住環境を改善することで、より活動的な日常生活を送ることができると思います。また、通所サービスでの十分な見守りが可能な環境で積極的に立位をとる練習や歩行練習に取り組まれることで、歩行能力や持久力の早期改善が期待できます。

表10-3 本人属性に関するベースライン比較

	介入群 (n=29)		対照群 (n=43)		p値
	n	%	n	%	
性別（男性）[b]	10	34.5	16	37.2	0.972
年齢（歳）[a]（Mean ± SD）	83.3 ± 6.5		79.7 ± 9.6		0.107
家族構成（独居）[b]	9	31.0	12	27.9	0.775
配偶者（なし）[b]	15	51.7	24	55.8	0.733
主たる介護者[b]					
配偶者	7	24.1	14	32.6	0.860
子ども	13	44.8	15	34.9	
子の配偶者	5	17.2	6	14.0	
サービス事業者	1	3.4	1	2.3	
その他	2	6.9	3	7.0	
要介護度[c]					
要支援1・2	4	13.8	5	11.6	0.761
要介護1	6	20.7	9	20.9	
要介護2	6	20.7	11	25.6	
要介護3	6	20.7	11	25.6	
要介護4	6	20.7	6	14.0	
要介護5	1	3.4	1	2.3	
認知症自立度[c]					
自立	13	44.8	16	37.2	0.551
ランクⅠ	9	31.0	12	27.9	
ランクⅡ	5	17.2	12	27.9	
ランクⅢ	2	6.9	3	7.0	

注：a：t検定、b：χ^2検定、c：Mann-WhitneyのU検定。

=0.181）に有意差はなかった。入院原因疾患（p=0.565）、入院前の要介護度（p=0.611）、入院前の寝たきり度（p=0.158）にも有意差はなかった。

次に、入院前のリハ利用率をみると、訪問系リハ（p=0.683）、通所リハ（p=0.704）、通所介護（機能訓練実施）（p=0.591）に有意差はなかった。

次に、退院前訪問指導の実施状況をみると、実施率（p=0.466）、病院のPT（p=0.538）、OT（p=0.612）、本人（p=0.890）、家族（p=0.797）、在宅サービスに従事するPT（p=0.408）、OT（p=0.220）、介護支援専門員（p=0.931）の参加率に有意差はなかった。

次に、退院前CCの実施状況をみると、開催率（p=0.892）、病院のPT（p=0.410）、OT（p=0.475）、本人（p=0.739）、家族（p=0.667）、在宅サービスに従事するPT（p=0.140）、OT（p=0.220）の参加率に有意差はなかった。また、退院後のリハ継続に対するリハ職からの指導・助言の実施率（p=0.576）にも有意差はなかった。

次に、退院後のケアプランへのリハ導入意向をみると、本人（p=0.202）、家族（p=0.487）、介護支援専門員（p=0.255）、病院のリハ職（p=0.899）の意向に有意差はなかった。

③指標

各指標をみると、ADL得点（p=0.608）、IADL得点（p=0.687）、うつ尺度得点（p=0.935）、主観的健康観（p=0.647）、主介護者の介護負担感（p=0.552）に有意差はなかった。

介入効果の検証──退院1週間後と3カ月後の経時変化の比較

①評価指標の各得点の経時変化

ADL得点、うつ尺度得点は介入群で有意に改善していたが、IADL得点、主観的健康観、主介護者の介護負担感に有意差はなかった（表10-4）。

②リハサービス導入率／内容別リハ導入率の経時変化

リハサービスの導入率は、介入群、対照群ともに有意差はなかった。

リハ内容別の導入率の変化をみると、介入群では筋力増強運動、バランス練習、起居・立位動作練習、移動動作練習の導入率が有意に増加していた。一方、対照群では、有意差はみられなかった（表10-5）。

（3）まとめ

介護支援専門員とリハ職による協働ケアマネジメント実施群（介入群）と対照群間で、退院1週間後と3カ月後の2時点における各種変化を比較した結果、

① ADL得点、うつ尺度得点は介入群で有意に改善していた
② 対照群では、退院後のケアプラン内容がほとんど同じであった

表 10-4　各指標の経時変化の 2 群間比較

	退院 1 週間後 点数（点）(Mean ± SD)	退院 3 カ月後 点数（点）(Mean ± SD)	p 値 群内比較 a	p 値 群間比較 b
ADL 得点				
介入群	57.6 ± 24.6	72.8 ± 24.9	< 0.001 ***	0.002 **
対照群	60.5 ± 22.4	65.1 ± 22.9	0.009 **	
IADL 得点				
介入群	0.3 ± 0.5	0.9 ± 1.3	0.011 *	0.104
対照群	0.4 ± 0.7	0.6 ± 1.1	0.058	
うつ尺度得点				
介入群	2.5 ± 1.5	1.7 ± 1.4	0.005 **	0.035 *
対照群	2.5 ± 1.4	2.5 ± 1.7	0.779	
主観的健康観				
介入群	2.8 ± 0.9	2.4 ± 0.7	0.008 **	0.130
対照群	2.7 ± 0.7	2.5 ± 0.8	0.109	
介護負担感				
介入群	2.4 ± 1.1	2.9 ± 1.2	0.032 *	0.541
対照群	2.5 ± 0.9	2.9 ± 1.1	0.013 *	

注：*：$p < 0.05$、**：$p < 0.01$、***：$p < 0.001$
　　a：Wilcoxon の符号つき順位検定、b：2 要因分散分析（反復測定）

③リハサービスの導入率に有意な変化はなかったが、リハの内容をみると、筋力増強運動、バランス練習、起居・立位動作練習、移動動作練習の導入率が介入群で有意に増加していた

などがわかった。
　介護支援専門員自身がリハ内容にまで言及することは実質的には困難である。したがって、リハ職の指導・助言を受けて、介護支援専門員が通所サービスなどの担当者に実施内容の変更を依頼した結果、移動動作練習などの導入率が増加し、その結果、ADL の向上につながったものと考えた。

表10-5 リハサービス導入率／内容別リハ導入率の経時変化

	介入群 (n=29)			対照群 (n=43)		
	退院1週間後(%)	退院3カ月後(%)	p値	退院1週間後(%)	退院3カ月後(%)	p値
①リハサービス導入率						
訪問系リハ	31.0	34.5	1.000	23.3	23.3	1.000
通所リハ	13.8	27.6	0.125	27.9	23.3	0.500
通所介護(機能訓練実施)	3.4	13.8	0.250	23.3	32.6	0.125
②内容別リハ導入率						
筋力増強運動	24.1	55.2	0.004**	48.8	53.5	1.000
関節可動域トレーニング	13.8	37.9	0.070	41.9	44.2	1.000
バランス練習	17.2	48.3	0.008**	27.9	37.2	0.250
起居・立位動作練習	20.7	48.3	0.016*	32.6	30.2	1.000
移動動作練習	10.3	37.9	0.016*	37.2	44.2	0.250
ADL練習	10.3	24.1	0.125	11.6	11.6	1.000
IADL練習	0.0	0.0	—	0.0	2.3	—
福祉用具に関する指導	13.8	10.3	1.000	4.7	7.0	1.000
住宅改修に関する指導	0.0	0.0	—	2.3	0.0	—
家族への介護指導	20.7	31.0	0.500	2.3	2.3	1.000

注：*：$p<0.05$，**：$p<0.01$，χ^2検定
　介入群、対照群とも、退院1週間後の内容別にみたリハの導入は介護支援専門員自身で決定したものである。
　介入群における退院3カ月後のサービスは、在宅リハ職の指導・助言を参考にしたうえで介護支援専門員が決定したものである。

6　退院支援／退院時ケアマネジメントの質向上に向けて

　要介護者の退院事例調査から、急性期病床から直接退院する者が全体の約7割を占める実態が明らかとなった。社会保障と税の一体改革では、急性期病床の機能分化と平均在院日数の短縮化政策が打ち出されている。したがって、急性期病床と介護支援専門員間の連携強化による円滑な退院支援の実現が、喫緊の重要課題と言える。以下、これを実現するための具体策を提案する。

(1) 病院スタッフと介護支援専門員間の具体的な連携方法を提示する

　急性期病床の場合、平均在院日数も短く、病院スタッフは多忙なため、退

院支援に十分な時間やスタッフを割く余裕がない。平均在院日数がさらに短くなると、入院中の看護やリハ提供に時間がとられ、退院前訪問指導などを行う余裕はますますなくなるであろう。その結果、要介護者の自宅環境の状況把握が不十分なまま、退院支援計画策定や退院後のリハの必要性の判断を行わなければならないことになる。

　日本の場合、病院のリハ職が退院後も継続関与することは実質的には困難である。退院事例調査でわかったように、在宅サービスに従事するリハ職は退院前CCにほとんど参加できていない状況にある。介護支援専門員は、入院中の要介護者のADL情報を、リハ職よりも看護師から多く入手している実態も報告されている（静岡県医師会　静岡県在宅医療体制整備・推進協議会、2012）。こうした状況下で、退院後のケアプランにリハを適切に導入するためには、

①急性期病床で退院支援業務に中心的に関わっている看護師が、自宅の療養環境などの情報を介護支援専門員から収集し、リハ職に提示する。
②リハ職は、入院中の要介護者のADLの能力および予後を評価したうえで、退院後の自宅環境下でリハが必要かどうかを判断し、その結果を看護師に報告する。
③退院支援に関与する看護師は、退院前CCの場で、リハ職の評価結果（リハの必要性の判断結果、ADLの能力および予後評価結果）を説明し、在宅サービスに従事するリハ職と相談するように促す（退院前CCに、評価を行ったリハ職が同席し、直接評価結果を伝えるのがベスト）。

を行う必要があると考える。

　今後、平均在院日数の短縮化政策により、病院スタッフによる自宅環境の直接的な把握が困難となる。また、早期退院を図るためには、入院前の生活状況やどのような状態であれば屋内生活が可能であるかといった情報が非常に重要となる。これらの情報は介護支援専門員のほうが有していることから、退院支援計画策定プロセスに介護支援専門員も参画し、必要な情報の提供とゴール設定支援に関与するような仕組みも検討すべきである。

(2) 退院後の多職種による課題認識／ケア方針策定のプロセスを強化する

　退院支援へのリハ職の介入効果に関する12論文のメタ分析を行ったLanghorneらは、退院後も継続的に訪問リハなどを提供するか、退院後の一定期間（退院から1カ月間）は病院のリハ職と地域のヘルスケアチームが重層的に関わることが、退院後のADLの自立度低下を防ぐために有効であると報告している（Langhorne, 2007）。すなわち、退院後の一定期間は、リハ職または看護師が退院時ケアマネジメントに関与する仕組みの構築が必要である。

　今回、我々が行ったように、退院して生活が落ち着いたころに、介護支援専門員とリハ職または訪問看護師が自宅訪問し、セルフケアや家族介護方法の指導、環境調整、病状・症状の予後やADLの予後評価、リハや看護サービスの導入の必要性の判断、ケアプラン内容やサービスの実施内容に対する指導・助言を行うことが、退院後の再入院の防止やADLの維持・向上、ケアマネジメントの質の向上につながるものと考える。

　また、これらの行為を評価するため、たとえば、退院後訪問指導料、居宅療養管理指導料などの新設（または既存点数の要件の変更）も検討する必要がある。

7　おわりに

　介護支援専門員は、病院スタッフに比べ、要介護者の療養環境や生活実態をより把握しているといった利点を有するが、医学的観点からのアセスメントや予後予測は十分にはできない。一方、病院スタッフは、専門的な観察やアセスメント能力を有し、専門的見地からの適切な指導・助言ができるといった利点を有している。

　平均在院日数が短くなると、今まで以上に、病状や症状が不安定な段階での退院、ADLが回復過程にあるなかでの退院が増える可能性が高い。そのため、より一層、病院スタッフと介護支援専門員の連携強化が求められることになる。

　適切な退院支援／退院時ケアマネジメントを実現するためには、互いの役

割分担を明確化するとともに、具体的な連携方法を業務のなかに落とし込む作業が必要となる。

現在、ケアプラン様式の見直しが検討され、そのなかで予後予測の評価が検討されているが、これは、将来の姿（予後）と現状の姿のギャップを課題として認識し、その課題を改善・解決するために今何をすべきかを考えるといった、課題認識の強化を図るための手段の1つと言えよう。

病院スタッフを含めた医療職と介護支援専門員間の連携を強化するためには、お互いの課題認識方法の差異を理解したうえで、お互いの持っている強みを出し合う形での連携スタイルを構築する必要があるが、現場レベルではなかなか実現が難しい。

今回のケアプラン様式の見直しのように、日常業務のなかで自然と連携をとらざるをえないような仕組みを導入することも、政策を具現化するうえで重要な対策といえよう。

注

* 本稿は、平成22-24年度厚生労働科学研究費補助金（政策科学総合研究事業（政策科学推進研究事業））「要介護高齢者の生活機能向上に資する医療・介護連携システムの構築に関する研究（研究代表者：川越雅弘）」の研究成果の一部をまとめたものである。

1) 2011年6月30日に公表された「社会保障・税一体改革成案」では、現行の一般病床を高度急性期、一般急性期、亜急性期病床に分けたうえで、現時点の一般病床全体の平均在院日数（約18日）を、2025年には一般急性期病床で9日程度に短縮するという目標が掲げられている。

2) 厚生労働省の医療施設調査・病院報告によると、病院および有床診療所の療養病床総数は、2005年には383,911床まで増加したが、その後減少に転じ、2010年現在で348,064床となっている。

3) 2009年の介護報酬改定にて、介護支援専門員の退院支援への関与を評価する"退院・退所加算（Ⅰ）（Ⅱ）"を、2010年の診療報酬改定にて、入院中の病院関係者が介護支援専門員に対して退院後の必要サービスを指導する行為を評価する"介護支援連携指導料"などを、2012年の診療報酬改定にて、早期退院を促すための"退院調整加算"などを新設した。

4) 医療機関および訪問看護ステーションのリハ職による訪問リハを訪問系リハとしている。
5) 尺度としてはBarthelらによって開発されたバーセル指数（BI）を用いた（Mahoney and Barthel, 1965）。得点範囲は0～100点で、点数が高いほどADLの実行レベルの自立度が高い。
6) ADL項目との相関が低い（重複しない）5つのIADL項目で構成された、簡便で答えやすく、かつ、信頼性が高く、合計得点で評価することも可能なFillenbaumの尺度（Fillenbaum, 1985）を用いた。各項目とも、「自立」1点、「要介助」0点と配点されており、合計は0～5点となる。点数が高いほどIADLの自立度が高い。
7) Yesavage and Brink（1983）によって開発され、鳥羽研二によって信頼性と妥当性が検証された、5項目からなる日本語版Geriatric Depression Scale-5（GDS-5）の得点（0～5点）を用いた（遠藤，2003）。点数が高いほどうつ傾向が強い。
8) 「とても健康」「まあまあ健康」「あまり健康でない」「健康でない」の4段階リッカートスケールで質問した。
9) 「非常に負担」「まあまあ負担」「どちらとも言えない」「あまり負担でない」「負担でない」の5段階リッカートスケールで質問した。

参考文献

Fillenbaum, G. G.（1985）Screening the Elderly: A Brief Instrumental Activities of Daily Living Measure, *J Am Geriatr Soc*, Vol. 33, No. 10, pp. 698-706.

Indredavik, B., H. Fjaertoft, G. Ekeberg, A. D. Løge and B. Mørch（2000）Benefit of an Extended Stroke Unit Service with Early Supported Discharge: A Randomized, Controlled Trial, *Stroke*, Vol. 31, No. 12, pp. 2989-2994.

Kawagoe, M., Kajiya, S. Mizushima, K. et al.（2009）Effect of Continuous Home-Visit Rehabilitation on Functioning of Discharge Frail Elderly, *J. Phys. Ther. Sci.*, Vol. 21, No. 4, pp. 343-348.

Langhorne, P. and L. W. Holmqvist（2007）Early Supported Discharge Trialists: Early Supported Discharge after Stroke, *J. Rehabil. Med.*, Vol. 39, No. 2, pp. 103-108.

Mahoney. F. I. and D. W. Barthel（1965）Functional Evaluation: The Barthel Index, *Md. State, Med. J.*, No. 14, pp. 61-65.

Yesavage, J. A. and T. L. Brink（1983）Development and Validation of a Geriatric Depression Screening Scale: A Preliminary Report, *J.psychial*, Vol. 17, No. 1, pp. 37-49.

遠藤秀俊（2003）「うつの評価」鳥羽研二監修『高齢者総合的機能評価ガイドライン』厚生科学研究所。

川越雅弘・備酒伸彦・森山美知子（2011）「要介護高齢者に対する退院支援プロセスへのリハビリテーション職種の関与状況――急性期病床、回復期リハビリテーション病床、療養病床間の比較」『理学療法科学』26 巻 3 号、pp. 387-392。

川越雅弘・備酒伸彦・森上淑美（2011）「要介護高齢者に対する退院支援プロセスの現状とリハビリテーション継続上の諸課題――入院元病床別にみた検証」厚生労働科学研究費補助金政策科学総合研究事業（政策科学推進研究事業）「要介護高齢者の生活機能向上に資する医療・介護連携システムの構築に関する研究（研究代表者：川越雅弘）」平成 22 年度分担研究報告書、pp. 5-24。

川越雅弘（2012a）「退院後のケアマネジメントプロセスへのリハ専門職の介入効果」厚生労働科学研究費補助金政策科学総合研究事業（政策科学推進研究事業）「要介護高齢者の生活機能向上に資する医療・介護連携システムの構築に関する研究（研究代表者：川越雅弘）」平成 23 年度分担研究報告書、pp. 37-78。

―――（2012b）「要介護高齢者に対する自宅退院支援の現状と課題」『静岡県医師会報』、pp. 6-9。

厚生労働省（2009）『平成 20 年患者調査の概況』。

―――（2011）『平成 22 年医療施設（動態）調査・病院報告の概要』。

国立社会保障・人口問題研究所（2012）『日本の将来推計人口――平成 24 年 1 月推計』。

静岡県医師会 静岡県在宅医療体制整備・推進協議会（2012）『退院時ケアマネジメントの実態調査報告書』。

地域包括ケア研究会（2009）『地域包括ケア研究会報告書――今後の検討のための論点整理』。

地域包括ケア研究会・三菱 UFJ リサーチ＆コンサルティング（2010）『地域包括ケア研究会報告書』。

手島陸久（1998）「退院改革――現状の問題点と展望」『看護』50 巻 4 号、pp. 27-52。

永田智子・村嶋幸代（2002）「高齢者の退院支援」『日本老年医学会雑誌』39 巻 6 号、pp. 579-584。

長野宏一朗（2009）「退院支援の現状と課題――大学病院連携部門の実践から」*Geriatric Medicine*, Vol. 47, No. 3, pp. 285-289。

浜村明徳（2008）「医療から介護への移行と課題」『PT ジャーナル』42 巻 8 号、pp. 639-647。

村上満子・島内 節・佐々木明子（2007）「大腿骨頸部骨折高齢者の自宅退院後 2 か月間における歩行能力変化と必要なケア」『日本在宅ケア学会誌』10 巻 2 号、pp. 75-82。

森山美知子・済生会山口総合病院看護部（1998）『ナーシング・ケースマネジメント――退院計画とクリティカルパス』医学書院。

第4部　財源／利用者負担からみた持続可能性

第11章

2025年の医療・介護費用試算と高齢者世帯の家計

山本 克也

1　はじめに

　本章においては、いままで検討されてきた地域包括ケアのあり方やその理論的検討を踏まえたうえで、医療・介護費用に関する数値的な分析を通して2025年の平均的な高齢者の家計が医療・介護費用を賄えるのか否かの検討を実施する。その際、医療・介護費用の推計と高齢者世帯の家計を支える公的年金の推計が重要な役割を担う。推計方法に関しては、方法の説明ばかりにならないよう、本章では主に医療・介護費用の試算方法に重みを置き、続く第12章では年金の推計に重みを置いて説明をしている。

　本章では、基本的に2012年3月「社会保障に係る費用の将来試算の改定」の国民健康保険、後期高齢者医療保険、介護保険の保険料の試算結果を用いて、2025年の高齢者家計（65〜74歳、75歳以上世帯）に対する医療・介護費用の影響を考察する[1]。本章の構成は以下のとおりである。第2節で医療・介護費用の試算の変遷とその方法を、特に厚生（労働）省（以下、厚労省）の方法について記し、第3節で医療・介護費用の高齢者の家計に対するインパクトを考察し、第4節でまとめを記す。

2　医療・介護費用の試算

　医療および介護費用の試算にはこれまでにいくつもの蓄積があり、厚労省が伝統的に行ってきた手法によるもの、保険数理的な手法を用いたもの（小椋・入舩、1990 ほか）、マクロ計量モデルによるもの（上田・堀内・森田、2010 ほか）が挙げられる。本来、医療および介護費用を導く際に検討されるべき医療・介護需要と医療・介護供給は同時決定の関係にあり、需要と供給の同時方程式を推定するという方法が経済学的には望ましいものと考えられる。しかし、たとえばマクロ計量モデルによる試算では"制度"が捨象されてしまうことが多く、制度改正という込み入った議論の前提としては使い勝手が悪い可能性がある。また、保険数理的手法を用いれば、制度の記述は詳細にできるが、上述の経済学の要請は満たさないものとなる（大林、2010）。

　こうしたなか、2008 年の社会保障国民会議に提出された医療および介護の費用試算の方法は、これまでと大きく異なっていた。これは、これまでの伝統的な方法に対する批判に応えたものであり、

① 1 人当たり医療費の伸び率の算定期間は、医療費の分析を深めることでできるかぎり最近の期間とする
② 見直しの都度将来見通しの名目額が小さくなることについては、経済規模との対比を示すなどていねいに説明する
③ 国際比較の観点から経済規模との対比で示す場合、間接税が考慮されていない NI 比ではなく GDP 比で示す
④ 医療費の自然増のなかには技術進歩などによる部分が含まれていることを示す

といったことが実践された。これは、"革命"とも言うべき、試算方法の改善であった。

　上述のように厚労省は医療・介護費用の試算を、これまでも報告してきた。そのうち、一般の目に触れる形で現存するのは、「社会保障の給付と負担の見通し」の① 2000 年 5 月試算、② 2002 年 5 月試算、③ 2004 年 5 月試算、

④2006年5月試算と、⑤2008年10月「社会保障国民会議における検討に資するために行う医療・介護費用のシミュレーション（社会保障国民会議サービス保障（医療・介護・福祉）分科会第8回）」、⑥2010年10月「医療費等の将来見通し及び財政影響試算」（高齢者医療制度改革会議　第11回）、⑦2011年6月「社会保障に係る費用の将来試算：医療・介護に係る長期試算」（社会保障改革に関する集中検討会議　第10回　参考資料1-2）、⑧2012年3月「社会保障に係る費用の将来試算の改定」の8つである。

　それぞれの試算の方法をみていくと、およそ3つに大別できる（図11-1）。それは、2000年までの試算、2002年から2006年までの試算、そして、2008年以降の試算である。2000年までの試算方法は、医療については、「平成10年度実績を足下[2]とし、最近の1人当たり医療費の伸び（平成2～11年度実績平均を勘案し、3％程度の伸び）を前提に、人口変動（人口高齢化および人口増減）の影響を考慮して医療費を伸ばして試算する」という方法をとっている。また、介護については、「各市町村における介護保険事業計画及び平成12年度予算に基づき、賃金上昇率（年率2.5％）を勘案して試算」とあるように、足下の数値を1つのパラメータだけで伸ばしていくという方法をとっている（介護については、やや複雑であり、2008年以降の試算方法の萌芽がみて取れる）。

　2002年の試算からは、医療については2002年度予算を足下とし、1人当たり医療費の伸び（一般医療費2.1％、高齢者医療費3.2％　1995～1999年度実績平均）を前提に、人口変動（人口高齢化および人口増減）および2002年の医療制度改革の影響を考慮して医療費を伸ばして試算するという方法をとった。要は、医療費を一般（＝若年層）と高齢者層に分けて試算するという方法をとっていた。介護については「人口や経済の伸び率を勘案して試算」とだけ記されていた。このような試算の方法は、いくつかの批判を受けることになったが、おそらく、その批判のなかでも最も適切なものは、高齢者医療費が3.2％平均で伸びていくという仮定に対するものであった。3.2％といえば、およそ20年あまりで2倍になるという増加率である。これは、平成の始まった1990年代初めごろであれば信憑性のある数値であった[3]が、2002年にもなって「高齢者人口比率の増加を大幅に上回る医療費の増加」ということ

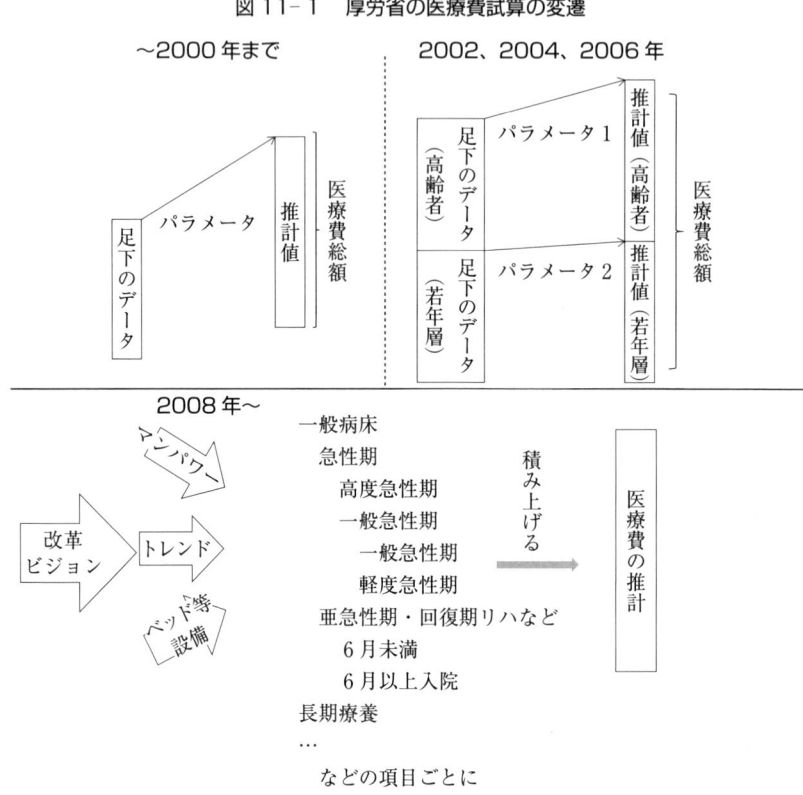

220 第4部 財源／利用者負担からみた持続可能性

図11-1 厚労省の医療費試算の変遷

注：介護も基本的に同様である。
出所：筆者作成。

はありえないことであった。

　そういった批判に対応し、2008年からの試算の方法は大きく変わっていった。その基調を作ったのが「社会保障国民会議における検討に資するために行う医療・介護費用のシミュレーション（以下、国民会議試算）」である。

　国民会議試算では、

①現在のサービス提供体制を前提として、単純に基本需要試算に対応する提供量をいったん計算し、これをシミュレーションA（現状投影シナリオ）とする。

②このシミュレーションAに対して、サービス提供体制について選択と集中等による改革を図ることを想定し、これをシミュレーションB（改革シナリオ）とした。改革シナリオについては、前提となるシナリオに応じて複数のシナリオを示す（それぞれB1、B2、B3）。

という方法をとった。すなわち、医療費を細部のパーツに分け（急性期医療、長期療養等）、それぞれの需要量を試算し、また、それぞれのサービス提供者に対する給与等を計算して総医療費を試算するという方法をとった。こうした発想は、岩本・福井（2007）、北浦・京谷（2007）、鈴木（2008）、岩本・福井（2010）、上田・堀内・森田（2010）などにもみられる。推計の出発点として、厚生労働省「国民医療費」の「年齢階級別1人当たり医療費」を国立社会保障・人口問題研究所の「将来推計人口」に乗じる手法を採用している点は共通している。介護に関しても、「介護給付費実態調査」などから「年齢階級別1人当たり介護費用」を推計し、「将来推計人口」に乗じている。これは、現状の医療・介護費用の需要状況、サービス提供体制を前提としながら、人口構成を変化させて伸ばしていく手法である。この点において、社会保障国民会議における「Aシナリオ」の推計の考え方は、これらの研究の推計と本質的には同じものである。

　こうした方法は、わずか数年でさらに進化し、現在の試算は、2011年6月に公開された社会保障改革に関する集中検討会議第11回資料「社会保障に係る費用の将来試算：医療・介護に係る長期推計」（以下、集中検討会議試算）が基本になっている。この試算では、現在の性・年齢階級別のサービス利用状況をそのまま将来に投影したケース（現状投影シナリオ）におけるサービスごとの利用者数や単価等を作成し、これに一定の改革シナリオに基づきサービス利用状況や単価等を変化させたケース（改革シナリオ）を作成し、費用総額を求めるという方法をとった（経済前提等を踏まえて設定した伸び率を乗じて試算）。また、改革シナリオは、一般病床について、急性期と亜急性期・回復期等とに機能分化、医療資源を集中投入し、亜急性期や回復期のリハビリテーションなどについては状態像に応じた適切な設備・人員が配置されるものとして試算を実施している。さらに、居住系サービス、在宅医療・

介護サービスの充実などを織り込んだものとしている（主に一般病床の機能分化の進展度について、2通りのシナリオを設定し、これをパターン1、パターン2と称している）。

この集中検討会議試算と国民会議試算との関係は、

①医療ニーズの試算に際し、社会保障国民会議のシミュレーションでは織り込まれていなかった精神科入院の改革（平均在院日数短縮、入院減少）や長期療養における平均在院日数の短縮を織り込み、また、急性期についても、平均在院日数の短縮に伴う入院ニーズの減少の半分程度は早期の軽快により在宅医療・外来に切り替わるものと仮定したこと。

②介護ニーズの試算に際し、上記のように入院から在宅医療・外来への切り替わりを多めに見込んだことや医療における長期療養のニーズを新たな調査を基礎として試算したことなどにより、医療から介護施設に移行する者が少なめとなり、結果として改革後の介護施設ニーズも少なめとなったこと。また、社会保障国民会議のシミュレーションでは、施設・居住系を65歳以上人口の5％分程度整備することを仮定し、特定施設の大幅な増加を見込んでいたが、集中検討会議試算では、整備対象としてサービス付高齢者住宅なども考慮し、在宅の増加を重視したこと。

③介護予防など要介護となるリスクを軽減する取り組みなどにより、2025年度に要介護者などが現状投影シナリオに比べて3％程度減少することを仮定したこと。

④介護職員の賃金が2009年度からの積算で月4万円増となるよう引き上げたこと。

⑤人口増減・高齢化による需要の変化とは別に織り込む医療の伸び率の、ケース①（B）の要素（経済成長率の3分の1程度を伸び率に反映させる部分）について、統計上はおおむね5年前の経済成長率との強い相関が確認されているものの、集中検討会議試算では、2008年秋以降の大幅なマイナス成長（2008年度△4.2％、2009年度△3.7％）の影響を除く観点から、当年度の経済成長率の3分の1程度を伸び率に反映させるモデル式を設定したこと。

となっている。

　そして、本章で使用する「社会保障に係る費用の将来試算の改定（以下、2012年3月試算）」は、高齢者医療制度改革会議のために出された2011年6月「社会保障に係る費用の将来試算」をベースとし、新しい人口試算および経済の見通しが示されたことを踏まえ、将来試算の改定を行ったものである。これは、併せて、新しい試算に基づいた社会保険各制度（年金、医療、介護）における1人当たり保険料（率）の見通しについても試算を行っている。

　2012年3月試算と以前の試算との差異は、

①人口前提：集中検討会議試算：「日本の将来試算人口（2006年12月試算）」出生高位（死亡中位試算）→ 2012年3月試算：「日本の将来試算人口（2012年1月試算）」出生中位（死亡中位試算）。

②経済前提：集中検討会議試算：内閣府「経済財政の中長期試算（2011年1月）」慎重シナリオに準拠して設定 → 2012年3月試算：内閣府「経済財政の中長期試算（2012年1月）」慎重シナリオに準拠して設定。

③試算の足下値は、2012年度予算案をベースとしている。

となっている。

　厚労省の医療・介護費用の試算に関しては、問題点はそれほど多くはないが、まず、試算の期間が短いことが挙げられる。年金と同様に100年もの期間を試算する必要はないものと思われるが、もう少し長期の試算であったほうが、政策的にも有効であろう。そして何より重要なのは、被保険者に関する試算のプロセスが公開されていないことである。表11-1に2012年3月試算の結果（現状投影ケース）を掲げたが、こうした保険料（率）の結果が出ているということは、被保険者に関する試算プロセスがあるということを示しているものと考えられるので、この部分も公開したほうが利便性は高まるものと思われる。特に、昨今の非正規雇用者の増大は、健康保険や介護保険財政に大きな影響を与える可能性があるから、被保険者の試算プロセスの公開は、是非、なされるべきである。

表11-1　2012年3月試算の結果（現状投影ケース）

制度	平成24年度 2012	平成27年度 2015	平成32年度 2020	平成37年度 2025
年金				
国民年金	月額 14,980円	月額 16,380円 （平成16年度価格）	月額 16,900円 （平成16年度価格）	月額 16,900円 （平成16年度価格）
厚生年金	保険料率 16.412%（～8月） 16.766%（9月～）	保険料率 17.474%（～8月） 17.828%（9月～）	保険料率 18.3%	保険料率 18.3%
医療				
国民健康保険（2012年度賃金換算）	月額 7,600円	月額 8,000円程度	月額 8,600円程度	月額 9,200円程度
協会けんぽ	保険料率 10.0%	保険料率 10.6%程度	保険料率 10.7%程度	保険料率 10.9%程度
組合健保	保険料率 8.5%	保険料率 9.1%程度	保険料率 9.1%程度	保険料率 9.3%程度
後期高齢者医療（2012年度賃金換算）	月額 5,400円	月額 5,700円程度	月額 6,100円程度	月額 6,400円程度
介護				
第1号被保険者（2012年度賃金換算）	月額 5,000円	月額 5,300円程度	月額 6,000円程度	月額 6,800円程度
第2号被保険者（国民健康保険、2012年度賃金換算）	月額 2,300円	月額 2,600円程度	月額 2,900円程度	月額 3,300円程度
第2号被保険者（協会けんぽ）	保険料率 1.55%	保険料率 1.7%程度	保険料率 2.0%程度	保険料率 2.6%程度
第2号被保険者（組合健保）	保険料率 1.3%	保険料率 1.4%程度	保険料率 1.6%程度	保険料率 2.1%程度

前提：人口「日本の将来試算人口（平成24年1月試算）」出生中位・死亡中位、経済「経済財政の中長期試算（平成24年1月）」慎重シナリオ

注1：この数値は2011年6月「社会保障に係る費用の将来試算」を元として、人口および経済の前提の変化などによる修正を加えたうえで、所要保険料財源の総額などから算出したものであり、特に医療・介護については、
①これが実際の将来の個人の保険料（率）水準を表したものではないこと（各保険者によっても将来の保険料（率）は異なる）
②前提等により値が変わること
などに留意し、一定程度の幅をもってみることが必要である。

2：2013年度以降の国民年金保険料は、2004年度価格水準で示された月額であり、実際の保険料額は物価および賃金の変動を反映して決定することとされている。

3：「社会保障改革の具体策、工程及び費用試算」を踏まえ、充実と重点化・効率化の効果を反映している（ただし、「Ⅱ 医療介護等 ②保険者機能の強化を通じた医療・介護保険制度のセーフティネット機能の強化・給付の重点化、逆進性対策」および「Ⅲ 年金」の効果は、反映していない）。

4：厚生年金、協会けんぽおよび組合健保の保険料率は、本人分と事業主負担分との合計である。

5：2012年度の介護第1号被保険者の保険料額は第5期平均見込み値である。

出所：社会保障に係る費用の将来推計の改定（2012年3月）http://www.mhlw.go.jp/seisakunitsuite/bunya/hokabunya/shakaihoshou/dl/shouraisuikei.pdf

3　医療・介護費用が高齢者家計に与える影響

　それでは、2025年の医療・介護費用が高齢者家計に与える影響を考察する。ここでは、「賃金構造基本調査（以下、賃金センサス）」のデータから年金額を試算し、この結果と表11-1の各種保険料の試算結果、そして全国消費実態調査のデータとを合わせることで高齢者家計の構造を類推、2025年の医療・介護費用のインパクトを考察する。

(1)　年金額の試算方法
　基本的に、厚労省年金局の「平成21年財政検証」の方法を採用する。その手順は、

①賃金センサスの「きまって支給する現金給与額」、「年間賞与その他特別給与額」を時系列で追い、賃金の再評価を実施して賃金プロファイルを描く（5歳階級データなので、間は線型補間）。なお、経済的仮定には、厚労省の医療・介護費用の試算と同じ内閣府の2012年1月の「経済財政の中長期試算」を用い（基本ケースと呼ぶ）、賃金センサスの結果を伸ばして賃金の系列を求める（なお、賃金も物価の上昇度合いもほぼゼロとした試算も、機械的試算として計算してある）。もちろん、賃金の再評価も実施し、2023年までマクロ経済スライドを実施する。

②支給開始年齢の引き上げスケジュールを反映する。ちなみに2025年には定額部分は男女共に65歳、報酬比例部分は男性で65歳支給、女性で63歳支給ということになっている。

③年金給付の裁定用に、全労働期間の平均賃金を計算する（厳密には、「標準報酬月額」の計算方法は、毎年、4月5月6月の3カ月に支払われた報酬の平均値となる。この「標準報酬月額」は、その年の9月～翌年8月まで有効となる）。

④厚生年金保険の加入期間[4]は437カ月（2010年、男性平均）と308カ月（2010年、女性平均）とする。

⑤報酬比例部分の計算は、在職中に支給された給料と、2003年4月移行

に支給されたボーナスとの合計額を使って算出する。
⑥試算は各歳で実施しているが、医療・介護費用の議論の関係上、65～74歳と75歳以上で結果の表記を行う。なお、夫婦の年齢差はないものと仮定する。価格は後の分析で「全国消費実態調査」(2009年版)を利用するため、すべて2009年に統一する。
⑦夫婦世帯の場合、夫婦の年齢は同じとする。

というものである。現行の厚生年金（報酬比例部分）の年金額算出法は、

平成15年3月までの平均標準報酬月額[5] × 7.5 ／ 1,000 × 加入期間
＋平成15年4月からの平均標準報酬額[6] × 5.769 ／ 1,000 × 加入期間 × 1.031 × 0.985

となっている。厚生年金保険に「総報酬制」が導入されたので、1946年4月2日以降生まれの給付乗率は、2003年3月までは「1000分の7.50」、2003年4月以降は「1000分の5.769」となる。総報酬制では、賞与から納めた保険料も年金額に反映されるため、従来の給付乗率のままでは一律に年金額が上昇することになる。そこで、月収を「1」とした場合の第2号被保険者の平均的な賞与が「0.3」なので、従来の給付乗率を「1.3」で割って一律に給付乗率を引き下げることになった。すなわち、1000分の7.50÷1.3≒1000分の5.769となった[7]。

図11-2は、年金受給額の裁定の元となる賃金を、賃金センサスから産業計・企業規模計の男女別で描いたものである。男性1971：20は、男性で1971年に20～24歳のコーホートにいた者の各年齢での平均賃金の曲線を表し、女性1986：20は、女性で1986年に20～24歳のコーホートにいた者の各年齢での平均賃金の曲線を表す。当然、1976年に20～24歳コーホートにいた者は2011年には55～59歳になり、年金支給開始まであと数年が必要で、その間の賃金は試算する必要がある。男性の場合、45～49歳コーホートで賃金の伸びは頭打ちになるようで、その後は低下していく。女性の場合、年々、賃金の水準は増加しているのに加え、男性に比べて50歳以降の賃金の低下は大きくない。もっとも、女性のもともとの賃金の水準が低いからと

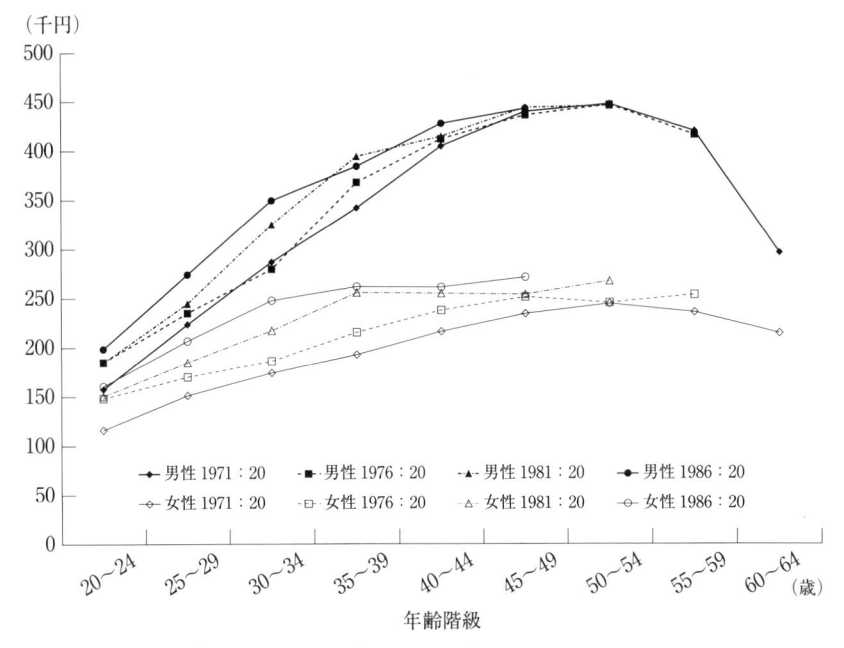

図11-2 賃金プロファイル（産業計・企業規模計）

出所：厚生（労働）省『賃金構造基本統計調査』1971〜2011年。

も言えよう。この賃金の試算には、上述の「経済財政の中長期試算」が用いられる。

(2) 年金の試算結果と世帯の作成

夫婦世帯の試算結果[8]は表11-2に挙げた。想定としては、まず、男女別の平均受給額を試算し（1人当たり平均年金額は、単身世帯と夫婦世帯で同じと仮定）、それから世帯を作成するという手順を踏む。参考のために表11-2では、2010年を実績値とし、2015年から5年ごとに2025年まで試算している。基本ケースで2025年の年金受給額は、男性の65〜74歳で約22万円、75歳以上で約23万円であり、女性は年齢にかかわらず12万円程度となった。一方、機械的試算のケースでは、2025年の年金受給額は、男性の65〜74歳で約17万円、75歳以上で約19万円であり、女性は年齢にかかわらず約10

表11-2　厚生年金支給額の試算（男女別）

（月額、2009年価格、円）

	基本ケース							
	2010年		2015年		2020年		2025年	
	男性	女性	男性	女性	男性	女性	男性	女性
65〜74歳	185,620	108,970	175,220	101,320	174,340	102,760	187,810	110,250
75歳以上	202,600	114,650	191,250	106,600	190,290	108,120	204,990	116,000
	機械的試算ケース							
	2010年		2015年		2020年		2025年	
	男性	女性	男性	女性	男性	女性	男性	女性
65〜74歳	185,620	108,970	182,400	99,560	176,210	98,600	172,510	104,090
75歳以上	202,600	114,650	202,870	115,560	202,520	110,390	187,280	98,290

注：2010年の値は実績値である。
出所：筆者試算。

万円となった。上述のとおり、裁定後の年金額は物価スライドとマクロ経済スライドが適用されるが、2024年以降は物価スライドのみとなる。年金給付額が2010、2015、2020年と低下傾向なのに、2025年が増加に転じているのは、2024年、2025年と物価上昇率1.2％で年金額がスライドされるからである（実際、わが国の経済はデフレ基調にあり、マクロ経済スライドが適用されたことは一度もなく、また、物価の低下に合わせて年金額が引き下げられたのは2012年の4月からが初めてのことである）。

現実には、年金を受給している夫婦に子どもがパラサイトするというケースもありうるが、ここでは単純に夫婦のみの世帯を考える（表11-3）。夫婦のパターンは現役期間の夫婦の働き方を考慮して、

① 片働き（夫が厚生年金受給者、妻は3号）
② 共働き（夫婦で厚生年金受給者）

とする（加入期間は437カ月（2010年、男性平均）と308カ月（2010年、女性平均）とする）。年金給付額の基本的な動きは単身世帯と同様で、2010年から2020年までは低下傾向にあるが、2025年は増加する。基本ケースの場合、2025年の65〜74歳世帯では、片働き世帯で約27万円、共働き世帯で約30

表 11-3 　厚生年金支給額の試算（夫婦世帯）

(月額、2009年価格、円)

	基本ケース							
	2010年		2015年		2020年		2025年	
	片働き	共働き	片働き	共働き	片働き	共働き	片働き	共働き
65～74歳	268,390	294,590	254,940	273,910	251,780	277,810	265,810	298,060
75歳以上	285,370	317,260	270,970	294,980	267,730	299,190	282,990	321,000
	機械的試算ケース							
	2010年		2015年		2020年		2025年	
	片働き	共働き	片働き	共働き	片働き	共働き	片働き	共働き
65～74歳	268,390	294,590	255,410	267,510	242,320	258,190	240,560	260,660
75歳以上	285,370	317,260	275,120	302,120	266,940	293,990	254,480	269,110

注：2010年の値は実績値である。
出所：筆者試算。

万円の受給額であり、75歳以上世帯では、片働き世帯で28万円、共働き世帯で32万円となっている。

(3)　高齢者世帯の可処分所得の試算

　ここでは、高齢者世帯の可処分所得を試算しよう。可処分所得は実収入マイナス非消費支出で定義される。非消費支出は所得税、固定資産税等の租税と健康保険や介護保険等の社会保険料で構成される。のちに検討する全国消費実態調査のデータには、勤労者世帯であれば、非消費支出と消費支出の両方が示されているが、その他の世帯が含まれるとデータが乱れる恐れがあり、非消費支出は示されないことになっている。そうした理由から、本節では、まず、非消費支出を年金受給額から推計するという方法をとる。

　今回、男性の年金支給開始年齢が完全に65歳になっている2025年をターゲットにしているので、試算の方法はかなりシンプルになる。まず、公的年金等は年金の収入金額から公的年金等控除額を差し引いて所得金額を計算する。この雑所得となる主な公的年金等には、①国民年金法、厚生年金保険法、公務員等の共済組合法などの規定による年金、②過去の勤務により会社などから支払われる年金、③外国の法令に基づく保険または共済に関する制度で①に掲げる法律の規定による社会保険または共済制度に類するものの3つである。公的年金等に係る雑所得の金額は、

公的年金等に係る雑所得の金額
　　＝　公的年金等の収入金額の合計額　×　割合　−　控除額

で算出され、割合および控除額は公的年金等の収入金額の合計額によって決まっている。2012年1月現在、公的年金等の収入金額の合計額が1,200,000円までの場合、所得金額はゼロ（すなわち、無税）、1,200,001円から3,299,999円までの割合は100％で控除額が1,200,000円である。以下、公的年金等の収入金額の合計額が3,300,000円から4,099,999円までなら割合は75％で控除額が375,000円、4,100,000円から7,699,999円までなら割合は85％で控除額が785,000円、7,700,000円以上なら割合は95％で控除額は1,555,000円となる。たとえば65歳以上の者で「公的年金等の収入金額の合計額」が350万円の場合には、公的年金等に係る雑所得の金額は

　　3,500,000円×75％−375,000円＝2,250,000円

となる。現実の高齢者家計をみた場合、課税対象となるのは

　　課税対象　＝　公的年金等に係る雑所得の金額　＋　その他の所得
　　　　　　　−　各種所得控除

であるが、ここではその他の所得は考慮しないことにする。すなわち、公的年金以外の所得は得ていないものと仮定する。また、控除は基礎控除（所得税38万円、住民税33万円）の他に、片働き世帯には配偶者控除（所得税は38万円、70歳以上は48万円、住民税は33万円、70歳以上は38万円）、共働き世帯には配偶者特別控除が適用され、社会保険料控除として国保保険料や後期高齢者医療保険の保険料も控除される。国保保険料や後期高齢者医療制度の均等割については軽減を考慮したうえで、表11-1を利用している。また、所得割部分については、公的年金等に係る雑所得の金額から基礎控除を差し引いた金額に所得割率を乗じたものが所得割の保険料の金額になる。実際には、所得割にも軽減があり、今回の夫婦世帯の年金額では5割軽減になる。その他、高齢者に密接な医療費控除の金額は、国民医療費のデータから1人当たり年齢階級別の医療費データを利用して計算している。さらに、住民税

の所得割部分は 2007 年 9 月から都道府県民税 4 ％、市区町村民税 6 ％であり、均等割部分は都道府県民税年額一律 1,000 円、市区町村民税年額一律 3,000 円となっている。ただし、その他の控除（たとえば寄付控除など）や地方税のうちの固定資産税は考慮しない。

そうすると、たとえば基本ケースの 2010 年の片働き世帯の 65〜74 歳の世帯の場合、夫の年金収入は（妻分は非課税）

218,390 円 × 12 ≒ 2,620,000 円

であり、公的年金等に係る雑所得の金額は

2,620,000 円 × 1 − 1,200,000 円 = 1,420,000 円

となる。所得控除は基礎控除、配偶者控除と社会保険料控除、医療費控除であるから、課税総所得は 421,000 円（千円未満の端数切捨て）となる。ここから、地方税が 50,000 円と計算できる。所得税の場合は控除が 10 万円だけ高いので、課税総所得が 1,098,000 円となり、所得税は 16,090 円と計算できる。よって可処分所得は、上の方法で算出した非消費支出を利用して、237,686 円と求められる（共働き世帯の場合、夫婦が共に課税対象となるが、妻の受給分は課税対象額に達していないため無税となり、住民税の均等割、国保または後期高齢者医療保険の保険料、介護保険の保険料のみが課税分となる）。ちなみに、全国消費実態調査（2009 年版）の勤労者世帯・年齢階級別のデータによると、世帯主の年齢階級が 70 歳以上の世帯の可処分所得は 296,531 円、65〜69 歳であると、315,284 円である。本章では所得は年金所得のみであると仮定しているので、若干、低い水準になる。

(4) 夫婦世帯と医療・介護支出

ここでは、実際の値と試算した年金受給額や非消費支出を用い、2025 年の夫婦世帯の家計構造を考察しよう。家計は収入から消費支出と非消費支出を賄うことで成立する。一般に、実所得マイナス非消費支出が可処分所得と定義されるが、本試算では所得の部分を年金所得のみと仮定しているので、本章では試算から求められる可処分所得のことを、推計年金可処分所得と呼

ぶことにする。この推計年金可処分所得が消費支出を上回れば、それは黒字で貯蓄などに回すことができる。反対に、下回れば赤字であり、貯蓄などを取り崩していかなければならない。

図11-3に全国消費実態調査（2009年版）の「公的年金・恩給受給額階級・企業年金・個人年金受給額階級別1世帯当たり1カ月間の支出」データより、公的年金・恩給受給額階級別1世帯当たり1カ月間の支出のデータを利用した図を挙げた。ここに示された実線は、公的年金・恩給受給額階級別の推計年金可処分所得（年間所得から推計した非消費支出を差し引いたもの）を縦軸・横軸で描いたもので、45度線に当たる。この意味は、45度線上に月の支出がきた場合、これは推計年金可処分所得と支出が見合った状態にあり、月の支出がこの45度線を上回れば月の支出が推計年金可処分所得を上回る、すなわち赤字であることになる。反対に、月の支出が45度線を下回

図11-3 年金所得階級別月の推計年金可処分所得と消費支出の散布図（夫婦世帯）

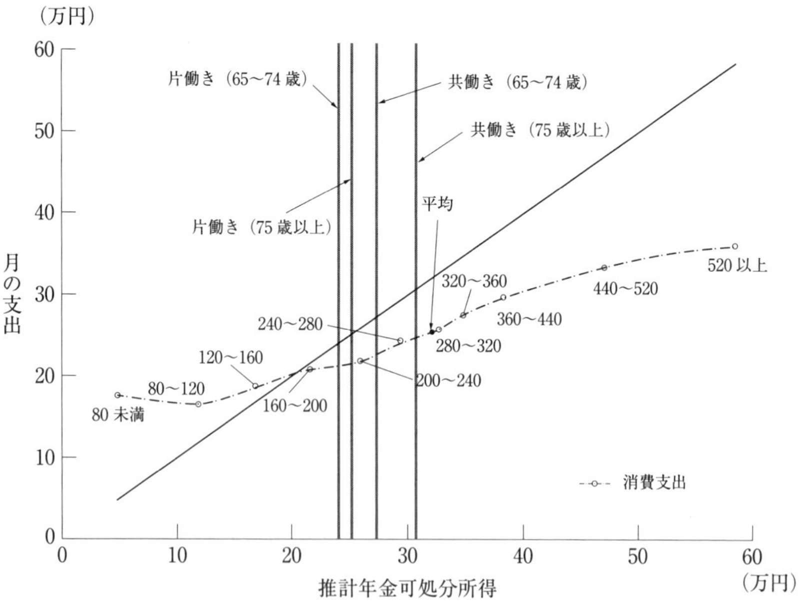

注：図の中の数値は年金所得階級（万円）。
出所：総務省「全国消費実態調査 平成21年版」を利用して筆者試算。

れば、黒字ということになる。なお、非消費支出の推計は上述と同じである。また、図の破線は公的年金・恩給受給額階級別（図中の 80 未満や 80～120 という数字は、公的年金・恩給受給額階級を示し、単位は万円である）の消費支出を繋いだものである。さらに、全国消費実態調査の性質上の可能性はあるが、年金所得が 160～200 万円の世帯までが"赤字"であり、それを越えると"黒字"になる。年金額が低い階層が、やはり、赤字になっている。固定資産税など、非消費支出に含まれていない部分があるので、実際には、もう少し上の階級まで赤字になっている可能性がある。

　一方、前項での推計年金可処分所得の試算結果は、図 11-3 の縦の直線に対応する。表 11-4 より、2025 年に基本ケースの片働きの 65～74 歳世帯であれば可処分所得は 243,154 円であり、共働きの 75 歳以上世帯の推計年金可処分所得は 307,117 円である。仮に、2009 年の水準と支出が変わらないとすれば、2025 年の高齢者世帯は共働きであれ、片働きであれ、赤字になることはないであろう（機械的試算の場合、片働き世帯だとぎりぎり赤字は免れるといった程度の可処分所得となる）。

　次に重要なのは、遺族年金[9]である。遺族年金は、

①夫分として老齢厚生年金の報酬比例部分の 75％と妻自身の老齢基礎年

表 11-4　推計年金可処分所得の試算（夫婦世帯）

（月額、2009 年価格、円）

	基本ケース							
	2010 年		2015 年		2020 年		2025 年	
	片働き	共働き	片働き	共働き	片働き	共働き	片働き	共働き
65～74 歳	237,686	262,407	233,078	255,656	234,389	261,168	243,154	279,797
75 歳以上	256,551	286,611	251,820	279,093	253,913	284,658	264,240	307,117
	機械的試算ケース							
	2010 年		2015 年		2020 年		2025 年	
	片働き	共働き	片働き	共働き	片働き	共働き	片働き	共働き
65～74 歳	236,886	262,407	233,542	248,909	225,864	240,283	220,373	240,105
75 歳以上	256,551	286,611	255,502	286,609	253,196	279,122	238,505	252,061

注：非消費支出のうち、固定資産税などは考慮していない。
出所：筆者試算。

金を受け取る。
② 妻自身の老齢厚生年金と老齢基礎年金を受け取る。
③ 妻自身の老齢厚生年金の2分の1、夫分として遺族厚生年金の3分の2、そして自らの老齢基礎年金を受け取る。

という方法がある。表11-5に、上記の3つのパターンで遺族年金を受給した場合の可処分所得を示した。遺族年金には所得税（および相続税）が課されないため、本試算での非消費支出は社会保険料のみとなる。一般的には選択肢①をとった場合が年金受給額は最も高くなり、結果として家計の可処分所得も高くなる。また、選択肢③をとるには、もう少し女性の年金受給額が上昇する必要がある（今後の賃金の動向に依存する）。結果のさらなる吟味は、次で検討される単身世帯と合わせて行ったほうがよいので、単身世帯の推計年金可処分所得に移ろう。

単身世帯の推計年金可処分所得は、非消費支出として所得税、地方税（固

表11-5 推計年金可処分所得の試算（遺族世帯）

(月額、2009年価格、円)

	遺族年金パターン	基本ケース							
		2010年		2015年		2020年		2025年	
		片働き	共働き	片働き	共働き	片働き	共働き	片働き	共働き
65〜74歳	①	139,110	139,110	130,610	130,610	128,650	128,650	137,350	137,350
	②	—	96,370	—	88,020	—	88,160	—	94,250
	③	—	134,690	—	124,970	—	123,950	—	133,030
75歳以上	①	154,050	154,050	144,930	144,930	143,110	143,110	153,040	153,040
	②	—	104,250	—	95,600	—	96,020	—	102,800
	③	—	148,220	—	137,920	—	137,100	—	147,290
		機械的試算ケース							
65〜74歳	①	139,110	139,110	136,000	136,000	130,050	130,050	125,880	125,880
	②	—	96,370	—	86,260	—	84,000	—	88,090
	③	—	134,690	—	127,680	—	122,800	—	122,300
75歳以上	①	154,050	154,050	153,650	153,650	152,290	152,290	139,760	139,760
	②	—	104,250	—	104,560	—	98,290	—	85,090
	③	—	148,220	—	148,210	—	144,350	—	129,580

注：非消費支出のうち、固定資産税などは考慮していない。
出所：筆者試算。

定資産税を除く)、そして社会保険料1人分で構成される(表11-6)。試算の方法は夫婦世帯の場合と同様であるが、配偶者控除等がないことが違いである。全国消費実態調査の勤労者世帯・男女・年齢階級別1世帯当たり1カ月間の収入と支出のデータから、図11-3と同様に、月の収入(年間収入÷12)を縦軸・横軸で描いたものが図11-4の実線である。上述の通り、これは45度線に当たる。また、図の破線は男女・年齢階級別(図中の文字は、男女・年齢階級別を示している)の消費支出を繋いだものである。上の○のドットは男性、△のドットは女性を表している(推計年金可処分所得、消費支出、非消費支出は実績値)。傾向としては、男女とも60〜69歳の収入が落ちていることである。70歳以上と比べると、男性で約4.5万円、女性で約3.6万円の差がある。この図に表11-5および11-6の推計年金可処分所得の値を重ねることで比較を実施している。

表11-5および11-6をみると、単身世帯の推計年金可処分所得の大小関係は、

単身世帯(男性) > 遺族世帯 > 単身世帯(女性)

の順番になっている。やや衝撃的な事実は、試算された2025年の単身世帯

表11-6 推計年金可処分所得の試算(単身世帯)

(月額、2009年価格、円)

	基本ケース							
	2010年		2015年		2020年		2025年	
	男性	女性	男性	女性	男性	女性	男性	女性
65〜74歳	166,362	96,370	156,900	88,020	155,079	88,160	165,296	94,250
75歳以上	182,943	104,250	172,846	95,600	171,065	96,020	182,750	102,800
	機械的試算ケース							
	2010年		2015年		2020年		2025年	
	男性	女性	男性	女性	男性	女性	男性	女性
65〜74歳	166,362	96,370	162,972	86,260	156,606	84,000	152,344	88,090
75歳以上	182,943	104,250	182,718	104,560	181,517	98,290	167,676	85,090

注:非消費支出のうち、固定資産税などは考慮していない。また、公的年金以外の所得も考慮していない。
出所:筆者試算。

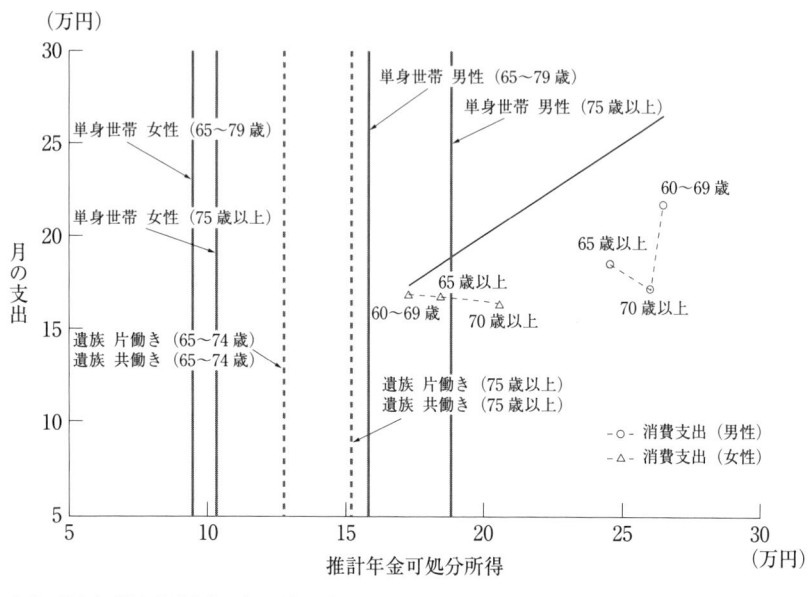

図11-4 年金所得階級別月の推計年金可処分所得と消費支出の散布図（単身世帯）

出所：総務省「全国消費実態調査　平成21年版」を利用して筆者試算。

の推計年金可処分所得の値は、2009年の70歳以上の単身女性の推計年金可処分所得よりも小さくなることである。単身世帯の場合、比較的サンプルの規模の大きい全国消費実態調査といえども、情報は少ないのが現状である。2009年のデータでも、65歳以上の男性で37ケース、女性で114ケースしかない。単身世帯では図11-3のような年金受給額別のデータを得ることはできず、本章の分析に関わることでは年齢階級別のデータが得られるのみである。試算上、給付乗率の低下と、特にマクロ経済スライドの適用を実施していることも、このように低い推計年金可処分所得になることの原因であるが、全国消費実態調査の小さいサンプルが信用に値するか（所得の高い階層が調査に協力している可能性）否かという問題はある。

4　おわりに

本章の推計では、共働きであろうと片働きであろうと、平均的な高齢者が

夫婦で世帯を形成しているのであれば2025年の医療保険料・介護保険料を支払ったとしても、十分に生活可能である可能性が高いことが示された。本章の試算では、あくまで所得を年金に限っているので、就労などによる他の収入があるのであれば、家計に対する医療・介護費用のインパクトは小さなものになるであろう。もちろん、現行の健康保険や介護保険の自己負担比率が変わるというような変化が起きた場合、これは消費の構造が大きく変わることになるので、本章の推計結果はまったく役に立たなくなる。

一方、遺族世帯であろうと単身世帯は、2025年には苦しい生活を強いられる可能性がある。低いと言われる現在の単身・女性高齢者の収入よりも男性の単身世帯の年金収入が小さくなることは、予想を上回る衝撃であった。もっとも、現行の年金制度は、高度経済成長期の一般被用者（いわゆる正規雇用者）が夫婦で老後を生活するのに十分な年金資産が蓄積されるように計画されたものであるので、これは仕方のないことである（上述のように、世帯が夫婦世帯であれば片働きであろうと共働きであろうと十分な老後生活が送れることが、その証左である）。今後、単身世帯や遺族年金に対する加給的な配慮を実施する必要があるかもしれない（山本、2012）。特に、これは先進国に共通する課題であるが、単身女性高齢者（生涯独身であろうと、遺族であろうと）の貧困問題の解消が必要である（有森、2007）。

注

1) 本章は厚生労働科研費「社会保障給付の人的側面と社会保障財政の在り方に関する研究」の成果の一部である。
2) ここでの足下とは最近・直近の意味であるが、その期間には幅があり、最近2～3年の程度という意味から4～5年程度までを指す。以下、本章ではこの意味で使用される。
3) 厚生白書平成3年版に「平成2年10月1日現在、65歳以上の高齢者の人口は1,489万5,000人であり、総人口の12％を占めている。「日本の将来試算人口（平成3年6月暫定試算）」の中位試算によれば、昭和22年から24年に生まれたいわゆる団塊の世代すべてが65歳を超える平成26年に、高齢者数は3,000万人を突破し、その人口比率も現在の約2倍の23％に達するなど、今後急速な高齢化が進むことが予想されている。」という記述がある。

4) 本章では在職老齢年金を考慮していない。よって、退職時改定（在職時に法律で定まった年齢に達するとその時点でいったん年金額を裁定し、退職後に改めて年金額を裁定し直すこと）による加入月数の増加は考慮されない。また、消費税に関しては2014年度から 8 ％、2015年10月からの10％を織り込んでいる（第12章に関しても同様）。
5) 平均標準報酬月額とは、2003年3月以前の過去の厚生年金の被保険者であった時期の標準報酬月額の平均額のことである。ただし、過去の標準報酬月額のままで平均額を算出すると低額の平均標準報酬月額となるため、過去の標準報酬月額に加入時期に応じた再評価率を乗じて標準報酬月額の総額を算出し、その8期間の月数で除して得た額を平均標準報酬月額という。標準報酬月額は、厚生年金保険加入者の給料を98,000円から620,000円まで30の等級に分け、中央値を取ったもので、たとえば、標準報酬月額30万円とは29万円以上31万円未満を言い、標準報酬月額32万円とは31万円以上33万円未満を言う（標準報酬月額31万円はない）。
6) 平均標準報酬額とは、2003年4月以降の厚生年金の被保険者であった時期の標準報酬月額と標準賞与額を合算した平均額で、賞与が含まれることから月の文字がない。なお、平均標準報酬額の再評価率も前述の平均標準報酬月額の場合と同じで、特例水準の年金額の計算に用いられる平均標準報酬額を算出する際の再評価率（1994年改正）と本来水準の年金額の計算に用いられる平均標準報酬額を算出する際の再評価率がある。要するに、平均標準報酬月額は入社から2003年3月までの賃金の平均であるし、平均標準報酬額は2003年4月から退職までの賃金と賞与の平均値の和であるから、年金受給額は賃金の動向に密接となる。
7) なお、細かいことであるが、①報酬比例部分の計算は在職中に支給された給料と、2003年4月移行に支給されたボーナスとの合計額を使って算出すること、②算出式には3つの方式（1994年、1999年、2004年）があることに注意が必要である。年金額を比べると、1994年の算出式が一番高くなる。これを従前保障の算出式という（2000年4月より給付乗率が5％適正化された。それにより、従前の給付乗率で計算した額より支給額が低くなる者がいるので、新しい給付乗率で計算した額が従前の給付乗率で計算した額よりも低くなる者については、従前の計算式を使ってもよいことになっている）。
8) より厳密には（在職老齢を考慮に入れた場合等）、『季刊社会保障研究』Vol. 48, No. 4（2013年3月刊行）の拙稿「社会保障改革に関する集中検討会議の医療・介護財政の試算の利用法」を参照されたい。
9) 遺族年金の厳密なルールについては、日本年金機構のホームページを参照のこと。http://www.nenkin.go.jp/n/www/index.html（2012年10月18日アクセス）。

参考文献

有森美木（2007）「先進各国の公的年金制度と高齢低所得者対策」『海外社会保障研究』No. 158, pp. 45-59。

岩本康志・福井唯嗣（2007）「医療・介護保険への積立方式の導入」『フィナンシャル・レビュー』第87号、pp. 44-73、財務省総合政策研究所。

―――（2010）「医療・介護保険の費用負担の動向」RIETI Discussion Paper Series 10-J-035。

上田淳二・堀内義裕・森田健作（2010）「医療費および医療財政の将来推計」KIER Discussion Paper Series No. 0907、京都大学経済研究所。

大林守（2010）「社会保障モデルの今日的役割」国立社会保障・人口問題研究所編『社会保障の計量モデル分析』東京大学出版会、pp. 1-28。

小椋正立・入舩剛（1990）「わが国の人口の高齢化と各公的医療保険の収支について」『フィナンシャル・レビュー』第17号。

北浦修敏・京谷翔平（2007）「介護費用の長期推計について」KIER Discussion Paper Series No. 0704、京都大学経済研究所。

厚生労働省年金局（2009）「平成21年財政検証結果レポート――「国民年金及び厚生年金に係る財政の現況及び見通し」（詳細版）」、http://www.mhlw.go.jp/topics/nenkin/zaisei/zaisei/report2009/mokuji.html（2012年10月3日アクセス）。

鈴木亘（2008）「医療保険制度への積立方式導入と不確実性を考慮した評価」『世代間問題の経済分析――ディスカッションペーパー』No. 378、一橋大学経済研究所。

高橋紘一（2009）「要介護高齢者の将来推計――名古屋市、知多・三河地域の自治体の2035年までの推計」日本福祉大学福祉社会開発研究所『日本福祉大学研究紀要　現代と文化』第120号。

府川哲夫・加藤久和編（2006）『年金改革の経済分析』日本評論社。

山本克也（2012）「実行可能性からみた最低保障年金制度」『生活経済学研究』Vol. 35, pp. 1-16。

第12章

都道府県別推計年金可処分所得からみた医療・介護の負担能力

山本 克也

1 はじめに

　第11章では、平均的な高齢者世帯の年金受給額を試算し、併せて、厚生労働省（厚労省）の医療・介護費用の試算結果を利用して2025年の生計費を考察した。医療費に関しては、これまでもその地域差が問題とされてきた（地域差研究会、2001）。厚労省も、医療費の地域差分析というwebページ[1]を持っており、その関心の高さがうかがえる。一方、医療費と比べると、都道府県の公的年金の受給額格差に関して論じられることはほとんどなかった。それは、公的年金の代表である厚生年金保険の場合、ほぼ生涯賃金の平均値が基礎となって年金給付額が裁定されることから、賃金の格差＝各都道府県の物価・地代等を勘案した格差であるため、都道府県の経済的実情が反映されたもので問題となるような格差ではないという認識があったものと思われる。後述するが、たしかに厚生年金保険の都道府県別年金額と賃金構造基本統計調査（以下、賃金センサス）の都道府県別賃金を比べると、その構造はよく似ており、年金給付額は賃金の反映であることがわかる。言い換えれば、賃金の動向をみれば、今後の年金給付額が試算可能である。
　本章では、この都道府県別賃金から将来の年金給付額を予測し、世帯構造にも注意しながら、今後の医療・介護費用の家計に対するインパクトの試算

を実施する。本章の構成は第11章で述べたように、第2節で先行する年金の試算の研究を紹介し、第3節で医療・介護及び年金の都道府県格差の様子を示し、ついで推計の方法の説明を行い、第4節で試算結果を示し、第5節で総括を実施する。

2　年金試算の先行研究

　第11章で医療・介護費用の試算方法に関して触れたので、本章では年金の試算に関して触れておく。年金の場合、世代間格差に関しては多くの文献があり（たとえば鈴木ほか、2012）、年金制度間の格差に関しては、厚生年金保険と公務員の年金である共済制度の一元化問題を取り上げた上村・中嶋（2007）がある。3号被保険者問題に関しては倉田（2010）があり、非正規雇用者の厚生年金保険適用拡大の問題には山本（2003）がある。一方、加入者自身の属性による格差問題を取り上げたものには、加入者の性別・学歴別で年金額を算定して比較した山本（1994）がある。年金の地域間格差について触れてある文献は管見のかぎり皆無であるが、前節で述べたように、年金の地域間格差の源泉が賃金であるならば、山本（1994）の発想が本章に近いものとなる。

　他方、本章で年金のシミュレーションを実施する際に基礎となる賃金の都道府県格差（地域格差）に関しては、膨大な先行研究がある。鈴木（2006）では、高賃金の大企業、製造業の立地が間接的に地域内の他の賃金を引き上げ、平均賃金の地域間格差をもたらしているとして、高賃金企業の立地による生産誘発効果や所得効果により、地域の平均賃金の上昇幅は大きく異なると指摘している。また、森川（2010）では、個人レベルでの賃金の分散のうち都道府県格差で説明される部分は1割に満たず、大部分は都道府県内の賃金格差であること、要因分解によれば、賃金水準の高い関東と低い東北や九州の間の名目賃金格差のうち7～8割は観測可能な個人特性および事業所特性ならびに物価水準の違いで説明可能であること、そして、市区町村人口密度と賃金の正の関係のうち約半分は労働者特性・事業所特性で説明され、残りの半分のうち3分の1～2分の1は物価水準の違いで説明されること、都

道府県別最低賃金を地域別の物価水準で補正・実質化すると、東京は最も実質最低賃金が低いことをみいだしている。ただし、本章の関心は格差の原因ではなく、格差を前提とした場合にどのような老後生活が待っているのかを考察するものであるから、これ以上は立ち入らないことにする。

3　都道府県別医療・介護費用、年金受給額の試算

(1)　医療・介護保険料の試算

　国民健康保険（国保）の保険料、後期高齢者医療の保険料、そして介護保険の都道府県別保険料については、やや簡便な方法をとる。その方法とは、前章表11-1の平均値の数値を、都道府県別指数に乗じて求めるというものである。この1つの理由は、都道府県や市区町村別の将来人口推計が2008年から更新されていないということにある。地域別の人口データを利用できれば、この人口による重み付けを実施して将来の保険料の調整を行うことが可能である。しかし、地域の人口移動を推測するに重要な人口移動の構造が、東日本大震災の影響で安定していないので、推計の公開は遅れる模様である。震災後、人口移動の傾向は乱れており、この部分が一応の終息を迎えないことには、将来人口推計を出すことが難しいと考えられる。2つ目の理由は、1つ目の理由とも関連するうえに、ややテクニカルなことでもある。今回、震災に見舞われた地域はすでに十分に高齢化しており、2025年になったとしても諸条件に与える高齢化の影響は小さい。こうしたことは、震災の被害を蒙らなかった地方にも言えることである。よって、得られる地域間の格差構造が2025年まで継続されると考えている。

　都道府県別の国保の保険料は、厚生労働省保険局調査課の資料である「平成22年度市町村国民健康保険における保険料の地域差分析」[2]の保険料指数を利用する。また、都道府県別の後期高齢者医療の保険料率は、厚労省のホームページの「後期高齢者医療制度における平成24年度及び25年度の保険料率等について」[3]の都道府県別の保険料率等を利用して試算する。介護の1号被保険者に関しては、同じく厚労省の「第5期計画期間における介護保険の第1号保険料について」[4]から、各都道府県と全国平均の保険料額が得

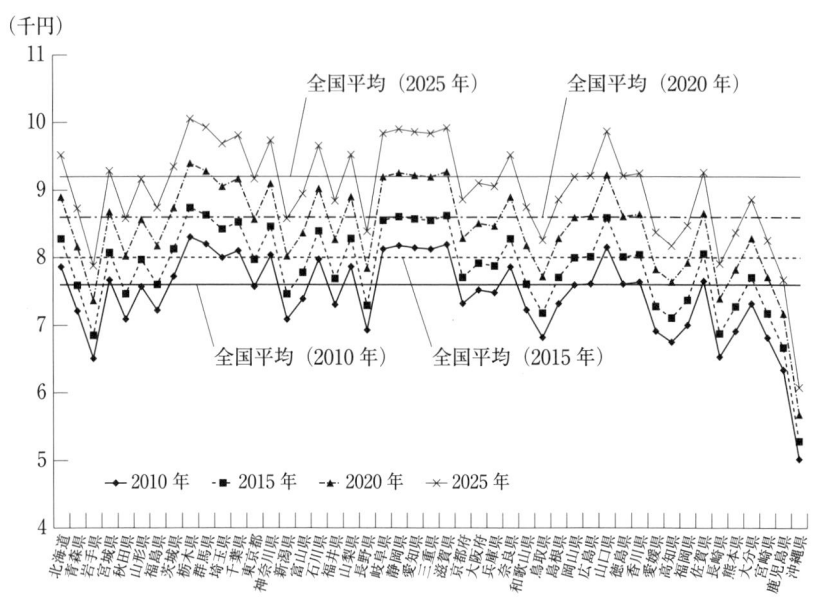

244 第4部 財源／利用者負担からみた持続可能性

図12-1 都道府県別国民健康保険料の推移

(千円)

凡例：◆ 2010年　■ 2015年　▲ 2020年　× 2025年

グラフ中の基準線：全国平均（2010年）、全国平均（2015年）、全国平均（2020年）、全国平均（2025年）

横軸：北海道、青森県、岩手県、宮城県、秋田県、山形県、福島県、茨城県、栃木県、群馬県、埼玉県、千葉県、東京都、神奈川県、新潟県、富山県、石川県、福井県、山梨県、長野県、岐阜県、静岡県、愛知県、三重県、滋賀県、京都府、大阪府、兵庫県、奈良県、和歌山県、鳥取県、島根県、岡山県、広島県、山口県、徳島県、香川県、愛媛県、高知県、福岡県、佐賀県、長崎県、熊本県、大分県、宮崎県、鹿児島県、沖縄県

出所：筆者推計。

られるので、これを利用する。こうした資料の共通点は各都道府県で対全国比をとり、地域的な指数を算出している点にある。仮に、この指数の構造が将来も続くものとして考えるならば、指数を全国平均に乗じることで、必要な都道府県別・被保険者1人当たり保険料が算出できる。たとえば国保の保険料（調定額）であれば表11-1（224頁）を利用して図12-1のようになる。

(2) 厚生年金保険の受給額の試算

次に年金の都道府県格差を指数化し、将来の年金支給額の試算を実施する方法の説明を行う。『厚生年金保険・国民年金事業年報』[5]の都道府県別年金受給権者状況（1998、2003、2008年）および都道府県別老齢厚生年金給付状況（2009、2010年）から、各年の全国平均を基準として各都道府県の年金受給権者の給付額を描くと図12-2の加重平均値（厚生年金保険）のようになる（加重平均値は消費者物価指数で実質化した後、都道府県ごとに金額の総計を

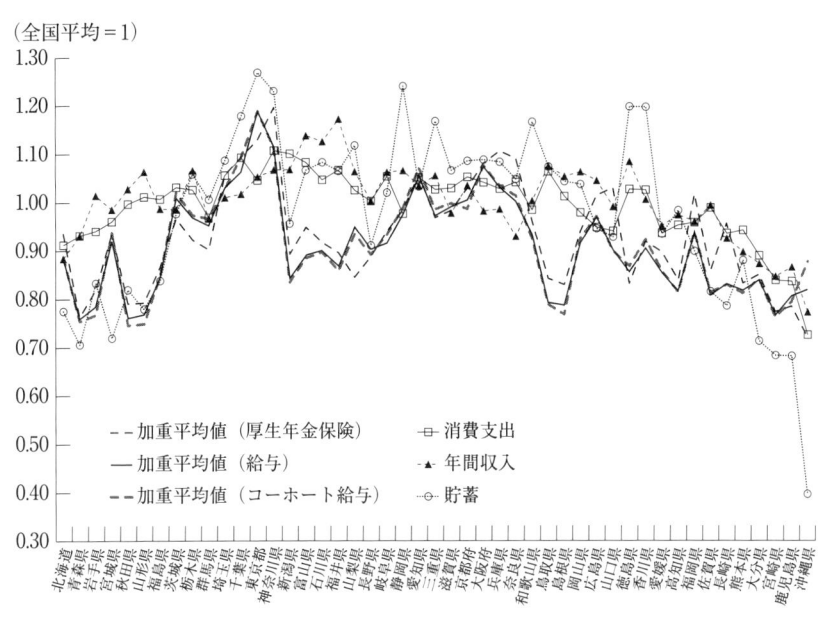

第 12 章　都道府県別推計年金可処分所得からみた医療・介護の負担能力　245

図 12－2　都道府県の賃金、賞与格差と年金格差

（全国平均＝1）

凡例：
－－加重平均値（厚生年金保険）
――加重平均値（給与）
－－加重平均値（コーホート給与）
－□－消費支出
－▲－年間収入
－○－貯蓄

横軸：北海道　青森県　岩手県　宮城県　秋田県　山形県　福島県　茨城県　栃木県　群馬県　埼玉県　千葉県　東京都　神奈川県　新潟県　富山県　石川県　福井県　山梨県　長野県　岐阜県　静岡県　愛知県　三重県　滋賀県　京都府　大阪府　兵庫県　奈良県　和歌山県　鳥取県　島根県　岡山県　広島県　山口県　徳島県　香川県　愛媛県　高知県　福岡県　佐賀県　長崎県　熊本県　大分県　宮崎県　鹿児島県　沖縄県

出所：厚生（労働）省『賃金構造基本統計調査』昭和 46 年～平成 23 年、社会保険庁『厚生年金保険・国民年金事業年報』平成 10、15 年、厚生労働省『厚生年金保険・国民年金事業年報』平成 20、21、22 年、総務（庁）省統計局『全国消費実態調査』昭和 59 年、平成元、6、16、21 年。

人数の総計で割って求めている）。また、賃金センサスから 1971～2011 年の給与（決まって支給する給与・企業規模計・産業計・男女計・年齢計）の加重平均値をとったものを加重平均値（給与）、1971 年に 20～24 歳コーホートにいた者を 2011 年の 60～64 歳コーホートになるまで追跡して得た結果を、加重平均値（コーホート給与）として挙げてある。明らかに、加重平均値（給与）と加重平均値（コーホート給与）は重なっており、少なくともこの期間の賃金の都道府県格差は、年別からみてもコーホートからみても一致していることになる。確認のため、この下のコーホート、たとえば 1976 年に 20～24 歳コーホートにいた者や 1981 年に 20～24 歳コーホートにいた者などについても、同様の図を描けることを確認してある。

　ここで、上述の加重平均値（厚生年金保険）を再びみると、近畿、中国、九州で一部乖離がみられるものの、基本的に加重平均値（給与）は加重平均

値（コーホート給与）と重なっている。厚生年金保険の開始が1942年であるから、満期40年の支給開始が生じるのが1982年であり、また、厚生年金保険の加重平均値が1983年からであることを考慮すると、賃金の構造は1971年よりも前からほぼ変化がなかった可能性を示している。具体的には厚生年金受給額の格差は、基本的に賃金の格差で決定される。総報酬制のもと、厚生年金（報酬比例部分）の年金額算出法は第11章で述べたものと同じである。一方、5年ごとに実施されている「全国消費実態調査」（1984年～2009年）から都道府県別の消費支出、年間収入、貯蓄の指数（各都道府県の加重平均値は消費者物価指数で実質化した後、都道府県ごとに金額の総計を人数の総計で割って求め、全国を1として基準化してある）も図12-1に示してある。東北地方、北陸、南近畿、四国で給与・年金と乖離がみられる。しかし、貯蓄のほうは、給与・年金と同様の動向を示すが、徳島、香川は貯蓄のほうが上方に大きくぶれる。反対に、給与・年金と貯蓄が下方にあり、消費支出と年間収入が上方にある東北、北陸、中国地方の一部は、老後生計費は年金給付が主体であるという本章の想定と合っていない可能性を示す。その他の地域は、基本的に、給与から年金と貯蓄が決定されるという図式は当てはまっているようである。

　年金額の推計であるが、図12-2に示した加重平均値（厚生年金）を指数にして、第11章で求めた厚生年金の支給額の平均値をこれに乗ずることで各都道府県の支給額を求める。年金受給額の推計に関しては2011年6月「社会保障に係る費用の将来試算」をベースとし、賃金センサスの2011年の結果を伸ばして（実質賃金上昇率年1％）賃金の系列を求め、最終的には5年ごとに（1971年の20～24歳コーホート、1976年20～24歳コーホートというように）年金支給額を計算する。もちろん、支給開始年齢の引き上げスケジュールを反映する。ちなみに2012年には定額部分は男性で64歳、女性で60歳、報酬比例部分は男性で60歳、女性で60歳ということになっている。価格は第11章と同じ2009年に統一してある。よって、その手順は、以下に示したとおりである。

①賃金センサスの「きまって支給する現金給与額」、「年間賞与その他特別

給与額」を時系列で追い、賃金の再評価を実施して賃金プロファイルを描く（5歳階級データなので、間は線型補間。なお、賃金も物価の上昇度合いもほぼゼロとした試算も、機械的試算として計算してある）。もちろん、賃金の再評価も実施し、2023年までマクロ経済スライドを実施する。

②支給開始年齢の引き上げスケジュールを反映する。ちなみに2025年には定額部分は男女共に65歳、報酬比例部分は男性で65歳支給、女性で63歳支給ということになっている。

③年金給付の裁定用に、全労働期間の平均賃金を計算する（厳密には、「標準報酬月額」の計算方法は、毎年、4～6月の3カ月に支払われた報酬の平均値となる。この「標準報酬月額」は、その年の9月～翌年8月まで有効となる）。

④厚生年金保険の加入期間は437カ月（2010年、男性平均）と308カ月（2010年、女性平均）とする（本書第11章注4を参照）。

⑤報酬比例部分の計算は、在職中に支給された給料と、2003年4月以降に支給されたボーナスとの合計額を使って算出する。

⑥試算は各歳で実施しているが、医療・介護費用の議論の関係上、65～74歳と75歳以上で結果の表記は行う。なお、夫婦の年齢差はないものと仮定する。価格は後の分析で「全国消費実態調査（2009年版）」を利用するため、すべて2009年に統一する。

⑦図12-2に示した加重平均値（厚生年金）を指数にして、第11章で求めた厚生年金の支給額の平均値をこれに乗ずることで各都道府県の支給額を求める。

厚生年金保険が発足したのが1943年であり、厚生年金保険の加入期間の満期は40年であるから、1983年から満期加入の受給者が出始めたことになる。1998年というのは、1983年から15年たっており、満期の加入者の年齢も75歳程度に達している。そう考えると、それからさらに21年を経過した2009年というのは、満期加入の最初の世代が96歳に達しており、これはすなわち、受給者のほとんどが満期加入の可能性を帯びた（加入期間が480カ月に近づいた）者であることを示す（こうした状況を年金制度の成熟化と呼ぶ）。

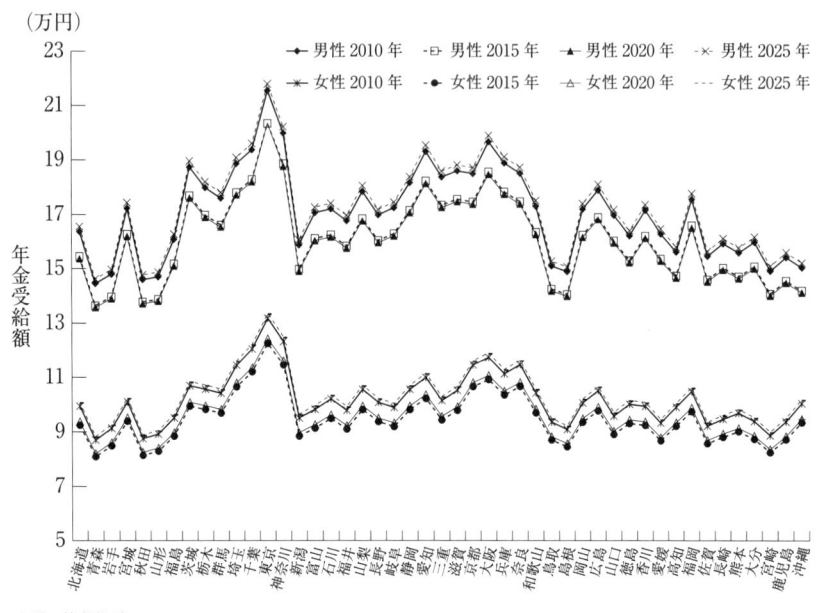

図12-3 厚生年金受給額の推移(65〜74歳)

出所:筆者推計。

　実際、1983年の平均加入期間は男性320カ月、女性234カ月であったのが、1998年には男性397カ月、女性269カ月になり、2009年には男性431カ月、女性304カ月になっている。こうして、現在の高齢者は豊かな年金所得に支えられ、貯蓄ができるほど裕福な状態を保てているのである。

　しかし、こうした、非常に豊かな老後というものは間もなく終わりを告げようとしている(図12-3)。現在、年金の支給開始年齢は65歳までの引き上げの最中であり、男性の定額部分は64歳、報酬比例は60歳、女性の定額部分は62歳、報酬比例部分は60歳であるが、2025年には男性が定額部分、報酬比例部分ともに65歳、2030年には女性が定額部分、報酬比例部分ともに65歳支給開始になる。そのうえ、年金額を決定する際に重要な給付乗率も変わってくる。上述のように、これから年金を受給する世代の給付乗率は1000分の7.50(総報酬期間は1000分の5.769)になる。1946年4月2日以降生まれと1927年4月1日以前生まれの給付乗率を比べると、その違いは

0.25 にも上る。これは、他の事情を一定とすると、年金額が25％も異なることになる（当然、1927年4月1日以前生まれの年金額が多い）。1946年4月2日以降生まれ世代と年長の世代の給付乗率の差は、最大で25％、最小で1％になる。試算の結果も、おおむね上記の制度上の傾向をトレースする。2010年から2020年までは、上述の年金受給額の適正化政策に加えて、マクロ経済スライドが適用されるため、年金額が伸びていない（マクロ経済スライドは、報酬比例部分だけではなく、基礎年金部分にも適用されるため、適正化の効果が大きい）。しかし、マクロ経済スライドが解除され、物価上昇率も1.2％になると受給額は2010年並みになっている。

(3) 高齢者世帯の推計年金可処分所得の試算

ここでは、前章と同様に高齢者世帯の推計年金可処分所得[6]を試算しよう（表12-1）。推計年金可処分所得は実収入マイナス非消費支出で定義される（以下、前章と同様に推計年金可処分所得と呼ぶ）。非消費支出は所得税、固定資産税等の租税と健康保険や介護保険等の社会保険料で構成される。後に検討する全国消費実態調査のデータには、勤労者世帯であれば、非消費支出と消費支出の両方が示されているが、その他の世帯が含まれるとデータが乱れる恐れがあり、非消費支出は示されないことになっている。そうした理由から、本節では、まず、非消費支出を年金受給額から推計するという方法をとる。

今回、男性の年金支給開始年齢が完全に65歳になっている2025年をターゲットにしているので、試算の方法はかなりシンプルな方法になる。まず、公的年金等は年金の収入金額から公的年金等控除額を差し引いて所得金額を計算する。この雑所得となる主な公的年金等には、①国民年金法、厚生年金保険法、公務員等の共済組合法などの規定による年金、②過去の勤務により会社などから支払われる年金、③外国の法令に基づく保険または共済に関する制度で①に掲げる法律の規定による社会保険または共済制度に類するものの3つである。公的年金等に係る雑所得の金額は、

表 12-1　都道府県別推計年金可処分所得の値（2025 年）

(円)

	片働き		共働き			片働き		共働き	
	65～74歳	75歳以上	65～74歳	75歳以上		65～74歳	75歳以上	65～74歳	75歳以上
北海道	208,825	223,968	231,905	249,763	滋賀	229,095	246,301	256,314	279,073
青森	184,699	198,073	198,741	216,708	京都	229,478	243,702	265,013	284,562
岩手	195,059	208,750	210,329	228,838	大阪	237,192	255,384	279,050	299,808
宮城	215,782	231,727	239,133	260,408	兵庫	232,105	249,579	266,399	286,340
秋田	188,601	202,109	201,515	219,643	奈良	230,409	245,019	266,543	286,578
山形	191,291	204,890	204,830	223,136	和歌山	215,132	228,131	241,902	263,414
福島	206,107	220,982	225,889	243,210	鳥取	198,299	212,264	213,002	231,905
茨城	232,279	247,141	261,650	281,534	島根	195,579	209,355	207,276	225,849
栃木	223,666	237,893	251,753	273,967	岡山	219,668	232,719	237,259	258,477
群馬	219,999	233,606	244,774	266,555	広島	225,380	238,976	248,129	270,231
埼玉	231,425	248,878	269,993	290,408	山口	216,082	229,062	229,734	250,491
千葉	237,048	254,972	281,266	302,525	徳島	205,168	220,161	229,384	246,769
東京	258,214	278,151	310,393	337,286	香川	219,364	232,394	235,623	256,739
神奈川	242,779	261,269	285,720	310,715	愛媛	208,546	223,599	224,470	241,501
新潟	203,375	218,055	221,026	237,644	高知	202,062	216,505	225,270	242,195
富山	217,767	230,538	232,936	253,908	福岡	221,519	234,944	246,911	268,692
石川	216,927	229,810	236,696	258,000	佐賀	200,321	214,622	214,207	230,567
福井	214,960	230,472	230,731	251,410	長崎	204,135	218,864	223,181	239,942
山梨	221,354	235,180	249,403	271,485	熊本	201,897	216,314	221,997	238,717
長野	218,875	231,896	238,102	259,134	大分	203,071	217,847	221,240	238,046
岐阜	218,688	232,045	236,612	257,787	宮崎	196,249	210,046	207,131	225,608
静岡	227,882	242,112	252,643	275,021	鹿児島	202,608	216,869	219,133	235,636
愛知	236,171	254,035	268,489	288,894	沖縄	197,103	211,015	222,222	238,219
三重	228,805	242,897	248,428	270,782					

出所：筆者推計。

公的年金等に係る雑所得の金額
　＝ 公的年金等の収入金額の合計額 × 割合 － 控除額

で算出され，割合および控除額は公的年金等の収入金額の合計額によって決まっている。2012 年 1 月現在，公的年金等の収入金額の合計額が 1,200,000 円までの場合，所得金額はゼロ（すなわち，無税），1,200,001 円から 3,299,999 円までの割合は 100％で控除額が 1,200,000 円である。以下，公的年金等の収入金額の合計額が 3,300,000 円から 4,099,999 円までなら割合は 75％で控除額が 375,000 円，4,100,000 円から 7,699,999 円までなら割合は 85％で控除額が 785,000 円，7,700,000 円以上なら割合は 95％で控除額は 1,555,000 円となる。たとえば 65 歳以上の者で「公的年金等の収入金額の合計額」が 350 万

円の場合には、公的年金等に係る雑所得の金額は

$$3,500,000 \text{円} \times 75\% - 375,000 \text{円} = 2,250,000 \text{円}$$

となる。現実の高齢者家計をみた場合、課税対象となるのは

課税対象 ＝ 公的年金等に係る雑所得の金額 ＋ その他の所得 － 各種所得控除

であるが、ここではその他の所得は考慮しないことにする。すなわち、公的年金以外の所得は得ていないものと仮定する。また、控除は基礎控除（所得税38万円、住民税33万円）の他に、片働き世帯には配偶者控除（所得税は38万円、70歳以上は48万円、住民税は33万円、70歳以上は38万円）、共働き世帯には配偶者特別控除が適用され、社会保険料控除として国保保険料や後期高齢者医療保険の保険料も控除される。国保保険料や後期高齢者医療制度の均等割については軽減を考慮したうえで、前章の表11-1を利用している。

また、所得割部分については、公的年金等に係る雑所得の金額から基礎控除を差し引いた金額に所得割率を乗じたものが所得割の保険料の金額になる。実際には、所得割にも軽減があり、今回の夫婦世帯の年金額では5割軽減になる。その他、高齢者に密接な医療費控除の金額は、国民医療費のデータから1人当たり年齢階級別の医療費データを利用して計算している。さらに、住民税の所得割部分は2007年9月から都道府県民税4％、市区町村民税6％であり、均等割部分は都道府県民税年額一律1,000円、市区町村民税年額一律3,000円となっている。ただし、その他の控除（たとえば寄付控除等）や地方税のうちの固定資産税は考慮しない。

そうすると、たとえば基本ケース・北海道の2025年の片働き世帯の65～74歳世帯の場合、夫の年金収入は（妻分は非課税）

$$243,000 \text{円} \times 12 \fallingdotseq 2,918,400 \text{円}$$

であり、公的年金等に係る雑所得の金額は

$$2,918,400 \text{円} \times 1 - 1,200,000 \text{円} = 1,718,400 \text{円}$$

表12-2 遺族世帯の推計年金可処分所得（2025年）

(円)

	遺族 65～74歳	75歳以上		65～74歳	75歳以上		65～74歳	75歳以上
北海道	121,062	134,892	石川	127,258	141,796	岡山	127,182	141,710
青森	106,926	119,140	福井	124,018	138,185	広島	132,361	147,482
岩手	109,457	121,960	山梨	132,011	147,092	山口	125,539	139,880
宮城	127,472	142,034	長野	125,617	139,966	徳島	119,860	133,553
秋田	107,990	120,326	岐阜	127,555	142,126	香川	126,890	141,385
山形	108,722	121,141	静岡	134,383	149,734	愛媛	120,340	134,087
福島	118,920	132,504	愛知	142,825	159,140	高知	115,471	128,662
茨城	138,617	154,452	三重	135,901	151,425	福岡	129,917	144,758
栃木	133,031	148,228	滋賀	137,556	153,270	佐賀	114,331	127,392
群馬	130,182	145,053	京都	136,810	152,438	長崎	117,756	131,208
埼玉	139,526	155,464	大阪	145,441	162,056	熊本	115,260	128,426
千葉	143,298	159,667	兵庫	139,700	155,658	大分	118,133	131,628
東京	159,394	177,602	奈良	136,891	152,529	宮崎	110,307	122,907
神奈川	147,823	164,709	和歌山	127,987	142,608	鹿児島	114,014	127,038
新潟	117,368	130,776	鳥取	111,644	124,398	沖縄	111,223	123,929
富山	126,211	140,628	島根	110,139	122,721			

出所：筆者推計。

となる。所得控除は基礎控除、配偶者控除と社会保険料控除、医療費控除であるから、課税総所得は689,000円（千円未満の端数切捨て）となる。ここから、地方税が76,000円と計算できる。所得税の場合は控除が10万円だけ高いので、課税総所得が789,000円となり、所得税は39,450円と計算できる。よって推計年金可処分所得は、上の方法で算出した非消費支出を利用して、208,825円と求められる（共働き世帯の場合、夫婦が共に課税対象となるが、妻の受給分は課税対象額に達していないため無税となり、住民税の均等割、国保または後期高齢者医療保険の保険料、介護保険の保険料のみが課税分となる）。

ちなみに、「全国消費実態調査（2009年版）」の都道府県別・勤労者世帯・年齢階級別の北海道のデータによると、世帯主の年齢階級が70歳以上の世帯の推計年金可処分所得は266,177円、65～69歳では311,308円である。本

表12-3 単身世帯の推計年金可処分所得（2025年）

(円)

	男性 65〜74歳	男性 75歳以上	女性 65〜74歳	女性 75歳以上		男性 65〜74歳	男性 75歳以上	女性 65〜74歳	女性 75歳以上
北海道	145,694	161,079	85,996	93,797	滋賀	165,544	183,025	90,971	99,223
青森	128,681	142,269	75,235	82,060	京都	164,645	182,031	99,060	108,046
岩手	131,727	145,637	78,935	86,095	大阪	175,034	193,516	101,467	110,672
宮城	153,408	169,607	87,315	95,236	兵庫	168,123	185,876	96,223	104,951
秋田	129,962	143,686	75,683	82,549	奈良	164,743	182,139	99,140	108,134
山形	130,843	144,659	77,101	84,096	和歌山	154,028	170,292	90,144	98,322
福島	143,116	158,228	82,237	89,697	鳥取	134,360	148,548	80,901	88,240
茨城	166,821	184,436	92,438	100,823	島根	132,549	146,545	78,583	85,712
栃木	160,098	177,004	91,322	99,606	岡山	153,059	169,221	86,971	94,861
群馬	156,669	173,213	90,059	98,229	広島	159,292	176,113	90,851	99,093
埼玉	167,914	185,645	99,015	107,998	山口	151,082	167,035	82,804	90,316
千葉	172,454	190,664	104,179	113,629	徳島	144,248	159,479	86,543	94,394
東京	191,825	212,080	113,949	124,286	香川	152,708	168,833	85,908	93,701
神奈川	177,899	196,684	106,559	116,225	愛媛	144,825	160,118	80,618	87,932
新潟	141,249	156,164	82,226	89,685	高知	138,965	153,639	85,654	93,424
富山	151,890	167,928	84,935	92,640	福岡	156,351	172,861	90,605	98,824
石川	153,151	169,323	88,241	96,245	佐賀	137,594	152,123	79,696	86,926
福井	149,251	165,011	84,628	92,306	長崎	141,715	156,679	81,869	89,295
山梨	158,871	175,647	91,241	99,518	熊本	138,711	153,358	83,765	91,363
長野	151,175	167,138	87,149	95,055	大分	142,169	157,181	81,203	88,569
岐阜	153,508	169,717	85,529	93,288	宮崎	132,750	146,767	76,661	83,616
静岡	161,725	178,802	91,242	99,519	鹿児島	137,212	151,701	81,046	88,398
愛知	171,884	190,034	95,029	103,649	沖縄	133,853	147,987	86,842	94,720
三重	163,552	180,822	87,720	95,678					

出所：筆者推計。

章では所得は年金所得のみであると仮定しているので、若干、低い水準になる。

次に重要なのは、遺族年金[7]である。遺族年金は、

① 夫分として老齢厚生年金の報酬比例部分の75％と妻自身の老齢基礎年金を受け取る。
② 妻自身の老齢厚生年金と老齢基礎年金を受け取る。
③ 妻自身の老齢厚生年金の2分の1。夫分として遺族厚生年金の3分の2、そして自らの老齢基礎年金を受け取る。

という方法がある。表 12-2 には、最も年金受給額が大きくなる①のパターンで遺族年金を受給した場合の推計年金可処分所得を示した。遺族年金には所得税（および相続税）が課されないため、本試算での非消費支出は社会保険料のみとなる。また表 12-3 には、単身世帯の推計年金可処分所得の推計値を挙げている。いずれも試算の詳細な方法は第 11 章に準拠する。

4　試算の結果と評価

ここでは、実際の値と試算した年金受給額や非消費支出を用い、2025 年の夫婦世帯の家計構造を考察しよう。家計は収入から消費支出と非消費支出を賄うことで成立する。上述の非消費支出を収入から除いたものが推計年金可処分所得であり、この推計年金可処分所得で消費支出を賄う。推計年金可処分所得が消費支出を上回れば、それは黒字で貯蓄等に回すことができる。反対に、下回れば赤字であり、貯蓄等を取り崩していかなければならない。

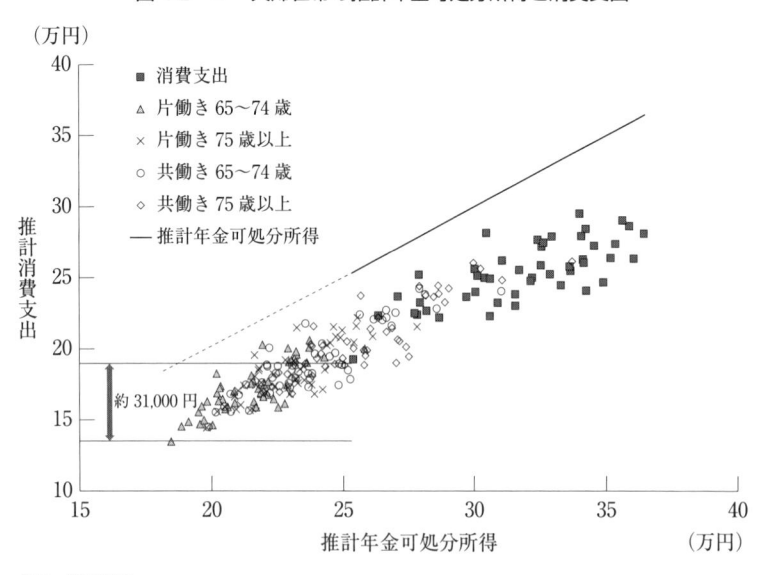

図 12-4　夫婦世帯の推計年金可処分所得と消費支出

出所：筆者推計。

図12-4には、ベンチマークとして2009年の「全国消費実態調査」の都道府県別の公的年金・恩給受給額階級、企業年金・個人年金受給額階級別1世帯当たり1カ月間の支出から第11章で用いたのと同じ方法で非消費支出の推計法を利用して求めた推計年金可処分所得と実績の消費支出の値をプロットし、その後、前節で求めた2025年の世帯類型別の推計年金可処分所得と消費支出の試算値をプロットした（図中の■が各都道府県の消費支出の水準を表し、斜めの実線は推計年金可処分所得を表す）。残念ながら、2009年の実績値では、世帯類型はわからない。また、2025年の世帯類型別消費支出は、2009年の実績値消費支出を推計年金可処分所得で除した消費支出割合を、2025年にも当てはめて算出している。これらの数値は、世帯類型別に△、×、○、◇でプロットしてある（斜めの破線は、2025年の世帯類型別の推計年金可処分所得の値である）。上述のようにベンチマークにはやや問題があるが、この枠組みで2025年の世帯類型別推計年金可処分所得や推計消費支出の評価を実施しよう。

　ここでは仮に、推計年金可処分所得に対する比率が2009年と変わらないものとして描いている。推計年金可処分所得の値が最も小さいのは、沖縄の片働き世帯の65～74歳世帯で、197,103円であるが、このときの消費支出を149,694円としている。一方、ベンチマークの2009年の沖縄の推計年金可処分所得（推計）の値は253,747円で消費支出は192,714円である。消費支出の差はおよそ31,000円であるが、これは2025年の推計年金可処分所得で賄えない水準ではない。それは、図12-4の左側の上の横棒が2025年のこの世帯の推計年金可処分所得を示す破線部と交差できているからである。もっとも、このように2009年並みの消費を実施した場合は、

　　推定年金可処分所得 － 消費支出 ≒ ゼロ

となるため、貯蓄などに回せる余裕資金がなくなってしまうと考えられる。もっとも、この状態は次のように解釈することも可能である。すなわち、元来、年金給付は老後の生計費を保障することが目的であり、預貯金ができるほどの水準まで高齢者家計に年金を支給する必要はないという考え方もありうる。夫婦世帯にかぎって言えば、現状の年金給付額は過大であり、2025

年の推計結果の給付額のほうが適切であるという解釈も可能である。

一方、第11章でみたように「全国消費実態調査」では単身世帯のサンプルがとても小さい。よって、単身世帯で各都道府県別のデータは存在しない。そこで、図12-4と同じベンチマークを利用し（ただし、世帯人員の平方根で推計年金可処分所得や消費支出を割って1人当たりの数値を求めている）、検討を試みる。その他、遺族および単身世帯の消費支出割合などの仮定は夫婦世帯のものを使用している。図12-5上の×が遺族の65～74歳世帯、※が遺族の75歳以上世帯、◎が男性の65～74歳世帯、＋が男性の75歳以上世帯、△が女性の65～74歳世帯、◆が女性の75歳以上世帯を表す。推計年金可処分所得の値としては、単身世帯の女性の65～74歳が最も小さくなるのは第11章で検討したとおりである。値が最も低い沖縄の場合、消費支出の水準は約51,000円となり、ベンチマークの値よりも約57,000円も低い。これは、2025年の世帯類型別消費支出は、2009年の実績値消費支出を推計年金可

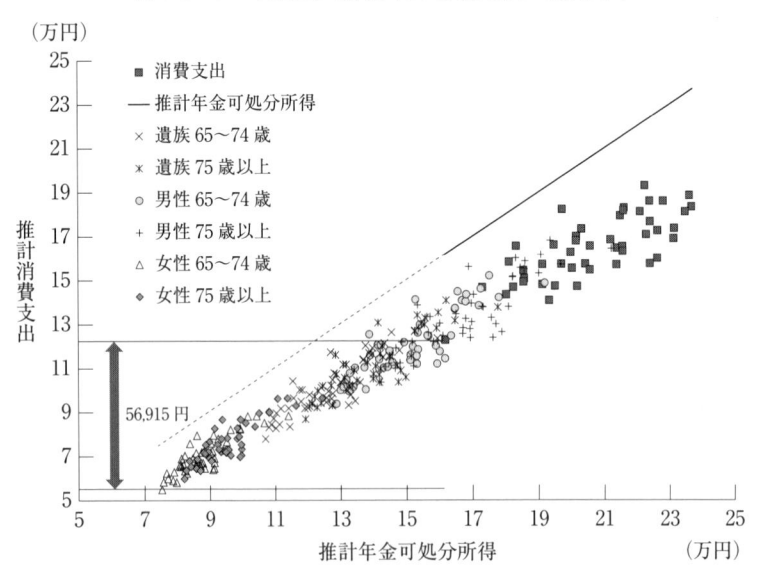

図12-5　単身世帯の推計年金可処分所得と消費支出

出所：筆者推計。

分所得で除した消費支出割合を、2025年にも当てはめて算出していることが1つの原因である。推計年金可処分所得の値がこのように低下した場合、おそらく、家計は消費支出の割合をいくらかは増加させるに違いない。その場合、耐久消費財を長く使い続けるとか被服や教養・娯楽費を削減するなどして家計構造を変化させる可能性もある。現状のデータ、すなわち、2009年の単身高齢・勤労者世帯の統計であるが、65歳以上の男性の場合、医療・介護の自己負担支出を含む保健医療費の消費支出に占める割合は約3.3％、70歳以上だと約3.5％に過ぎない。女性の場合でも、65歳以上で約3.7％、70歳以上で約4.3％に過ぎない。これを大きいとみるか小さいとみるかは推計年金可処分所得の水準によっている。女性の65～74歳世帯の沖縄の値でも、生活保護基準を上回る推計年金可処分所得の水準ではあるが、問題が起こる可能性がある。

5　おわりに

年金の水準が適正化されつつある2025年においても、夫婦世帯は安定的に生活可能であると思われる。推計年金可処分所得をみるかぎり、最も低い沖縄でも20万円程度の推計年金可処分所得を持てるという結果は、老後生計費の維持を目的とした年金制度が安定的に機能している結果であろう。加えて、試算上、その他の所得を考慮していないこともあって、かなりの程度、安心感を与える結果となっている。この構造は、単身世帯でも基本的に変わらない。遺族の想定も、配偶者のみが生活している仮定であるが、実際には子どもとの同居の可能性も残される。

しかし、単身女性の高齢者の貧困問題は、第11章よりも際立ってみえる結果となった。生活保護基準こそ越えてはいるが、特に沖縄をはじめとした九州や東北地方の推計年金可処分所得は小さいので、これで賄える消費支出の水準も小さくなる。上述のように家計の構造を変えての対処方法もありうるが、仮に、今後、医療または介護の自己負担比率を上げるという改正がなされた場合（非消費支出としての医療・介護保険料の増加でも効果は同じ）、家計に対するインパクトは大きなものになるだろう。

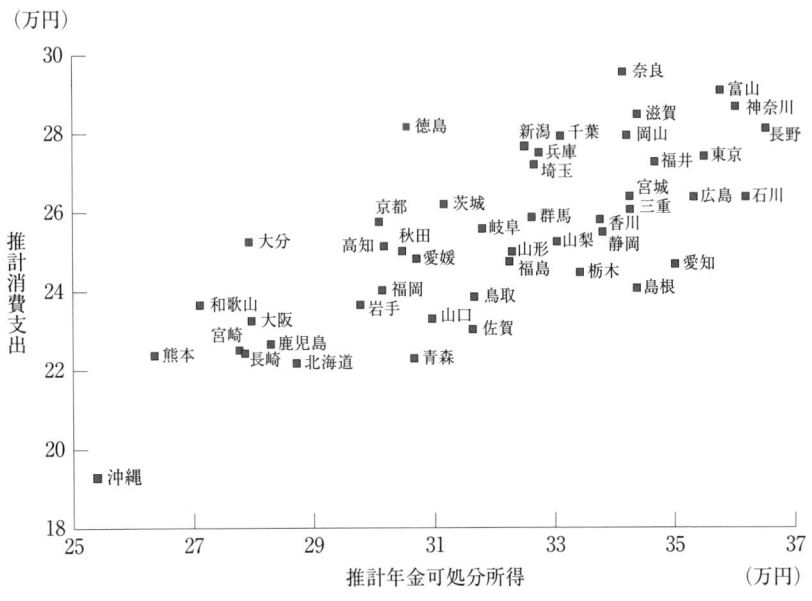

258　第4部　財源／利用者負担からみた持続可能性

図12-6　ベンチマーク推計の都道府県名（参考）

注：図12-4、12-5では、片働き65〜74等の各区分は、図12-6のような都道府県順になっている。
出所：筆者試算。

　繰り返しになるが、遺族世帯であろうと単身世帯は、2025年には苦しい生活を強いられる可能性があり、単身世帯や遺族年金に対する加給的な配慮を実施する必要があるかもしれない（山本、2012）。

注

1) http://www.mhlw.go.jp/topics/bukyoku/hoken/iryomap/ （アクセス　2012年9月20日）。
2) http://www.mhlw.go.jp/topics/bukyoku/hoken/iryomap/10/dl/hoken_01a.pdf（アクセス　2012年10月3日）。
3) http://www.mhlw.go.jp/stf/houdou/2r98520000005e12-img/2r98520000005e2k.pdf（アクセス　2012年10月3日）。
4) http://www.mhlw.go.jp/stf/houdou/2r98520000026sdd-att/2r98520000026seu.pdf（アクセス　2012年10月3日）。

5) 2008年までは旧社会保険庁が発刊していたが、現在では厚労省がネット上に公開している。
6) より厳密な試算は（在職老齢を考慮に入れた場合等）、『季刊社会保障研究』Vol. 48、No. 4（2013年3月刊行）の拙稿「社会保障改革に関する集中検討会議の医療・介護財政の試算の利用法」を参照されたい。
7) 遺族年金の厳密なルールについては、日本年金機構のホームページを参照のこと。http://www.nenkin.go.jp/n/www/index.html（アクセス　2012年10月18日）。

参考文献

上村敏之・中嶋邦夫（2007）「厚生年金と公務員共済年金の一元化に関するライフサイクル分析」『会計検査研究』第35号、pp. 51–69。

倉田賀世（2010）「3号被保険者制度廃止・縮小論の再検討」『日本労働研究雑誌』52 (12)、pp. 44–53。

鈴木英之（2006）「ジニ係数の要因分解手法の検討と地域間賃金格差への適用」『地域政策研究』Vol. 19。

鈴木亘・増島稔・白石浩介・森重彰浩（2012）「社会保障を通じた世代別の受益と負担」『ESRI Discussion Paper Series』No. 281、内閣府経済社会総合研究所。

地域差研究会（2001）『医療費の地域差』東洋経済新報社。

森川正之（2010）「地域間経済格差について——実質賃金・幸福度」RIETIディスカッション・ペーパー 10-J-043、経済産業研究所。

山本克也（1994）「わが国の人口構造と報酬比例年金の関係」『日本年金学会誌』第14号、pp. 23–36。

———（2003）「財政収支から見た短時間労働者の厚生年金保険適用拡大の効果」『季刊社会保障研究』Vol. 39, No. 3, pp. 238–246。

———（2010）「厚労省財政検証プログラムを用いた公的年金改革案の提示」『家計経済研究』No. 85, pp. 56–63。

———（2012）「実行可能性からみた最低保障年金制度」『生活経済学研究』Vol. 35, pp. 1–16。

第5部　地域包括ケアの先行事例

第13章

民間・行政のコラボレーションによる地域包括ケア
――住まいと連続的ケアの連携事例

小山　剛

1　地域に対する取り組みと気づき

　特別養護老人ホームこぶし園は、1982年4月に新潟県内で20番目、長岡市内[1]では2番目の特別養護老人ホーム（定員100名）として開設した。当時は周辺地域にサービスがない時代であったことと、国立療養所の移転統合と重なったために、利用者の中心を長岡市としながらも、19市町村という広域から入所を受け入れていた。
　また当時の施設の機能では、家庭介護者の負担解消と要介護状態に対する支援は可能であったが、利用者である要介護高齢者自身にとっては暮らし慣れた地域社会から隔絶されることになり、見知らぬ他人との集団生活を余儀なくされた。
　このことは災害時に避難先となる体育館や公民館などでの生活と同じで、介護者がいないという、いわば「介護災害」に遭った者が施設という避難所で生活をするということである。つまり、それまで築き上げてきた家庭や地域社会での生活のすべてを置いて、体一つで施設に逃げ込み、見知らぬ他者に気遣いながら集団生活の制約のなかで生きなければならないという側面を持っていた。
　地震や洪水などの自然災害であれば、体育館や公民館の生活は緊急一時避

難として取り扱われ、早期の段階で自宅や地域社会に復帰するのが当然のこととと捉えられている。これに対して、施設への避難は、公然と「終の棲家」や「生活の場」という言葉が使用され、元の生活に復帰することなく避難所で最期を迎えることがあたかも当然のように考えられている。また、それまでの施設サービスは、介護者を支援する仕組みであり、利用者たる高齢者自身の声が反映されているとは言えなかった。

そこで、これらを打開する取り組みとして、筆者を含むスタッフはまず地域社会の意識改善に取り組んだ。

1982年当初の在宅サービスは、家庭奉仕員制度・デイサービス・ショートステイであり、すべて介護家族のための制度であった。なかでも家庭奉仕員制度・デイサービスは日中のみのサービスで、1週間に数回程度しか利用できなかった。このため、当園では24時間連続した支援も可能であるショートステイ（以下、短期入所生活介護という）の整備を進めてきた。また、同サービスの利用が拡大するのと並行して、介護家族の周辺社会からは家庭内介護を強要する声も聞こえ、地域社会全体に対する意識改革の取り組みの必要性が生じた。

そこで、1988年から町内会単位を対象とした巡回型の介護教室を開始したが、在宅介護支援センター創設前の段階であったために、施設の社会貢献事業として自主的に開催してきた。

当時の記録では、対象地域の高齢化率は14.2％（現在25％）で、4年間に32地区で開催し約900名が参加した。問題への理解は深まったが、その根底にはこの教室開催によって集約された地域ニーズに対し、当園が理想論ではなく現実のサービスを還元してきたことの意味が大きいと考えている。たとえば、短期入所生活介護の拡大（現在80床）、3食365日の配食、24時間365日のホームヘルプ（以下、訪問介護という）と365日夜間緊急対応型の訪問看護、デイサービス（以下、通所介護という）の365日ワイドタイム制など、いずれも地域のニーズに対応するために拡大したサービスである。

また前述した介護教室に参加した地域住民には、介護世代の夫婦や中高生の親子などもみられたが、大半は当事者たる高齢者であったため、1990年から次世代の参加を促すための取り組みも開始した。

それまで提供されてきたサービスは、社会のセーフティネットとして救済を原則にしていた。しかし、社会の変化に合わせて、対象となる高齢者自身、また将来高齢者となる次世代・次々世代のニーズにも対応しなければサービスになりえないことを学び、このことがサービスの地域展開につながっている。

2 地域包括ケア、サポートセンターへの道

以上のような地域社会への取り組みから、私たちは単に介護崩壊後の受け入れではなく、高齢者の地域社会での生活を支える必要があることを認識した。そこで、当園は以下のような多様なサービス形態を創設し、それらをまとめた包括ケアを可能とする総合サポートセンターへと変換していった。

(1) 短期入所生活介護

1982年の施設開設当初は、短期入所生活介護の拡大に力を注いだ。すでに述べたように、当時の訪問介護や通所介護は、高齢者本人というより介護家族を支えるための仕組みであったため、週に数回程度しかサービスを提供できなかった。しかし、長岡市周辺でも世帯構成は急速に変化しつつあり、単身、高齢者のみ、共働き世帯が急増していた。このような状況のなかで、施設への入所や医療機関への「社会的入院」を回避して生活を支えていくためにフルタイム・フルサービスの構築が求められたことから、一時的であっても生活全般を支える短期入所生活介護の拡大が急務となったのである。

当園では、1982年に2ベッドだったものを1986年に12ベッド、1990年には国のモデル事業として50ベッドの専用施設を開設、そして1997年には在宅複合型施設の整備でさらに30ベッドの短期入所生活介護専用施設を開設して、合計80ベッドを整備した。

(2) 訪問介護

1990年に訪問介護サービスを開始したが、家族介護の補填として週に数回程度かつ日中のみのサービスでは支えることのできない利用者がいるため、

1995年からは24時間365日というフルタイムの訪問介護に転換した。

この移行時には、市の保健師、医療機関のソーシャルワーカー、民生委員、施設職員など多種のスタッフで構成した委員会を立ち上げ、それまでの訪問介護サービスを受けていた124名の利用者に対する詳細なチェックを行い、半年をかけて対象者を6名まで絞り込み、現在のケアプランに該当する介護計画を立て、利用者・家族の合意のうえで試行し、その後に制度として実施した。これはフルタイム・フルサービスを本当に必要とするか否かを適切に判断し、その効果を期待するもので、現在のケアマネジメントそのものでもあった。

また、2003年には厚生労働省の未来志向研究プロジェクトの支援を受けて、在宅版のナースコールシステムを開発した。

これは、24時間365日型の訪問介護スタッフが動画つきの携帯電話を所持し、対象者宅にはこのために開発したテレビ電話を配置して、ニーズが発生した段階でコールすると、お互いが顔をみながら対話できる仕組みである。このシステムの開発により、利用者（在宅で暮らす単身者や高齢者）には施設のナースコールと同様の安心感を与え、サービス提供側も画面をみることで、直接訪問しなくても利用者のよりリアルな、より詳細な情報が瞬時に得られるようになった。

さらに、2010年には経済産業省の研究事業において利用者データやスタッフ管理・記録などをPCタブレットに集約したシステムを開発した。これにより、利用者に対する情報提供の即時化、スタッフの業務効率改善（紙データの大幅な削減）が可能となっている（図13-1）。

加えて、介護保険施行以来の課題であった出来高払いの利用料が、2012年に創設された定期巡回・随時対応型訪問介護看護によって定額制（図13-2）となったこと、および同居家族の負担となっていた他者が連続して自宅に入ることによるプライバシーの喪失を解消するための利用者用住宅（サービス付き高齢者向け住宅）整備が開始された意味は大きい。

(3) 通所介護

通所介護施設については、1989年に市町村のモデル事業として開始、1992年には市内の中心部にも開設し、ついで1997年に在宅複合型サービス

第13章　民間・行政のコラボレーションによる地域包括ケア　267

図13-1　IT機器活用の連絡・訪問・活動内容報告・証明のシステム

サービス内容やさまざまなデーターが、随時本体に集積され、同時にスタッフ全員に配信

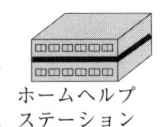

ホームヘルプステーション

ギャラクシータブレット

報告・証明

連絡対応
&
訪問

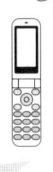

TV電話

利用者からの呼び出し

在宅

図13-2　利用料出来高負担から定額制への移行

今までの介護保険は在宅と施設の負担が不均衡であったが、小規模・定期巡回・複合型によって在宅も定額制に変更

在宅は出来高負担

家事援助
2,080円／時間
24時間×30日
1,497,600円／月

通所介護
（介護3）
9,510円／8時間
855,900円／月

身体介護
4,020円／時間
2,894,400円／月

訪問看護
8,300円／時間
24時間×30日
5,976,000円／月

施設は定額負担
必要な人にサービスを集中

介護保険施設
療養
老健
特養
GH

要介護1　191,700円／月
要介護2　213,000円／月
要介護3　234,000円／月
要介護4　255,300円／月
要介護5　276,300円／月

利用回数ではなく一月定額

利用者は一割負担

小規模多機能型居宅介護

複合型サービス

定期巡回・随時対応訪問介護・看護

センター内にも開設、以来 11 カ所の通所介護と 4 カ所のサテライト型および生きがい型を提供している。

　当初の通所介護も訪問介護同様に家族介護の補足的なレベルであったことは否めない事実であり、週に数回程度が中心であった。このレベルの提供では在宅介護者に余裕がないと利用対象とはなりえないために、共働きを理由とする施設入所が避けられなかった。

　共働き世帯でも、子どもの育児については 0 歳時から毎日預かる仕組みがあるために就労と育児との両立が可能であるのに対して、高齢者では利用頻度が制限されているために施設入所へと促されてしまう状況は、制度上の問題として改善しなければならなかった。

　このため朝 7 時 30 分から夜 6 時 30 分までの 365 日体制としてこれに対応し、週に数回程度の利用者には公民館などを活用したサテライト型のデイサービスを開設してこれにあたった。また要介護状態ではないものの、虚弱や引きこもりの高齢者を対象とした生きがい型やサテライト型も創設してきた。

（4）　訪問看護

　在宅型サービスでは多種多様な状態に対応してきたが、なかでも褥瘡の治療など継続的な医療行為を必要とする対象者に対するサービスの整備が必要となった。これに対し、当初は施設の看護師を無料で在宅に派遣していたが、その対象者が増加したため、1997 年に当時の老人ホームとしては珍しい訪問看護ステーションを設置した。

　この事業は、訪問介護と並んで在宅生活を支える重要な柱となった。これも生活支援の原則である 365 日 24 時間体制であることは言うまでもない。また、在宅だけではなくグループホーム利用者への支援も行っている。

　ここでも、2012 年に創設された定期巡回・随時対応型訪問介護看護によって、従前は出来高払いであった看護費用の負担も定額になったことと、小規模多機能型居宅介護と併設した複合型サービスの創設により、負担の重かった中重度利用者も定額になり、より医療サービスを受けやすくなったことの意味は大きい。

(5) 配食サービス

在宅生活を支えるためには連続する介護と食事の提供が不可欠である。そこで、1997年に在宅複合型サービス開設に合わせて3食365日の配食サービスステーションを開設、その後、地域に分散展開しているサポートセンター内に同サービス機能を整備し、現在は7カ所で100人程度を対象に3食365日の配食サービスを提供している。

このサービスは食事を提供するだけではなく、日に3回安否確認ができること、食事摂取の状況から体調チェックもできるため、訪問介護と同様に日常生活支援の基礎となるべきものである。

(6) 認知症対応型共同生活介護

国の研究事業をベースに1996年に県内で最初の認知症対応型共同生活介護（定員5名）を開設した。

このサービスは、認知障害者の居住環境が変わることによる精神面への悪影響（リロケーション・ダメージ）を防ぎ、安定した生活を提供することを目指している。このため、それまで暮らしてきた地域社会のなかで生活を継続するものでなければならないことから、施設の自主事業（費用負担を含む）として町内の空き家を借り上げて改修したうえ開設し、その利用者も近隣を中心にした。

こうして、見慣れた景観、行きつけの店、道路を行きかう人の顔も同じという環境のなかで、専門のスタッフからフルタイムの支援を受けられるという、安定した生活が提供されている。

また老齢世帯が急増している現在では、認知症の個人という視点よりも、夫婦としての生活単位をどう支援するかが問われている。このため、住宅と併設した認知症対応型共同生活介護も創設している。

(7) バリアフリー住宅

2005年10月の介護保険法改正により、介護費用と居住費の負担が分離されたが、地域社会のなかにバリアフリーの住環境はまだまだ少ない。このためサービスを地域に展開する際に、サービスに併設してバリアフリー住宅も

作ってきた。

24時間365日連続するケアがなければ在宅生活は守れないが、半面で同居家族にとってはプライバシーが侵されることになるため、対象者1人の生活空間の確保が必要だったのである。

その第1号は2002年1月に開設したサポートセンターのなかに作った「ユニバーサルハイツ」である。これは既存の建物をリフォームしたもので4室しかないが、20m^{2}の部屋のなかに車椅子対応のトイレを配置、また車椅子生活を想定していたので出入り口のドアは自動にし、簡易スプリンクラーと煙感知器を設置した。また、サポートセンター内にある利点を生かし、ナースコールも設置した。

このときのノウハウをもとに、2004年2月に開設したサポートセンターでは、バリアフリー住宅部分を民間にゆだねた。これは民間資本・長岡市・介護サービス事業者によるコラボレーションモデルであり、介護サービス施設と併設・隣接して建てられた在宅支援型バリアフリー住宅（上限10室）に長岡市が最大1,000万円の補助を付与するというものである。

バリアフリーの部屋は24m^2、簡易キッチン、車椅子対応のトイレ、簡易スプリンクラーと煙感知器を設置し、ここでは在宅用のナースコールとして開発したテレビ電話（前出）も設置した。

2011年3月に高齢者住まい法が改正され、2011年10月にはサービス付き高齢者向け住宅制度が始まった。同制度に基づく住宅整備の進展が大いに期待される。ただし、生活圏域や人口を無視して、郊外に大規模なサービス付き高齢者向け住宅を建てて高齢者を集約することは避けなければならない。あくまで、生活の連続性を保証するための住まいであることを忘れてはならないのである。

(8) 健康の駅

2005年に開設した健康の駅（図13-3）は、当園が長岡市から高齢者センター（老人福祉センター）の運営を受託しているもので、市民の福祉・健康の維持増進をテーマとした複合センターとなっている。受託にあたっては、公共事業を民間が代行するPFI事業（Private Finance Initiative：公共サービ

図13-3　健康の駅ながおか

高齢者センター（PFI）
＋
ケアハウス（定員40名）
通所介護（定員30名）
認知症型通所介護（定員10名）
訪問看護（365日夜間緊急対応型）
訪問介護（24時間365日）
在宅介護支援センター
居宅介護支援事業所
配食サービス（3食365日）
健康増進・介護予防センター
＋
診療所（内科・歯科）
土地は市役所・サービスはPFI＋テナント＋社会福祉法人

スを民間資金を利用して民間に委ねる手法）として多くの事業者との競争入札を行っており、敷地は市有地を無償利用している。

　提供しているサービスは、これまで作り上げてきた365日朝7時30分から夜6時30分までの定員26名の通所介護、定員10名の認知症専用の通所介護、24時間365日の訪問介護、365日および夜間緊急対応の訪問看護、3食365日の配食、居宅介護支援事業所を中軸とし、加えて会員制中高年者用のフィットネスクラブ、高齢者センター、定員40名のケアハウスを整備し、さらにテナントとして内科と歯科の医院を包摂している。まさに、地域包括ケアの都市版とも言うべき総合センターである。

（9）　小規模多機能型居宅介護

　これは、「通い」を中心に「訪問」「宿泊」を組み合わせて高齢利用者にサービスを提供することにより、24時間365日在宅での生活の継続を支援するものである。当園では、後述する既存施設の地域分散モデルであるサテライト型居住施設美沢をはじめ、2006年に開設して以来、地域に展開しているアネックス関原、サポートセンター千手、サポートセンター三和、サポートセンター摂田屋、サポートセンター川崎、サポートセンター大島の市内7カ所に併設している。なお、サポートセンター三和はサポートセンター千手のサテライトに転換、サポートセンター大島は複合型サービスに転換してい

る。

　各施設とも基本的に登録定員25名、通い定員15名、宿泊定員6名であり、各地域の生活圏域に設置しており、町の中心部では半径1km、郊外でも半径4～5km程度に利用者の自宅があるという立地になっている。

(10)　サテライト型居住施設

　さまざまなサービスを組み合わせ包括ケアを提供するサポートセンターの試行で、暮らし慣れた地域社会内で在宅生活を延長する仕組みは提案できたが、他方すでに施設に集約された要介護者に対する取り組みが残されていた。そこで、2004年6月の構造改革特区募集に際し、既存の施設を分散する仕組みとして「サテライト特養」を提案し採択された。

　これによって新たに打ち出された名称は「サテライト型居住施設」になり、2006年の制度改正で地域密着型サービスに位置づけられたのである。

　特区申請した「サテライト型居住施設」の中身は、既存の特別養護老人ホームの定員から1カ所あたり29人以下を地域社会に戻していくもので、国の基準によれば、「老人福祉法及び介護保険法上は、母体施設とは独立したひとつの特別養護老人ホーム」であり「小規模生活単位型特別養護老人ホームの基準を基礎」にしたもので「小規模生活単位型特別養護老人ホームの介護報酬を算定」する小さな施設ということになる。もちろん、特区の目的は規制緩和にあるため、設備および人員について大幅な規制緩和がなされている。

　分散は5期にわたって実施することを目指しており、第1期ではサポートセンター美沢（特別養護老人ホームから15ベッド、併設の短期入所専用施設から3ベッドを分離し、小規模多機能型居宅介護登録定員25名、通い定員15名、宿泊定員9名を併設）（図13-4）、第2期ではサポートセンター千手（特別養護老人ホームから20ベッドを分離し、小規模多機能型居宅介護登録定員25名、通い定員15名、宿泊定員6名、近隣に分散していた認知症対応型共同生活介護定員18名を併設、加えて地域交流スペースとしてカフェテラスとキッズルームも併設）、第3期ではサポートセンター摂田屋（特別養護老人ホームから20ベッドを分離し、これに小規模多機能型居宅介護登録定員25名、通い定員15名、宿泊定員6名、認知症対応型共同生活介護定員9名、バリアフリー住宅10室を併設、加えて地域

図13-4 サテライト施設のモデル

サポートセンター美沢

特別養護老人ホーム 15名
短期入所生活介護　　3名
小規模多機能型居宅介護事業
登録定員25名通い15名宿泊9名
配食サービス
カフェテラス

施設のなかも、周辺の地域も両方ケア
するシステム（スウェーデンと同じ）
いずれも地域社会の要介護者を支える
フルタイム・定額サービス

★ポイント
土地・建物はすべて民間所有
利用者も事業者も賃貸で利用
ハードに対する公的資金は0円

交流スペースとしてカフェテラスとキッズルームも併設）、第4期ではサポートセンター川崎（特別養護老人ホームから15ベッドを分離し、これに小規模多機能型居宅介護登録定員25名、通い定員15名、宿泊定員6名、加えて地域交流スペースとしてカフェテラスとキッズルームも併設）を整備した。この結果、既存の特別養護老人ホームは定員30名となり、2013年の第5期の分散で全員の地域復帰を目指している。

以上のサービスを小中学校区程度のエリア内で、求められているサービスメニューを組み合わせて提供しているが、これに在宅医療を連携させることによって生活全般の支援ができると、施設からの復帰だけでなく病院からの復帰も可能になるし、認知症についても同様の支援体制が提供できる。つまり、他のサービスと組み合わせることにより、地域包括ケアシステムが構築できるのである（図13-5）。

従来の施設内や病院内だけの完結型サービスから発想を転換し、道路を廊下、自宅を居室・病室と考えれば、地域内のサービスセンターとして地域全体を支援していけるのである。前述してきた各種のサービスを用意し、どこに住んでいても地域内で完結する定額サービスへのチャレンジが求められている。

そして、地域包括ケアに続く地域包括報酬（図13-6）へのチャレンジが

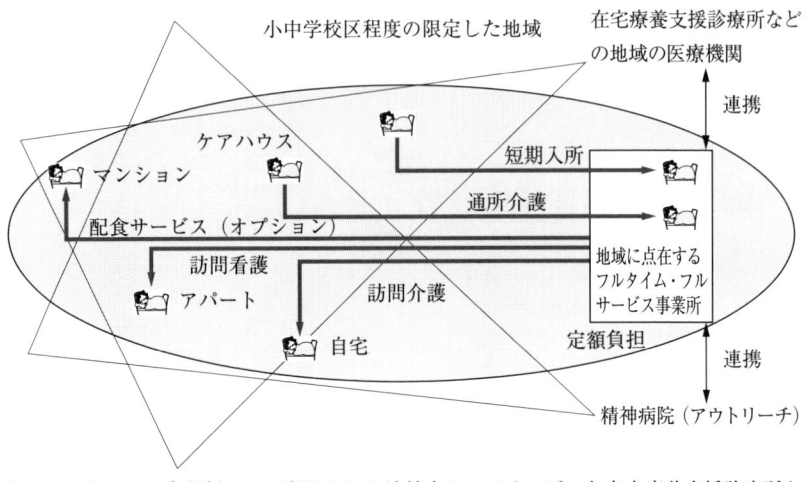

図13-5　地域包括ケアシステム

小中学校区程度の限定した地域／在宅療養支援診療所などの地域の医療機関／連携／ケアハウス／短期入所／マンション／通所介護／配食サービス（オプション）／地域に在在するフルタイム・フルサービス事業所／訪問看護／アパート／訪問介護／自宅／定額負担／連携／精神病院（アウトリーチ）

暮らしのなかに、定額制の24時間365日連続するケアサービスと在宅療養支援診療所などの医療機関があれば、施設や病院に行かなくても生活支援は可能（施設の箱をはずして、機能を地域全体に展開する）
合わせて認知症に対する診断・治療とフルタイム・フルサービスが連携すれば認知症の高齢者も地域社会で生活できる

意味するものは、地域の事業者内に重複している人員・設備の統合と地域内の介護報酬の抑制が可能になるということであり、このためにより質の高いアセスメントとマネジメントが同時に求められる。

3　民間・行政のコラボレーション

　以上で紹介したさまざまなサービスを包括的に提供しているサポートセンターは、現在長岡市内に15カ所整備（図13-7）したが、この多くが民間の土地や建物の賃借であり、サポートセンターしなの（健康の駅）においては市有地の無償利用である。またサテライト型居住施設として分散した従来の施設と地域サービスの組み合わせは、民間の土地に建物も建ててもらったものを賃貸しているもので、賃借料の多くを利用者である高齢者の部屋代で返済する仕組みである。

第 13 章　民間・行政のコラボレーションによる地域包括ケア　275

図 13-6　地域包括ケアと包括報酬の提案

事業者単位に基準配置が重複しており、事業者の数だけ利用者が生まれる

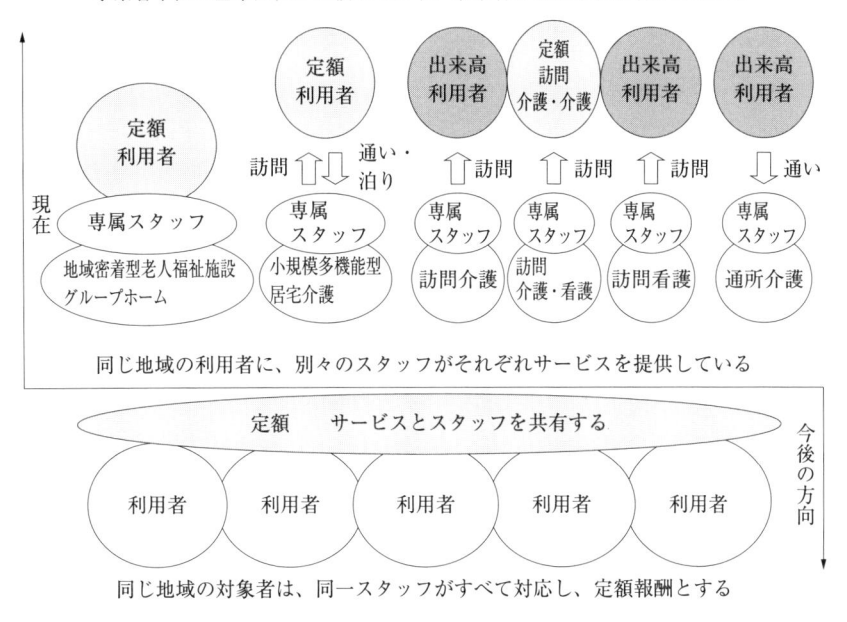

現在：
- 定額利用者 ← 訪問 → 専属スタッフ：地域密着型老人福祉施設グループホーム
- 定額利用者 ↑通い・泊り↓ 専属スタッフ：小規模多機能型居宅介護
- 出来高利用者 ↑訪問 専属スタッフ：訪問介護
- 定額訪問介護・介護 ↑訪問 専属スタッフ：訪問介護・看護
- 出来高利用者 ↑訪問 専属スタッフ：訪問看護
- 出来高利用者 ↓通い 専属スタッフ：通所介護

同じ地域の利用者に、別々のスタッフがそれぞれサービスを提供している

今後の方向：
定額　サービスとスタッフを共有する
利用者／利用者／利用者／利用者／利用者

同じ地域の対象者は、同一スタッフがすべて対応し、定額報酬とする

　つまり、民間資源を活用した建物を利用者が部屋代を負担して利用し、ここに介護事業者である私たちが入ることによって特別養護老人ホームとなるもので、それぞれの専門分野を組み合わせることで、双方の弱点も解消され、民間事業者にとっては不慣れな介護が保証できるメリットがあるし、社会福祉法人にとってはハード面の負担が軽減されるメリットがある。

　また都市部においてはすでに東京都港区において特別養護老人ホーム・老人保健施設・知的障害者施設を、埼玉県和光市においては小規模多機能型居宅介護・認知症対応型共同生活介護を設置・運営している。

　そして 2014 年には千葉県柏市にサービス付き高齢者向け住宅とさまざまな在宅サービスの組み合わせを民間事業者・行政・大学と共同で創設する予定で、同年東京都中央区に 2 カ所の地域密着型施設を準備している。

　港区・中央区は小学校跡地利用や行政の自己所有地の利用から低額で土地・建物が活用できること、和光市においては市有地の無償利用であること、

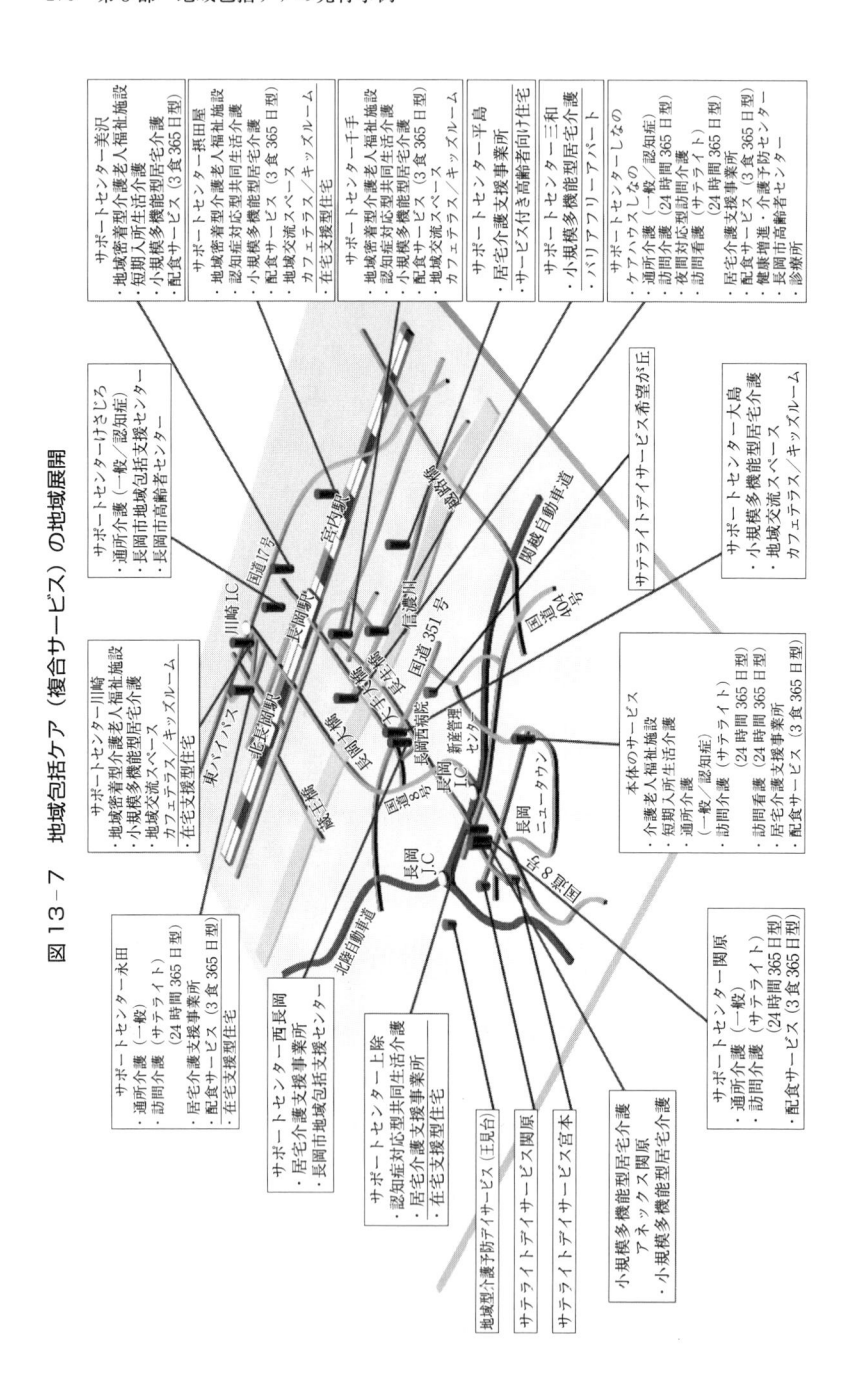

276　第5部　地域包括ケアの先行事例

図13-7　地域包括ケア（複合サービス）の地域展開

サポートセンター美沢
・地域密着型介護老人福祉施設
・短期入所生活介護
・小規模多機能型居宅介護
・配食サービス（3食365日型）

サポートセンター棋月照
・地域密着型介護老人福祉施設
・認知症対応型共同生活介護
・小規模多機能型居宅介護
・配食サービス（3食365日型）
・地域交流スペース
・カフェテラス・キャッスルーム
・在宅支援型住宅

サポートセンター千手
・地域密着型介護老人福祉施設
・認知症対応型共同生活介護
・小規模多機能型居宅介護
・配食サービス（3食365日型）
・地域交流スペース
・カフェテラス・キャッスルーム

サポートセンター平島
・居宅介護支援事業所
・サービス付き高齢者向け住宅
・バリアフリーアパート

サポートセンター三和
・ケアハウスしなの
・一般（認知症）
・訪問介護（24時間365日型）
・夜間対応型訪問介護（24時間）
・小規模多機能型居宅介護
・配食サービス（3食365日型）
・健康増進
・長岡予防センター
・診療所

サポートセンターけさじろ
・通所介護（一般／認知症）
・長岡市地域包括支援センター
・長岡市高齢者センター

サポートセンター大島
・小規模多機能型居宅介護
・地域交流スペース
・カフェテラス・キャッスルーム

サテライトデイサービス希望が丘

本体のサービス
・介護老人福祉施設
・短期入所生活介護
・通所介護（一般／認知症）
・訪問看護（サテライト）
・訪問介護（24時間365日型）
・居宅介護支援事業所
・配食サービス（3食365日型）

サポートセンター川崎
・地域密着型介護老人福祉施設
・小規模多機能型居宅介護
・地域交流スペース
・カフェテラス・キャッスルーム
・在宅支援型住宅

サポートセンター永田
・通所介護（一般）
・訪問介護（サテライト）
・訪問介護（24時間365日型）
・居宅介護支援事業所
・配食サービス（3食365日型）
・在宅支援型住宅

サポートセンター西長岡
・居宅介護支援事業所
・長岡市地域包括支援センター

サポートセンター上除
・認知症対応型共同生活介護
・居宅介護支援事業所

サポートセンター関原
・通所介護（一般）
・訪問介護（サテライト）
・訪問介護（24時間365日型）
・配食サービス（3食365日型）

地域密着型介護予防デイサービス
アネックス関原
・小規模多機能型居宅介護

サテライトデイサービス宮本

柏市においては複合事業者のコンソーシアムであることに特徴がある。

都市部における土地の確保は、事業者・利用者にとって負担が大きく、行政との連携なしには提供することが困難であるため、土地は地元の行政が住民サービスとして負担し、建物は民間事業者の力を活用して建て、そしてサービスは専門の事業者の組み合わせで提供することが、それぞれの力を活用できる最も効果的・効率的な仕組みなのではないかと思われる。

つまり、今後の地域包括ケアサービスの構築において、民間・行政とのコラボレーションは欠くことのできない重要なポイントなのである。

注

1) 長岡市は新潟県のほぼ中央に位置する人口 282,157 人の都市である。うち、65 歳以上の高齢者は 71,295 人で高齢化率は 25.3％となっている（2011 年 10 月 1 日現在）。

参考文献

小山剛（2003a）「地域での暮らしを支援する新たなケアシステム――サポートセンター構想」『コミュニティケア』Vol. 5, No. 5, pp. 64-67。
―――（2003b）「こぶし園――サポートセンター構想（特集 地域分散型サテライトケア）――（地域分散型サテライトケアの実践）」『総合ケア』Vol. 13, No. 7, pp. 20-23。
―――（2005）「施設ケアの先にあるもの（特集「2015 年」に向かって）」『総合ケア』Vol. 15, No. 1, pp. 38-43。
―――（2006）「地域密着型サービスの展開（特集 改革期・介護保険の課題）」『総合ケア』Vol. 16, No. 4, pp. 22-27。
―――（2007）「地域密着型サービスの明日（特集 利用者主体――保健・医療・福祉の連携を展望する（2））」『総合ケア』Vol. 17, No. 12, pp. 24-29。
―――（2008a）「小規模多機能ホームの現状と課題（特集 認知症医療・介護制度の現状と課題）」『老年精神医学雑誌』Vol. 19, No. 1, pp. 42-47。
―――（2008b）「災害時に在宅介護を継続するための要援護者支援と社会福祉法人の使命（特集 災害時要援護者支援の実際）」『月刊福祉』Vol. 91, No. 12, pp. 28-31。
―――（2009）「安全安心の介護システムの構築（特集 安全安心の夜間在宅介護支援体制）」『地域ケアリング』Vol. 11, No. 3, pp. 18-24。
長岡市（2012）「第 5 期長岡市高齢者保健福祉計画・介護保険事業計画（平成 24 年度～平成 26 年度）」。

第 14 章

長寿社会のまちづくりプロジェクト
――千葉県柏市豊四季台地域の事例

松本 直樹

1　柏市豊四季台地域高齢社会総合研究会発足の背景

(1)　柏市の高齢化の現状と将来推計

　千葉県柏市は、東京都心から北東に約 30 キロの距離にあり、東京のベッドタウンとして高度経済成長期に急激に人口が増加し、現在は 40 万人を超える中核市である。手賀沼や利根川に代表される自然と市の中央部にある JR 柏駅周辺を中心とした商業施設による賑わいが折り重なっている都市であり、近年は、つくばエクスプレスの開業と合わせ、東京大学や千葉大学を中心とした先進的な学術の街としての注目も集まっている。

　そうした柏市においても、高齢化の波が徐々に打ち寄せてきている。わが国の高齢化は、従来、地方部において、若者の都市部への流出により緩やかに進んでいたが、これからは、いわゆる団塊世代が多く住む都市部において急激に進行し、深刻化すると言われている。

　柏市における 2011 年 10 月 1 日現在の 65 歳以上の高齢者人口は 80,686 人、柏市人口に占める高齢者人口の割合（高齢化率）は 20.0％と、全国の割合である 23.3％と比べると 3.3 ポイント下回っており、全国水準より高齢化は進んでいない。しかし、国立社会保障・人口問題研究所が 2008 年 12 月に公表した「日本の市区町村別将来推計人口」によれば、市の 2030 年の高齢者人

口は約117,000人、高齢化率は32.4％に達すると見込まれる。さらに、75歳以上の後期高齢者人口についてみてみると、約75,000人と市人口に占める割合は20.7％となり、2010年の約30,000人から2.5倍に膨らむと推計されている。

(2) 豊四季台地域の現状と課題

こうした状況のなか、現在すでに、高齢化率40％を上回る地域がある。1964年に当時の日本住宅公団（現在のUR都市機構）が約4,700戸規模で建設した豊四季台団地である。

団地が造成された当時は東京オリンピックが開催され、高度経済成長期のもと、柏市のような大都市郊外では、大規模な団地開発と大量の住宅供給が行われ、活況を呈していた。それから約50年の月日が経ち、そうして移り住んだ人々（いわゆる団塊世代）が一斉に定年を迎え、高齢者となっている現状がある。

2010年10月1日現在、豊四季台団地内には6,028人が住んでおり、その高齢化率は40.6％、後期高齢者の割合は18.0％に達している。これらの数値はいずれも、柏市全体の2倍以上の水準だ。一方、要介護・要支援認定率を見てみると、市全体の数値が12％であるのに対し、豊四季台団地では10％となっており、市全体の数値よりも2ポイント下回っている。これは、この団地が高齢期を過ごすのに適していないことを証明する数字とも言える。たとえば、エレベーターの設置されていない古い住宅棟は、上位階の居住者がいったん足腰など体の具合を悪くすると、外出ができなくなり、結果として、団地外への転出を余儀なくされているということが推察される。長年住み慣れた地域を高齢期になって離れることは大変不幸であり、柏市として看過できない問題である。

(3) 研究会の発足と目指すべき方向性

このような背景のもと、UR都市機構による豊四季台団地の建替え事業を契機とし、柏市、東京大学高齢社会総合研究機構、UR都市機構の3者は、長寿社会に対応したまちづくりに産学官一体で取り組むべく、2009年6月

に「柏市豊四季台地域高齢社会総合研究会」（以下、研究会）を発足し、2010年5月には協定を締結した。

研究会で3者が目指すところは、柏市としては、市内の高齢者が安心して元気に暮らすことができるまちづくりのあり方を検証することとしている。また、東京大学としては、超高齢化に対応する社会やシステム、技術を提案することで、超高齢社会のトップランナーである日本における取り組みを検証し、国内外に向けて発信することとしている。さらに、UR都市機構は、今後の超高齢化を迎える団地のあり方とそのまちづくりを検証することとしている。

2012年度版『高齢社会白書』によると、2060年のわが国の高齢化率は39.9％と推測されており、現在の豊四季台地域が抱える課題は、将来の柏市、ひいては将来の日本の縮図である。そうした意味で、この3者の取り組みは、将来の高齢化日本のまちづくりの試金石となる取り組みであると言える。

その後、研究会での議論を重ね、「いつまでも在宅で安心した生活が送れるまち」「いつまでも元気で活躍できるまち」をまちづくりの方針に掲げ、これらを実現するために地域包括ケアシステムの具現化を図ることとした。具体的には、①在宅医療の推進、②サービス付き高齢者向け住宅と在宅医療を含めた24時間の在宅ケアシステムの組み合わせ、③高齢者の生きがい就労の促進の3本の柱を掲げて取り組みを行うこととした。

以下、その3つの柱に沿って取り組みの具体的内容を説明する。

2　在宅医療の推進

(1)　在宅医療の必要性

上述のとおり、今後、急激に高齢化が進展していくなか、柏市における高齢者医療をどのように構築していくべきかという問題がある。

そこで、市の医療機関の現状を「平成21年地域保健医療基礎統計」を使って全国平均と対比すると、人口10万人当たりの一般病院病床数は、全国1,057.9に対して、市は814.4、一般病院病床利用率は、全国79.9％に対して、市は85.0％となっており、病床の需給は逼迫した状況が続いている。

図14-1　柏市の人口グラフ

男　　　　　　　　　　　　　　　女

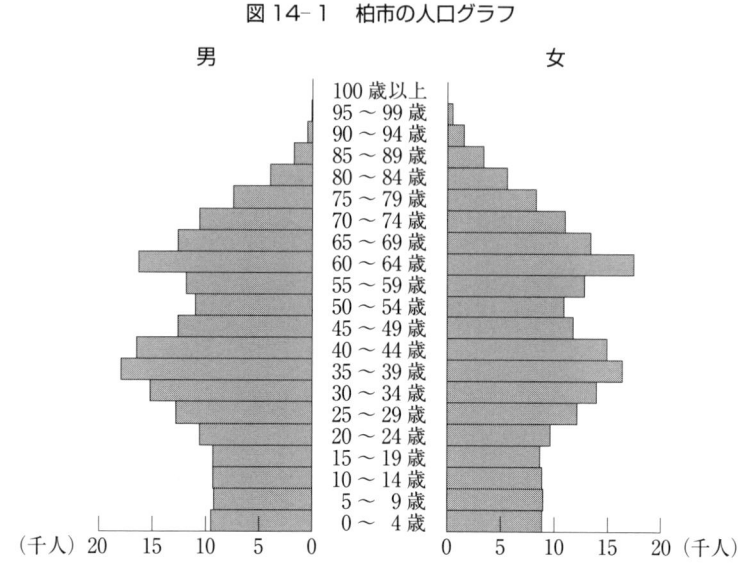

100歳以上
95〜99歳
90〜94歳
85〜89歳
80〜84歳
75〜79歳
70〜74歳
65〜69歳
60〜64歳
55〜59歳
50〜54歳
45〜49歳
40〜44歳
35〜39歳
30〜34歳
25〜29歳
20〜24歳
15〜19歳
10〜14歳
5〜 9歳
0〜 4歳

（千人）20　15　10　5　0　　　　　0　5　10　15　20（千人）

出所：柏市ホームページ。ただし、グラフは2011年9月30日現在住民基本台帳人口に基づいている。

　このままの状況で高齢者が増加していくと、近い将来、病床が高齢者で埋め尽くされてしまうという状況が起こりうる。

　これに対して、病床数の増加により対応すべきという考えもあるが、これについては、以下の点に留意する必要がある。柏市の年齢階層別人口構成を2012年10月1日時点の住民基本台帳で見ると、いわゆる団塊の世代人口が各年齢ごとに7,000人程度であるのに対し、それより下の世代（現在の50歳台）の人口は各年齢ごとにおおむね4,500人程度で推移している（図14-1）。これはつまり、団塊の世代が後期高齢者になる10年後には大量の医療・介護ニーズが発生するものの、その後十数年たつと、今度は一気にその需要が縮まることを意味している。その後、人口が増えるのは、いわゆる団塊ジュニアの世代を待たなくてはならず、期間にすると20年くらいの間隔があくことになる。

　こうした状況のなか、既存の医療政策の延長として病床を増設することは難しく、地域の資源のなかで患者を診ていく視点（＝在宅医療）が今以上に必要になってくるものと思われる。

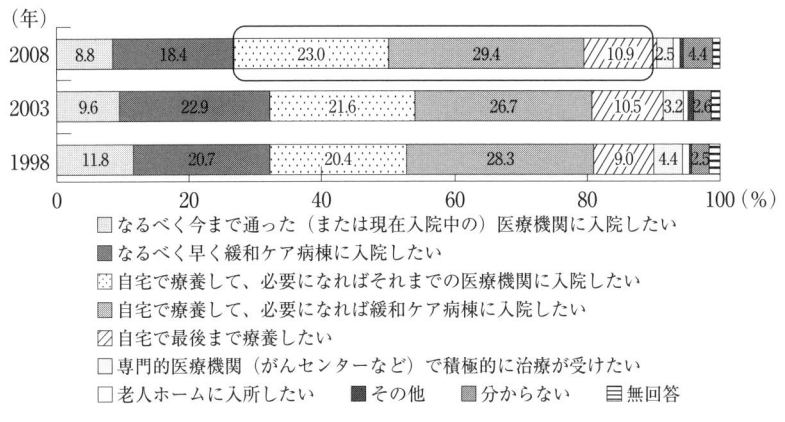

図14-2　在宅医療に関する患者の希望と現状

（年）	なるべく今まで通った医療機関に入院	なるべく早く緩和ケア病棟に入院	自宅で療養して必要になれば医療機関に入院	自宅で療養して必要になれば緩和ケア病棟に入院	自宅で最後まで療養	専門的医療機関で積極的に治療	老人ホームに入所	その他	分からない	無回答
2008	8.8	18.4	23.0	29.4	10.9			2.5	4.4	
2003	9.6	22.9	21.6	26.7	10.5			3.2	2.6	
1998	11.8	20.7	20.4	28.3	9.0			4.4	2.5	

出所：終末期医療に関する調査（各年）。

また、高齢者医療のあり方を考える上で、もう1つ重要な視点がある。それは、患者（市民）の希望だ。2008年に厚生労働省が実施した「終末期医療に関する調査」によると、終末期の療養場所に関する希望について、必要になれば医療機関などを利用したいと回答した者の割合を合わせると、60％以上の国民が「基本的には自宅で療養したい」と回答している（図14-2）。

また、介護について見てみると、2010年に厚生労働省が行った調査「介護保険制度に関する国民の皆さまからのご意見募集」によると、「自分の介護が必要になった場合」の希望として、74％が自宅で介護を受けたいと回答している（図14-3）。同じ内容の調査を「両親の介護が必要になった場合」について行ったものを見ると、約80％の人が自宅で介護したいと回答している。

これは、柏市民に対するアンケートでも同様の結果が出ており、高齢者となり医療や介護が必要となっても、可能な限り住み慣れた地域で生活したいという思いは市民の切なる願いであると言える。しかし、現状の終末期医療はそうした希望に応えるものとはなっておらず、自宅で亡くなる人は全死亡者のなかの1割程度という割合になっている。

柏市としては、高齢化の進展に伴う、そうした供給サイド（医療提供側）

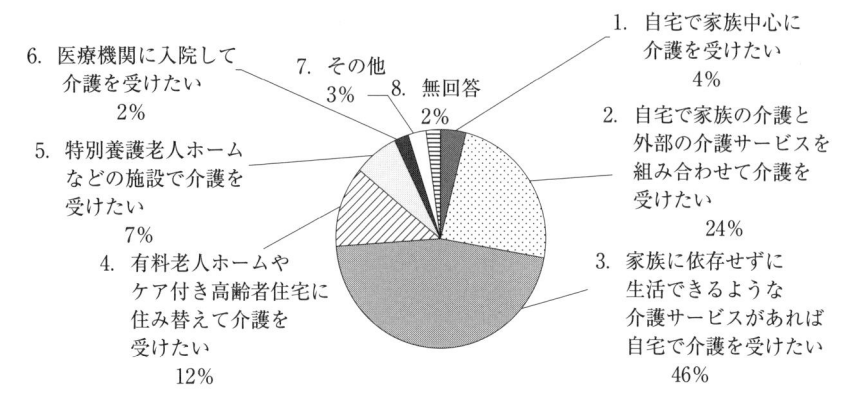

図 14-3　在宅介護に関する利用者の希望

1. 自宅で家族中心に介護を受けたい　4%
2. 自宅で家族の介護と外部の介護サービスを組み合わせて介護を受けたい　24%
3. 家族に依存せずに生活できるような介護サービスがあれば自宅で介護を受けたい　46%
4. 有料老人ホームやケア付き高齢者住宅に住み替えて介護を受けたい　12%
5. 特別養護老人ホームなどの施設で介護を受けたい　7%
6. 医療機関に入院して介護を受けたい　2%
7. その他　3%
8. 無回答　2%

出所：「介護保険制度に関する国民の皆さまからのご意見募集（結果概要について）」厚生労働省老健局。

と需要サイド（患者側）双方の問題を解決するためには、在宅医療を推進する政策が急務であると考えられる。

(2) 行政としての役割

　高齢化の進展に合わせ、在宅医療の推進が必要であることについては以上に述べたとおりであるが、肝心な問題は、どこが主体となって進めていくかである。在宅医療の推進のためには、医師同士の連携による医師の負担軽減や多職種の連携の確保、病院のバックアップ体制の確保などの取り組みが必要となる。一方、現状においてそういった取り組みを行い、在宅医療の先進事例とされるものを見ると、そのほとんどが地域で開業する医療機関であり、まれに地区医師会などの団体が担っている場合もあるが、行政として積極的に関与している例はあまり聞かない。

　地域の個人や特定の職種団体が地域住民のためにこういった役割を果たすことは賞賛されるべきことであるが、その主体の性質上、どうしても体制が十分でなかったり、地域の範囲が限定的にならざるを得ない部分がある。また、公平性の観点から疑問視されるという問題も生じうる。

　今後、高齢者が急増するわが国においては、こうした「点」のカバーだけでなく、広い地域を「面」でカバーする体制の構築が求められており、そう

した意味で行政の果たす役割は大きくなっていくものと考えられる。

　次に、行政のなかでも都道府県と市町村との関係について整理が必要となる。医療に関する政策は、これまで、医療計画の策定と合わせて都道府県が主体となっていたが、在宅医療の推進に当たっては、以下の点に留意する必要がある。

　1点目は、在宅医療を整備する地域の単位である。高齢者の生活を支える在宅医療は、2次医療圏域のように広域での整備を行う必要はなく、高齢者の住み慣れた地域、つまり、日常生活圏域において整備していく必要がある。現に、高齢者に対する理想のケア体制として厚生労働省が示す「地域包括ケアシステム」では、介護、予防、住まい、生活支援サービスのほかに、在宅医療についても日常生活圏域において提供体制を構築することとされている。これら日常生活圏域におけるサービス整備は、都道府県よりも、基礎的自治体として地域の実情を把握する市町村が担うほうが効果的である。

　2点目は、介護保険行政との連携・調整の必要性である。在宅医療は、在宅で療養を要する患者を長期にわたって支えるものであり、こうした患者に対しては訪問診療だけではなく、訪問看護、訪問薬剤指導、訪問リハビリテーション、訪問介護やショートステイなどの各種介護保険サービスが必要となり、また、これらのサービスを統括するケアマネジャーや地域包括支援センターとの連携が重要となる。現行では、こうした介護保険サービスの整備調整や指導監督は保険者として市町村が重要な役割を果たしている。

　以上の2点を踏まえると、在宅医療を行政として推進する主体は、都道府県よりも市町村とすることが適当であり、市町村は、地域の実態に即した基礎的自治体として、また、介護保険の保険者としての立場も生かしながら、医師会などの関係者と密な関係を築きつつ、在宅医療を進めることが適当である。

　なお、柏市においては、介護保険事業計画である「第5期柏市高齢者いきいきプラン21（平成24年～平成26年）」に在宅医療に関する取り組みを盛り込むことにより、介護保険行政との整合を図りながら、在宅医療を推進していく姿勢を示している。

(3) 在宅医療推進のための取り組み

先に述べた理由から、柏市においては、行政である市が主体性を持って、医師会などの地域のキーパーソンと連携をとりながら在宅医療の取り組みを進めている。以下、その具体的内容を紹介したい。

主治医・副主治医制

在宅医療の推進に当たり、24時間の在宅医療体制による医師の肉体的・精神的負担、外来診療への支障、在宅医療のやり方への疑問・不安の解消が必要である。

こうした状況を解決するため、主治医の訪問診療を補完する副主治医機能を設け、主治医・副主治医が相互に協力して訪問診療を提供するシステムを構築することとしている。

こうした仕組みの構築は、市が事務局となり、医師会の役員などが構成員となる「医療ワーキンググループ」を開催し、数次にわたる議論を経て行われたものである。

現在、在宅医療を行う数人の医師（主治医および副主治医）および多職種により、この仕組みの試行と検証を行っているところであり、こうした検証の内容も踏まえながら、2014年以降の市内本格展開を目指している。

病院のバックアップ体制の構築

在宅医療を推進する際には、患者の急変時などに対応するため、病院のバックアップ体制を確保することが必要になる。また、在宅医療に向けてスムーズに患者の退院を進めるためには、病院のスタッフに在宅医療チームとの意識の共有や在宅医療の役割や意義について理解してもらうことが必要となる。

こうした点について病院との関係を作るため、柏市は、市内の救急告示9病院と国立がん研究センター東病院から構成する「10病院地域連携会議」を構成し、定期的な意見交換を行っている。

医療と介護に関する多職種の連携

　在宅医療の推進のためには、医療と介護をまたぐ多職種の連携が必要となる。たとえば、ケアマネジャーは、医師や看護師とよく相談した上でケアプランを組まなければ、不適切なサービス利用により患者の療養環境が損なわれることもありうるし、逆に、医師や看護師も、ケアマネジャーや地域包括支援センターの職員から患者や家族の生活情報を得ることで、適切な医療の提供が可能になることもある。

　また、患者の口腔ケアや栄養管理についても、歯科医師が患者の嚥下の状態を確認し、歯科衛生士や訪問看護師、介護職員と連携してケアを行うことにより、一貫性と継続性のあるケアが可能となる。さらに、栄養士と連携することにより、患者の嚥下状態に即した栄養管理が可能となる。

　こうした多職種の連携は、単に誰かが号令をかければ行われるものではなく、日ごろから顔を合わせ、意見交換などを通じて意識を共有することが重要となる。そのため、柏市は2012年度から、市内の在宅医療・介護に関わる全関係者が一堂に会する「顔の見える関係会議」を設置し、同年度に4回の開催を予定している。同年6月に行われた第1回会議では、病院医師、診療所医師、歯科医師、歯科衛生士、薬剤師、訪問看護師、病院診療所看護師、病院地域連携室職員、介護支援専門員、地域包括支援センター職員、介護スタッフ、栄養士、理学療法士などの在宅医療・介護関係者144名が集まり、名刺交換会やグループワークを実施した。

　会議後にとったアンケートによると、翌日以降の多職種連携に役立ったという回答が、名刺交換では93%、グループワークでは97%という結果となり、一定の効果があったものと推察される。

　引き続き、こうした会議を通じて、多職種が文字どおり「顔の見える関係」を構築するとともに、在宅医療を受ける市民のために気持ちをひとつにしてもらえることを期待している。

在宅医療研修の実施

　柏市では、東京大学の協力により、開業医が在宅医療に取り組む動機づけを与えることを主たる目的とした研修会を開催している。その特徴は、①開

業医が在宅医療に関する同行研修に赴くこと、②多職種による議論の場が研修のなかに埋め込まれていること、③同一市町村内の多職種を受講対象とすることで実際の連携に向けた連続性を担保していること、④医師会など地域の関係団体の推薦により受講者を選定していること、などである。

　初回は、2011年5〜10月にかけて計8.0日間（開業医以外は3.5日間）の研修会を開催し、柏市医師会の推薦を受けた開業医6名をはじめ、歯科医師、薬剤師、訪問看護師、介護支援専門員など計30名が参加した。それに続き2012年3〜4月には、内容を大幅に絞りこんだ計2.5日間（開業医以外は1.5日間）の研修会を行い、約60名が参加した。いずれも受講した開業医の動機づけ、ならびに医師間・多職種間の連携促進に大きく寄与しており、なかでも同行研修の動機づけ効果は特に大きいという所感を得ている。

　2013年1月には、柏市と柏市医師会が主催し、柏市内の関係職能団体が共催する形で、通算第3期目となる研修会を開催した。職能団体が受講者を推薦することの意味は大きく、これにより「個人」としての参加から、「団体代表」としての参加となり、研修を通じた学びを地域に還元する意識が高められている。行政としては、研修運営にかかわる事務をサポートすることにより、医師をはじめとした多職種が「面」となって在宅医療を支える体制づくりを継続的に支援していきたいと考えている。

訪問看護ステーションの充実強化

　柏市の訪問看護ステーションは、規模も小さく、また、ステーションの数自体も多くない。柏市としては、在宅医療において主要な役割を担う訪問看護を強化すべく、さまざまな施策を実施している。

　具体的には、訪問看護の業務や役割について市民や多職種に周知する「訪問看護フォーラム」や、結婚などにより現場を離れた潜在看護師を対象として市内の訪問看護ステーションなどへの就職を紹介する「復職フェア」を訪問看護事業者と共同で開催している。

　また、訪問看護ステーションが新規に看護師を雇用した場合、1人につき10万円を補助する施策も実施し、訪問看護ステーションの体制強化を図っている。

情報共有システムの構築

　医療と介護をまたぐ多職種の連携を実践するツールとして、情報共有システムを構築し、2012年11月現在までに20症例の試行運用をしている。情報共有システムでは、在宅療養する市民を担当する主治医、副主治医、訪問看護師、介護支援専門員などが、レベルの高い情報セキュリティ環境のもとでタブレット端末を使用してリアルタイムで情報共有できるさまざまな機能がある。共有する情報としては、氏名や年齢、健康保険番号などの基本属性情報、家族構成や住宅に関する情報、病状や服薬、バイタルサインなどの医療情報、日常生活機能や介護サービスの利用状況などを記録し、基本情報、アセスメント情報、計画情報、日々の記録情報など4構成の多岐にわたっている。地域医療拠点が整備される2014年に向けて、共有する情報のあり方、情報共有システムの利便性向上などについて評価を進めており、情報共有システムの機能向上、運用環境の整備に努めている。

市民への啓発

　このように、在宅医療推進システムの構築を進める一方で、このシステムを実際に利用する市民に向けた啓発活動にも取り組んでいる。2012年2月には、「在宅ケア柏市民集会」を開催し、計232名の市民が集まった。同集会では、医師や看護師、ケアマネジャー、地域包括支援センター職員をはじめ、患者家族など在宅ケア関係者が講演し、在宅ケアについての疑問や不安について市民との意見交換を実施した。

　2012年度は、市内各地区の社会福祉協議会や自治会などの自治組織に対してより密度の濃い啓発を行うこととしており、座談会を約65回開催する予定とするなど、きめ細かい啓発活動を展開している。

　在宅医療について市民の理解は十分ではなく、市としては引き続き、在宅医療の意義や可能性について、市民目線でわかりやすく伝える努力をしていく必要がある。

地域医療拠点の整備

　上述したようなさまざまな取り組みを総合的に実施し、在宅医療を含めた

柏市の地域医療を支えるために、地域医療拠点を豊四季台団地内に整備する計画である。この拠点は、2014年初頭の運営開始を予定しており、主に次のような機能を果たすことを目指している。

1点目は、患者が病院などから在宅医療に移行する際の在宅医療チームのコーディネート機能である。具体的には、病院の地域連携室などからの依頼に基づき、医師会や歯科医師会、薬剤師会などの関係団体の協力も得ながら、患者に必要なサービスを提供する主治医・副主治医・歯科医、薬剤師、訪問看護師などの職種を選定し、患者に情報提供することを想定している。こうした機能があることにより、これまで以上に病院などから在宅医療へと円滑に移行することが可能になると考えられる。

2点目は、患者や市民からの相談や情報提供の機能である。拠点においては、医療だけでなく、看護、介護の情報も集積することにより、患者や市民に対して総合的な情報提供をすることが可能となる。

3　高齢者の住まいと医療・介護サービスの組み合わせ

医療や介護の必要性が増しても住み慣れた地域での生活を継続するためには、在宅医療の推進とともに、医療・看護・介護サービスが連携して対応すること、さらには高齢者の住環境の整備が必要である。

この具体的な施策としては、サービス付き高齢者向け住宅を豊四季台団地内に整備するとともに、さまざまな医療・介護サービスを同住宅建物の1階部分に併設することとしている。

併設されるサービスの具体的内容としては、①グループホーム（認知症対応型共同生活介護）、②訪問看護ステーション、③小規模多機能型居宅介護、④在宅療養支援診療所、⑤主治医診療所、⑥地域包括支援センター、⑦子育て支援施設、⑧薬局、⑨居宅介護支援、⑩定期巡回・随時対応型訪問介護看護を予定しており、UR都市機構の公募に応じた複数の民間事業者[1]がサービス提供を担う予定である。

これらのサービスは、サービス付き高齢者向け住宅の居住者だけでなく、地域に展開していくことを公募の条件としており、豊四季台地域全体を支え

る拠点としての機能を期待している。

　これらは、地域医療拠点と同じく、2014年初頭をめどに運営開始される予定である。

4　高齢者の生きがい就労の創設

　団塊世代の大量退職により、多くの高齢者が地域（柏市）に戻ってくると考えられている。これまで、「会社」が社会とのつながりであった多くの人が地域に戻ってくることになるため、今後は、これらの高齢者が社会とのつながりを作るチャンネルが限られて、地域で孤立しないようにすることが必要である。

　その一方、これまで、「会社」が社会とのつながりであった多くの人にとっては、地域社会でのボランティア活動やサロンへの参加は、敷居の高いものであり、こうした人に対する新しい地域参加の形が望まれる。

　その方策として、研究会は、生きがい就労の創設を提案している。

　生きがい就労とは、主に定年退職者のセカンドライフを豊かにするため、無理なく、楽しく、できる範囲で働き、地域や社会に貢献する「生きがい」と、慣れ親しんだ「働く」という生活スタイルを両立させ、セカンドライフを豊かにするための事業である。

　具体的には、地域課題解決につながる分野として、①農業、②生活支援、③育児、④福祉、⑤地域の食の5分野を設定し、高齢者が就労するための仕組みづくりを行っている。

　これらはボランティアではなく、事業の継続性を担保する観点から「就労」という形態をとり、各分野において事業実施のノウハウを持つ民間事業者と雇用契約を結ぶことにより就労することとしている。

　たとえば、農業については、市内の農業者が集まって出資を行い、組合組織を創設することにより、安定的な事業運営と雇用、労務管理を行うこととしている。そのほかにも、高齢者の高い知識と経験を生かし、学習塾において子どもに勉強を教える事業や、幼稚園で園児に対して本の読み聞かせや送迎などを行う事業がある。

これらの事業では、2012年12月現在、のべ139人の高齢者が働いており、引き続き就労者の拡大を図っていく必要がある。

5　おわりに

以上に述べたとおり、東京大学高齢社会総合研究機構やUR都市機構などの関係者をはじめ、柏市医師会などの関係団体の多大なる協力のおかげもあり、地域包括ケアシステムの構築に向けた取り組みが進められている。

柏市としては、まず、豊四季台団地においてこのモデルを構築するとともに、今後は順次、高齢化により同様の問題を抱えることとなる市内の他地域へと拡大していく予定である。さらには、同様の問題を抱える全国の各地域においてこの取り組みが参考となるよう、引き続き、関係者とともに努力していきたい。

注

1) サービス付き高齢者向け住宅と①、⑦のサービスは株式会社学研ココファンが、サービス付き高齢者向け住宅の生活支援サービスと③、⑩のサービスは社会福祉法人長岡福祉協会が、②と⑨のサービスはスギメディカル株式会社がそれぞれ提供する予定である。

第 15 章

高齢化の課題解決プロセスと日常生活圏域ニーズ調査
——大分県臼杵市の事例

西岡　　隆[1]

1　はじめに

　2012 年、いよいよ団塊の世代が 65 歳に到達したこともあり、我が国の高齢化の進行は著しいが、それを地域ごとに見ると大きな違いがある。すでに、人口減少が進み、高齢化率が 30％を超える過疎地域では、さまざまな課題が顕在化している。
　しかし、我が国全体でみても、高齢化率は 20 年後には 30％を超え、40 年後には 40％近くになることが見通されていることを踏まえると、すでに過疎地域になっているところは、我が国全体の将来の姿であり、見方を変えると「高齢化の先進地」とも言える。
　ここでは、筆者が 2009 年度、2010 年度にかけて勤務した大分県臼杵市で取り組まれている事例をもとに、高齢化が進んだ地域における医療・介護を中心とする課題をみいだし、そして、どのような観点で課題解決を目指そうとしているかということを紹介する。

2　臼杵市の高齢化の現状と今後の見通し

　大分県臼杵市は、大分市の南に位置し、市の東側は豊後水道に面した人口

約4万人、面積約290km²の町である。町の中心部には、歴史情緒溢れる臼杵城址や昔ながらの街並みが残っており、周辺部には、漁業を中心とする沿岸部の集落や農業が盛んな内陸部の集落がある。小さな自治体でありながらも多様な特色を持っている。

臼杵市の最大の課題は、少子高齢化と人口減少であり、高齢化率はすでに32％を超え、小学校の統廃合が進むなど、今のままでは持続困難な集落も点在している。それとともに、地域で暮らす高齢者が抱える課題が顕在化してきている。

市内の医療提供体制については、一次医療を行う診療所と二次医療を行う医師会立病院がある。三次医療は、高速道路が整備されているため、おおむね30分程度で大分県立病院や大分大学附属病院などの医療機関にかかることができる。市内の診療所には、ある程度の診療科があり、医師数は決して多くはないが医師不足とまではいかない状況にある。診療所で対応しきれない医療に関しては、医師会立病院が中核機能を担っている。

一方で、臼杵市の医療費は、県内でも非常に高く、国民健康保険の財政健全化の観点からも医療費の適正化は必須の課題となっている。特に、高血圧症など生活習慣病の受療率が高くなっている。

臼杵市の介護保険については、市内の特別養護老人ホームは3カ所にとどまっており、周辺市町村と比べて少ない。その分、在宅サービスの比重が高い傾向があり、結果として、保険料は4,780円と全国平均よりやや低めになっている。

次に、臼杵市の高齢化と人口減少について、今後を展望する。

図15-1は、2012年4月のデータをもとに筆者が作成した臼杵市の人口推計グラフ[2]である。この結果をみると、高齢化率はすでに32％を超えているが、今後はさらに急速に高齢化が進み、10年後には約40％になると見込まれている。ただし、10年後から20年後にかけては、高齢化率は40％程度で安定的に推移する。一方、人口は毎年約500人ずつ減っていく。このうち250人は自然減少（＝出生数−死亡数）、250人は社会減少（＝流入人口−流出人口）である。大学がないことや就職先が限られていることから、10代後半から20代前半で進学や就職のために市外に出る者が多くなっている。

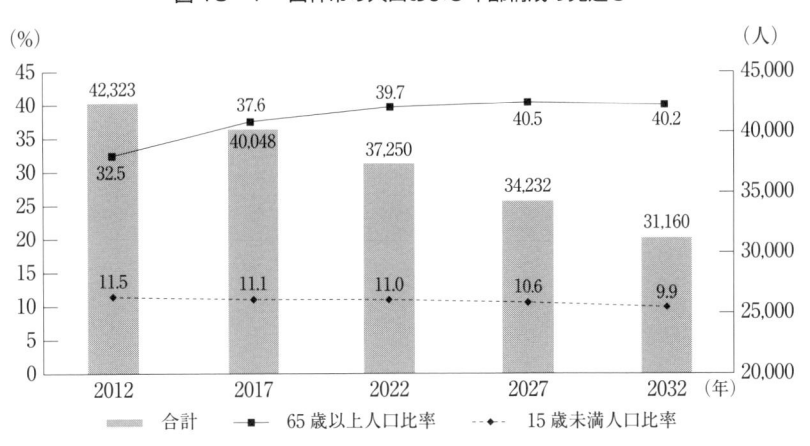

図 15-1　臼杵市の人口および年齢構成の見通し

(%)　　　　　　　　　　　　　　　　　　　　　　　　　　　　　(人)

年	合計	65歳以上人口比率	15歳未満人口比率
2012	42,323	32.5	11.5
2017	40,048	37.6	11.1
2022	37,250	39.7	11.0
2027	34,232	40.5	10.6
2032	31,160	40.2	9.9

出所：2012年4月時点の住民基本台帳データなどをもとに筆者作成。

　図 15-2 は、2012 年 1 月に公表された全国推計である。グラフ上に記したように、臼杵市の現在の高齢化率が約 32％なので、すでに 2030 年ごろの全国平均の姿になっている。臼杵市は 10 年後には 40％近くになると見込まれるが、それは 2050 年ごろの全国平均の姿である。このように、いずれは全国で起こってくる高齢化の状況を、臼杵市は先取りした形になっている。
　また、2060 年以降、全国推計の高齢化率がほぼ定常状態になることについても、臼杵市と同じ 40％程度となることから、高齢化率 40％であっても持続可能な地域づくりができることが、我が国全体の持続可能性の確保につながると考えている。
　図 15-3 は、臼杵市内の高齢化の状況を地域別にみたものである。市の中心部には、高齢化率が 20％台の地域もあるが、山間部ではすでに高齢化率が 50％を超えているところもある。さらに、10 年後には 20％台のところはほとんどなくなり、現在 30％台のところも 40％台、50％台に上昇していくことがわかる。
　このように、まず自治体レベルで、人口減少・少子高齢化の現実をみることが大切である。高度経済成長期の自治体の重要施策は企業誘致や宅地造成だったが、我が国の総人口が減少局面に入った現在、こうした当面の人口変

296　第5部　地域包括ケアの先行事例

図15-2　我が国の人口および年齢構成の見通し

出所：「日本の将来推計人口（平成24年1月推計、中位推計）」（国立社会保障・人口問題研究所）。

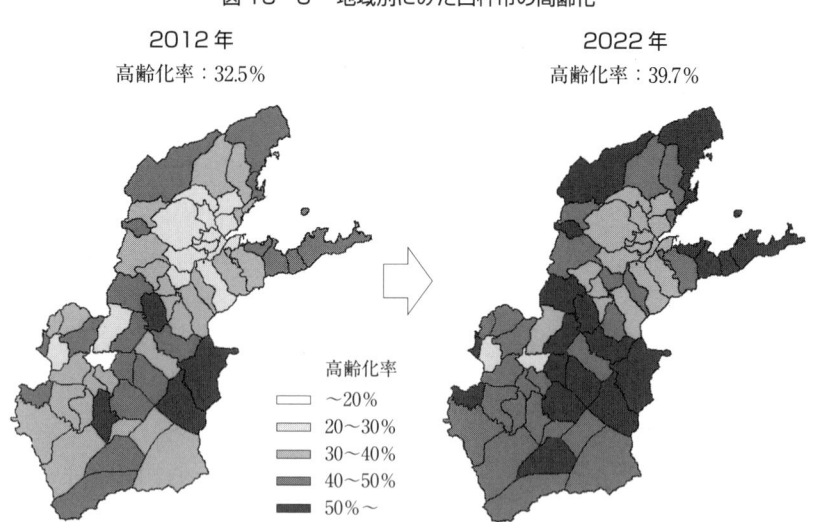

図15-3　地域別にみた臼杵市の高齢化

2012年　高齢化率：32.5％

2022年　高齢化率：39.7％

高齢化率
〜20％
20〜30％
30〜40％
40〜50％
50％〜

出所：2012年4月時点の住民基本台帳データ等をもとに筆者作成。

動を受け入れつつ、持続可能なまちづくりを考えていく必要がある。

3 高齢者が抱える課題の抽出と地域のつながりを重視した取り組み事例

(1) 高齢者が抱える日常生活上の課題の抽出
　　──日常生活圏域ニーズ調査を用いて

　2012年度からの第5期介護事業計画策定にあたって、厚生労働省が新たに取り入れたのが「日常生活圏域ニーズ調査」[3]（以下、「ニーズ調査」という）である。従来から介護サービス利用者調査は行っていたが、地域の介護ニーズという点で十分な把握はできていなかった。この取り組みは、埼玉県和光市で経年的に実態調査を行い、高齢者の状態像からのニーズ把握、地域の課題把握を行い「地域包括ケア」実現が進められていることを受けて取り入れられた。

　臼杵市は、この調査の導入が検討される段階から厚生労働省のモデル事業に参加し取り組んできたが、いずれも90％程度の回収率を得た。対象は、65歳以上の要介護認定を受けていない者と要支援1〜要介護2までの軽度の者としている。調査事項が相当多いため、地域の区長や民生児童委員などの協力を得て、声かけをしてもらうことにより高い回収率を得た。臼杵市では、2009年度から後述する高齢者の見守りのための「安心生活お守りキット」の普及を進めており、その事業との関係で区長や民生児童委員と地域の高齢者がつながりやすかった効果もあると考えている。

　今回のニーズ調査の結果から、臼杵市の第5期介護事業計画において以下のような内容を引用している。

①介護・介助の必要の有無とその原因についてみると、要介護者の原因は認知症の割合が非常に大きい。一方で、要支援者は脳卒中の割合が比較的大きい。
②外出頻度と介護の状態について、認定なしの者は7割以上が週1日以上外出しているが、要支援者または要介護者は外出頻度が落ちている。も

ちろん、要介護だから外出できないとも言えるが、元気な人でも外出頻度が低いと要介護になりやすくなるという可能性も考えられる。
③地域活動への参加は、認定なしの者は、「祭り・行事」「自治会・町内会」「老人クラブ」などが多くなっている。この数値は、都市部と比べれば高いと考えられるが、高齢化するなかで地域活動の維持が困難になっているところもある。その対策として、後述する「地域振興協議会」への支援などが重要となる。
④健康状態については、認定なしの者、要支援者、要介護者ともに「高血圧」が多い。国保の1人当たり医療費をみても、大分県が全国5位の高水準にあるなかで、県内市町村中の1、2位を争う水準になっている。この原因として、特に高血圧など生活習慣病関連の疾病が多いことが考えられる。
⑤介護が必要になった場合に、介護を受けたい場所としては「現在の住まい」が最も多く、在宅サービスのニーズが高いことがわかる。

　このように、ニーズ調査から得られた介護ニーズを捉えて、臼杵市にふさわしい介護サービスを検討し、策定した第5期事業計画の重点対策事項は以下のとおりである。

①高齢者の生きがいづくりと社会参加の促進
②住み慣れた地域・家庭で介護ができる地域密着型サービスの充実
③要支援・要介護状態になる前の介護予防
④増加する認知症高齢者対策
⑤自立した日常生活が送れる支援サービスと地域全体で見守りを行うコミュニティづくり

　これをみてわかるとおり、高齢化が進んで大変だから施設を増やそうという方向性にはなっていない。先の人口推計でもみたとおり、これからの10年は大変だが、その後は、必要となるサービス量は増加せず、むしろ緩やかに減少していく。それを踏まえると、いわゆるハコものの整備は適切ではな

い。むしろ、10年後に向けて、いかに元気な高齢者を増やすか、いかに地域のなかで介護を受け入れられるようにするかに重点を置いていくことが重要である。

次に、ニーズ調査のもう1つの活用方法を紹介する。図15-4は、認定なしの者、二次予防対象者、要支援者、要介護者の別に、ニーズ調査から得られた基本チェックリストの得点の度数分布をみて、それと全国平均との比較を行ったものである。これをみると、要介護や要支援の者で、臼杵市のほうが点数の高い者がやや多くなっており、要介護、要支援にもかかわらず、健康度が高い者が多い傾向がうかがえる。

一方で、認定を受けていないのに15点に満たない者がいるなど、身体の状況がよくないのに介護に結びついていない者もいる。このような場合は、この者の生活の状態を個別に確認し、必要があれば要介護認定を受けるよう促す必要がある。この調査では、地域の介護ニーズの全体像を把握することのほかに、個々のデータをみて、必要な人に介護サービスが届くようにする

図15-4 日常生活圏域ニーズ調査に基づく基本チェックリスト得点の相対度数分布

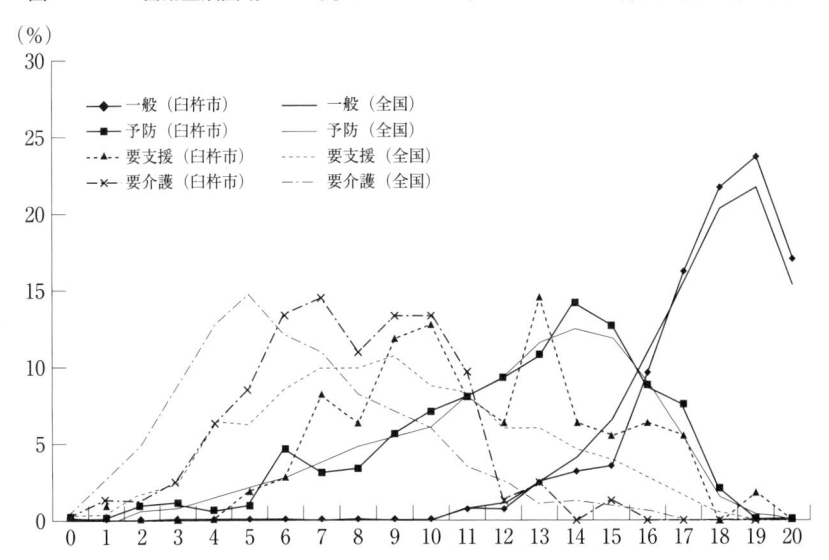

出所：臼杵市は2009年および2010年の調査結果、全国は平成22年度厚生労働省モデル事業実施自治体の集計結果を用いて筆者作成。

ことができるというメリットがある。

　このニーズ調査の別の角度からの効果としては、地域の区長や民生児童委員などの協力を得て回収率を高めた結果、付随的に地域と高齢者がつながるきっかけを提供することができた。また、調査に協力してくれた者には、「結果アドバイス表」として個々人が日ごろの生活で気をつけたほうがよいことを書いたアドバイス表を送付し、介護予防の啓発につなげることができた。

　一方で、課題もみえた。市の中心部、海の近く、山間部と住環境や食事の状況なども多様なため、介護ニーズに違いがある。こうした違いを、年次変化を捉えて分析ができるよう、継続的な調査の実施が必要である。現時点では、いずれも一時点での実態把握であり、経年的な変化をみることができていない。

　このような調査を行うことは、対象者本人にも、声かけをする地域の人にも負担がかかる。理想的には、介護事業計画が3年単位なので、3年で全域を巡回するよう調査をすることが望ましいが、調査を受けた者に結果を還元していくことも重要である。地域活動としての集いの場で、たとえば「〇〇地区の男性高齢者には、こんな特徴があるので、こういうことに気をつけたほうがよい」といったことを説明できると、住民の関心が高まり、調査への理解にもつながると考えられる。

(2) 大学、医師会、行政、そして地域が連携した"認知症対策"

　ここからは、上記の状況を踏まえて、課題解決のために臼杵市が取り組んでいる事業をいくつか紹介する。

　臼杵市では、現在約1,200人弱とみられる認知症患者が、先の人口推計を前提としたうえで、現在の年齢階級別罹患率が変わらないと仮定すると10年後には1,500人を超え、2割以上増えることが見込まれている。この状況に対処するために、2010年度から以下の4つの取り組みを実施している。

　①認知症の早期発見と早期診療ができる体制づくり
　②認知症の正しい知識の普及啓発

③認知症の人を介護している家族への支援
④認知症支援ネットワークの構築

①認知症の早期発見と早期診療ができる体制づくり
　臼杵市の本格的な認知症対策は、2010年に「臼杵市の認知症を考える会」が設置されたことから始まる。臼杵市医師会が中心となり、大分大学医学部医師と臼杵市役所および中部保健所が参加している。そこでは、専門医からの最新の認知症治療の状況を共有し、市民に対して行う認知症の正しい知識の普及啓発や早期発見・早期診療の方法の検討を行った。その結果として、②〜④のような取り組みが行われている。

②認知症の正しい知識の普及啓発
　「臼杵市の認知症を考える会」で集積した認知症に関する情報を市民に伝える手法としては、小学校区ごとの地域に絞って、講座の開催からタッチパネル診断[4]までつなげる「なるほど認知症講座」を行った。
　「なるほど認知症講座」は、後述する「地域振興協議会」の活動の一環として、小学校区ごとにその地域の高齢者およびそれ以外の者も含めて、できるだけ多くの人に来てもらって、認知症の基礎知識を得てもらう。
　そのうえで、地域の高齢者にタッチパネルを体験してもらって、点数が低い場合、二次診断につなげていく。二次診断では、市の保健師などが状況を確認し、必要があれば、専門医への受診を促したり、かかりつけ医に情報提供したりしている。2011年3月から順次行って、現在4カ所で行ったが、今後も実施地域を拡大していく必要がある。この取り組みの重要なところは、認知症を患者本人の話として片付けるのではなく、地域活動の一環として、地域全体で課題認識を持つことにある。それにより、地域のなかで認知症で困っている人をみかけたとき住民どうしで早めに気づき合えるし、適切な対処ができることも効果として期待している。こうした観点から、地域の大きさとしては小学校区単位で行い、参加を呼びかける際には、地域の区長や民生児童委員などの協力も必須である。

③認知症の人を介護している家族への支援

　現に認知症の家族を抱えて、介護で苦労している者への支援も必要である。介護者が1人で問題を抱えず、誰かに相談する態勢が整っていることが非常に重要である。このため、「認知症の人と家族の会」大分県支部の協力を得ながら、2011年度から定期的な交流会などを開催している。

④認知症支援ネットワークの構築

　認知症にやさしいまちづくりに向けて、地域ネットワークの構築にも取り組んでいる。認知症に不安を感じて暮らしている人が市内にたくさんいることは事実であるが、この小さな町でも、ある医師が1人で「認知症を診ますよ」と手をあげて、そこに患者が集中してしまっては適切な診療ができなくなる。そのためにも、「臼杵市の認知症を考える会」では、まずは市内の医療機関で、認知症を診療できる医療機関や認知症の相談ができる"かかりつけ医"がわかるように「認知症地域資源マップ」（図15-5）を作った。このマップには、医療機関だけでなく、介護サービス提供者やその他の店舗でも「認知症にやさしいお店・事業所」を募集し、ステッカーを貼ってもらうなど、町全体を巻き込んだ取り組みを行っている。

　認知症支援ネットワークとして、全国展開で進んでいるのが「認知症サポーター養成講座」である。臼杵市は、この取り組みも比較的早くから始めていたが、2010年度以降は対象を中学生などにも広げており、サポーターは2012年6月現在で3,000人を超えている。この数値は、対人口比約7％で大分県1位。ただし、都道府県別の全国1位が熊本県で、県平均7.9％に達しており、まだ普及の余地はある。臼杵市は、さまざまな面で市役所の職員教育も徹底しているが、このサポーター養成講座は、すべての職員が受講し、日ごろからオレンジリング[5]をつけることが徹底されている。こうした日ごろの何気ない行動も、認知症にやさしいまちづくりとしては大切と考える。2012年度には、小学生を対象にした「キッズサポーター養成講座」を開始した。子どもが認知症について学ぶということは、当然、親も学ぶことにつながり相乗効果は大きい。このように地域全体を巻き込んだ認知症対策を展開している。

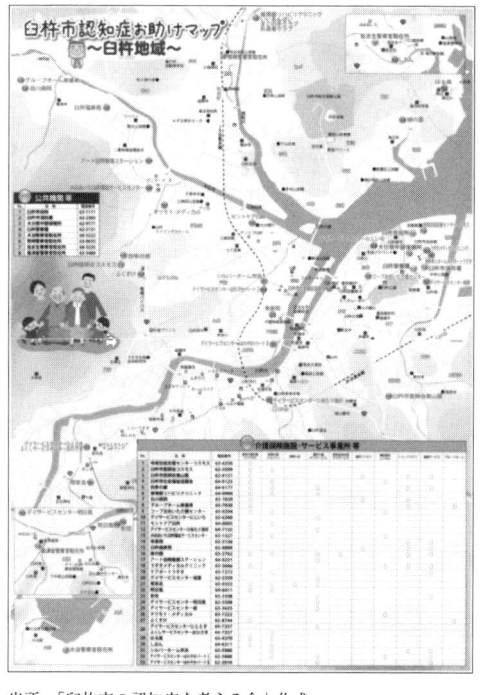

図15-5　認知症地域資源マップ

出所：「臼杵市の認知症を考える会」作成。

　認知症を含めた医療を取り巻く状況は日進月歩で変わっていく。認知症の治療薬の開発や新たな予防方法なども進んでいくと考えられるが、「臼杵市の認知症を考える会」が基盤となって、医療・介護関係者と行政、そして地域が協力して、最新の情報を捉え、適切な認知症対策を進めていくことが大切である。

(3)　「安心生活お守りキット」の普及
　臼杵市は、2009年度から地域コミュニティの再生に向けた取り組みを重点化してきたが、その事業の柱として展開してきたのが「安心生活お守りキット」の普及である。高齢化が進み、地域の見守りが大切という認識が高まるなかで、急病や災害の時に必要となる緊急連絡先やかかりつけ医療機関な

どを書いた情報をペットボトル型の容器に入れ、「冷蔵庫」に置くというものである。東京都港区で2008年から始めたのが最初と言われているが、それを参考にしつつ、臼杵市に今なお残っている地域のつながりを最大限に活かした独自の取り組みを行っている。実施にあたって重視したのが、見守りが必要な人が市役所に来てお守りキットをもらうのではなく、地域の区長や民生児童委員を介して、行政と見守りが必要な人の間に地域の人が入る仕組みにしたことである。10年後の高齢化を見据えて、「高齢者１人ひとりが万が一の事態に備える」「地域のみんなで、見守りの仕組みをつくる」ということで2010年２月から事業を開始した。対象者は、主に70歳以上単身高齢者、高齢者のみの世帯、障がいがある者などとし、事業開始当時5,500人程度[6]いると見込んでいたが、開始後１年で3,700人に広がり、その後も、年に１度の情報更新作業を行うとともに申込者を増やす取り組みを行っており、2012年８月時点で累計5,450人、実数で5,062人（同時点で事業対象者は約6,000人）にまで増加している（図15-6）。これで、対象となる高齢者のかなりの割合がカバーできるようになった。また、救急隊との連携を密にしており、お守りキットの情報を救急現場で活用した例が累計で350件に達している。「臼杵市の高齢者の家には"冷蔵庫"に緊急時の情報がある」ということが徹底されることにより、救急活動も円滑に進み、救える命をしっかりと守ることができている。

　この事業の特徴としては、以下のようなことが挙げられる。

①記載された情報は台帳にして、市、消防署、社会福祉協議会と地域（区長、民生委員）で共有している。区長や民生児童委員が替わるたびに、地域ごとの説明会を実施し、情報の引継ぎを行っている。
②配布作業は、区長や民生児童委員が担当し、見守りが必要な人が、どこにどういう様子で暮らしているのか、把握できるようにしている。
③記載事項が明確になるよう、申込書に記載された情報を市が印刷して再配布している。
④外出先での緊急事態の対応として、携帯用のカードも作っている。
⑤登録するインセンティブを与えるために、行政サービスや郵便局のサー

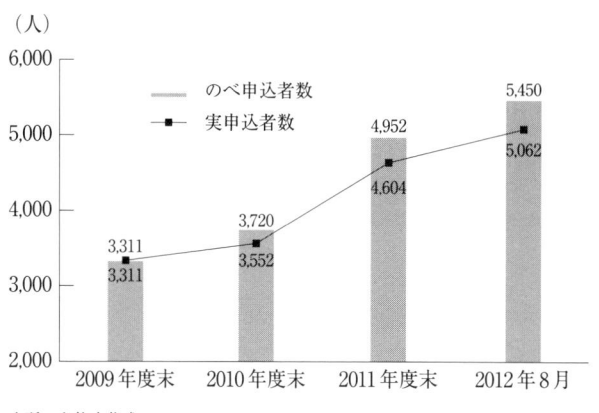

図15-6　安心生活お守りキットの普及の状況

（人）

年度	のべ申込者数	実申込者数
2009年度末	3,311	3,311
2010年度末	3,720	3,552
2011年度末	4,952	4,604
2012年8月	5,450	5,062

出所：臼杵市作成。

ビスなどの付加サービスを実施している。

⑥定期的な更新作業を行って、情報を市が管理している。個人情報利用の同意書も得ている。

図15-7にあるとおり、この事業の核となるのは「地域」である。そこに、行政と消防署（救急隊）、医療機関、社会福祉協議会が関与している。また、郵便局員による配達時の見守りの協力もある。このように、さまざまな関係機関がつながることで、いざというときの対応が可能となる。

(4) 「地域振興協議会」の設置

臼杵市には、既存の活動主体として、自治会、老人会、消防団、PTA、青年団、子ども会など、それぞれの地区にさまざまなものが存在しているが、少子高齢化と人口減少という流れのなかで、すでに活動が低迷しているもの、このままいくと活動を続けられなくなるものなどが顕在化している。このため、こうしたさまざまな活動主体を一括りにして、子どもからお年寄りまでがお互いに顔がみえる関係のもと、誰もが参加できる地域活動を支援する受け皿として「地域振興協議会」（以下「協議会」という）の設置を促している。地域は、小学校区単位で考えており、協議会設置に対して以下の4つのメリ

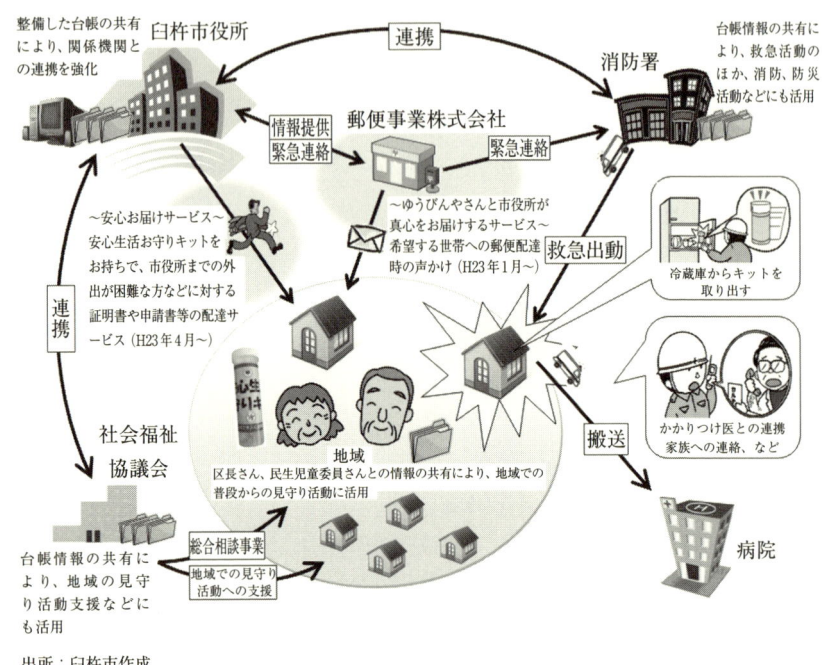

図15-7 あらゆる関係機関が連携し市民を見守る仕組み

出所：臼杵市作成。

ットを設けて、設置を促している。

①各協議会の代表者が集まる会議として、「地域振興懇談会」を設置し、年2回程度開催している。他の地区の協議会が行っている事業を学んだり、協議会どうしの課題を共有することで運営を強化していく。
②市役所内の組織間の情報共有と市民への活動内容の広報を行う。地域活動と言っても分野は幅広く、市役所の担当部署も複数にまたがる。どの地域がどんな活動を望んでいるかなど地域の要請に応えられるよう、市役所内で部局横断的な会議を定期的に開催し情報共有をしている。さらに、どの地域でどんな活動が行われているか、市報やケーブルテレビ[7]で積極的な広報を行っている。
③協議会に対する財政的な支援も用意している。ただし、補助金頼みの地

域活動は長続きしないため、新規事業のきっかけ作りの部分に対してのみの補助となっている。
④市職員による「地域パートナー制度」を設置している。市職員も地域住民であり、そこに住む職員、または出身である職員などを地域パートナーとして各地区に数名程度を配置しており、地域と行政のパイプ役を担っている。

　こうした取り組みを、2009年度から始めて、初年度に2つ、2010年度に4つ、2011年度に3つと着実に地域が増えてきている。地域の自主性を重視しつつも、できるだけ早い時期にすべての地域[8]で協議会が設置されるよう進めていく必要がある。

4　持続可能な地域づくりと豊かな老後生活

　ここまでを総括をすると、日常生活圏域ニーズ調査、認知症対策、安心生活お守りキットのいずれの事業も地域住民が主体的に動くことによって成果が得られている。こうした取り組みをよりいっそう拡充していくためには、まずは、受け皿としての「地域振興協議会」のような組織基盤があり、それを拠点にさまざまな展開を図っていくことが有用である。これは、介護や高齢者の見守りの分野に限らず、防災対策や子どもの健全育成といった他の分野の活動においても同様である。

　これを踏まえて、「10年後の豊かな高齢期の暮らし」を考えてみると、図15-8のようになる。具体的には以下のとおりである。

①元気な高齢者のうちは、地域活動として行われる健康教室で健康維持を図ったり、認知症や生活習慣病などの対策に積極的に参加し、早期発見ができるようにする。
②もし、単身高齢者になった場合でも孤立することがないよう、地域活動に参加したり、日ごろから地域の見守り力を高めておく。
③健康状態が悪くなった場合、必要な時に適切な医療・介護サービスを受

図15-8 高齢期の暮らしの課題と課題解決プロセス

10年後の豊かな高齢期の暮らしで目指すもの
〔高齢期の暮らしの場面と必要な取り組みの例〕

元気高齢者のうちは、	・いつまでも元気でいられるよう、地域の健康教室に気軽に参加できる〔「ほっと!!生き生きサポーター」の養成と健康教室の推進〕 ・認知症や生活習慣病に日ごろから気をつけつつも、早期発見がしやすい環境整備ができている〔認知症や生活習慣病対策としてのネットワーク構築〕
単身高齢者になっても、	・地域の活動に参加して、子どもからお年寄りまでがみえる関係になっている〔地域振興協議会の設置〕 ・日ごろからの地域の見守りで、急病や災害の時に迅速に対応できる〔安心生活お守りキットの普及〕
医療や介護サービスが必要になっても、	・医療や介護が必要になったら、適切なサービスを提供できる〔適切な介護ニーズの把握と医療・介護関係者の連携〕 ・住み慣れた地域で、みんなに見守られながら、在宅で最期を迎える〔在宅医療連携の推進〕

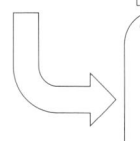

○ 高齢期の暮らしで抱える課題は多種多様。
しかし、1つ1つの取り組みによって築かれた医療・介護サービス関係者、行政、地域のつながりを強めていくことで、多くの成果をみいだすことが可能!
○ すべての取り組みが、豊かな暮らしを実現するための"まちづくり"に直結!

出所:筆者作成。

けられるようにする。ただし、サービスは、いくらでも提供するのではなく、必要な人に必要なサービスを提供することが大切。

　もちろん、このほかにも課題はまだまだあると考えられるが、いずれの取り組みも、医療・介護サービス関係者、行政、地域などさまざまな主体がつながっていることが重要であり、それができていれば、1つの取り組みがより多くの成果を出すことに結びつく。まさに、そのことが「地域包括ケア」システムの構築につながり、これらの総合的な取り組みが「まちづくり」そのものであると言える。

　ここで紹介した取り組みが成果を出し、10年後の持続可能な地域づくり

ができていれば、それを1つの見本として、我が国全体の50年後の姿を描いていけばよいことになる。そのためにも、着実な事業継続とさらなる発展を期待する。

注

1) 筆者は、執筆当時の2012年10月時点で、厚生労働省年金局数理課課長補佐。大分県臼杵市には、2009年4月に着任し、初年度は総務部財政企画課コミュニティ推進室長、次年度は福祉保健部次長を歴任し、2011年4月から2013年6月まで当該職。同年7月から臼杵市理事として再赴任している。
2) 推計作業は2012年7月に行った。推計にあたっては、住民基本台帳のデータを用いて、国立社会保障・人口問題研究所が全国推計で用いているコーホート要因法の推計方法を参考にし、市内の306の自治区ごとの計算を行って集約している。集落ごとにみると人口が10人に満たない小さなところもあり、小数点以下の端数処理をあえて行わずに機械的に計算している。
3) 「日常生活圏域」とは、おおむね30分程度で駆けつけることができる地域を指しており、一般的には中学校区くらいの地域を想定しているようであるが、臼杵市では基本的に車で移動する地域のため、市内全域を1つの日常生活圏域と設定している。
4) ここでいう「タッチパネル」は、鳥取大学浦上克哉教授が開発した認知症の早期発見のためのツールである。浦上教授からの助言をいただきながら、取り組みを進めている。
5) 養成講座を受講した認知症サポーターに、認知症を支援する「目印」としてつけてもらうオレンジ色のブレスレットのこと。
6) 住民基本台帳による70歳以上単身高齢者、70歳以上高齢者のみの世帯を対象とした人数。
7) 臼杵市のケーブルテレビ普及率は80％以上となっており、市民生活においてケーブルテレビによる情報発信力は他の自治体に比べて大きなものとなっている。
8) 統廃合前の旧小学校区の数では、約20の地区に分かれる。

参考文献

安心生活創造事業推進検討会（2012）「見直しませんか　支援のあり方・あなたのまち――安心生活を創造するための孤立防止と基盤支援」（平成24年8月　安心生活

　　　　創造事業成果報告書）．
池田省三（2011）『介護保険論　福祉の解体と再生』中央法規出版．
臼杵市役所（2012）「臼杵市高齢者福祉計画及び第5期介護保険事業計画」（平成24年3月）．
浦上克哉（2010）『認知症　よい対応・わるい対応——正しい理解と効果的な予防』日本評論社．
浦上克哉（2011）『認知症は怖くない18のワケ』JAF MATE社．
大分県国民健康保険団体連合会（2010）「大分県国民健康保険・大分県後期高齢者医療疾病分類別統計表——平成22年5月診療分」（平成22年11月）．
厚生労働省（2010）「日常生活圏域ニーズ調査　モデル事業・結果報告書」（平成22年10月）．
国立社会保障・人口問題研究所（2008）「日本の市町村別将来推計人口」（平成20年12月推計）．
国立社会保障・人口問題研究所（2012）「日本の将来推計人口（平成24年1月推計）」厚生労働統計協会．
長寿社会開発センター（2010）「地域包括ケア推進のための地域診断に関する調査等事業報告書」（平成22年3月）．
長寿社会開発センター（2011）「日常生活圏域ニーズ調査等に関する調査研究委員会報告書」（平成23年3月）．
東内京一（2006）『こうすればできる！　これからの介護予防・地域ケア』サンライフ企画．
西岡隆（2011）「今ある地域の"ちから"を将来も維持していくための取組み——高齢化の先進地たる地方都市の実状から」『週刊社会保障』No. 2632, pp. 56-59．
三菱UFJリサーチ＆コンサルティング（2011）「24時間地域巡回型訪問サービスのあり方検討会　報告書」（平成23年2月）．

終章

地域包括ケアの将来展望

金子 能宏・川越 雅弘・西村 周三

1 はじめに

　本書では、将来の展望を一部で織り交ぜながら、地域包括ケアの現状とその課題を論じてきた。本書を終えるにあたって、この最終章では、特に将来の課題に絞ってこれまでの整理を行いたい。以下では、このシステムを支えるに当たって取り組まなければならない①財政面、財源の課題と②提供体制の課題を整理し、最後に、③利用者である高齢者に求められることを追記したい。

2 財源の確保

　これまで何度も触れたように、高齢化の進展は不可避であり、これが社会保障給付の大宗をなす社会保険（年金保険、医療保険、介護保険）の給付費の増加傾向をもたらすことは避けがたい。

　他方で、膨大な国債・地方債を抱える現状では、かつて行われてきたような、社会保険制度への税による補塡（の増額）も、きわめて難しい。このような事態に即して、2012年度に成立した「社会保障・税の一体改革」では、単に高齢者だけでなく、全世代型の社会保障を目指し、子育て支援策を推進

するとともに、世代内の公平性の観点から所得格差・貧困問題の是正のための施策が進められている。特に格差是正の一環として、高齢者の医療費・介護費用の利用者負担や保険料負担については低所得者に対する緩和措置がとられている。

また、第3章で述べられているように、実際には、保険料負担の免除制度などがあるものの社会保険料は累進的ではない。したがって、社会保険料については適切な負担を求めていくことと、所得税の累進性の維持または強化や、消費税における必需品の税負担軽減などの工夫に基づいて国庫負担の財源を確保していくことが、今後の重要な課題になっていくと考えられる。世代を超えた公平性の確保が目指される必要がある。

介護保険とその新しい姿を示す地域包括ケアを支える社会保障制度と財源のあり方は国単位でみた場合の課題にとどまらない。地域包括ケアの展開を支えるためには、こうした国全体の視点からみたマクロ的な課題のみならず、ケアの中心を担う地方自治体の役割がきわめて重要である。またミクロ的な視点からみた課題としての、高齢者世帯の実情に合わせた財源確保と給付のあり方を考える必要がある。

この課題に対して、2012年3月「社会保障に係る費用の将来試算の改定」を参考に国民健康保険、後期高齢者医療保険、介護保険の保険料を推計した結果（第11章）は、重要な政策的示唆を導いている。この推計に基づいて2025年の高齢者家計（65～74歳、75歳以上世帯）に対する医療・介護費用の影響をみてみると、共働きか片働きかにかかわらず高齢者夫婦世帯の場合は2025年の医療保険料・介護保険料を支払ったとしても生活可能である可能性が高いのに対して、遺族世帯または単身世帯の場合、2025年には年金収入だけでは医療・介護保険料の負担を引いた後の可処分所得が低くなり、生活が苦しくなる可能性がある。したがって、医療・介護保険の財源確保のために保険料率を設定していく一方で、単身世帯や遺族世帯に対する加給的な配慮を実施する必要がある。

さらに、高齢者世帯の収入と負担能力には、地域差もみられる。都道府県別推計可処分所得からみた医療・介護の負担能力の推計結果は（第12章）、可処分所得をみる限り、高齢者夫婦世帯の場合は可処分所得が20万円程度

となり、老後生計費の維持を目的とした年金制度が安定的に機能しているのに対して、単身世帯の場合は沖縄をはじめとした九州や東北地方では、生活保護基準こそ超えてはいるが可処分所得が少ないことを示している。したがって、高齢者の暮らしを支える消費支出を維持しながら、生活と両立する医療・介護の負担を求めるためには、高齢者世帯の世帯構成のみならず地域差も考慮した形で負担のあり方を考えていく必要がある。

3 地域包括ケア提供体制構築上の課題とは

(1) 地域包括ケア提供体制の構築が求められる背景とは

団塊の世代が後期高齢期に入る2025年にかけて、最も注目すべき人口構造上の変化は、75歳以上高齢者人口が都市部を中心に急増するという予測である（第1章）。また、後期高齢者のなかでも、85歳以上人口の伸び率が特に高く、この傾向は2035年まで続く。したがって、85歳以上人口の急増に対応したサービス提供体制の構築が、政策上の喫緊の課題となる。

85歳以上の人のサービス受給状況をみると、約半数が介護保険サービスを利用している。また、その多くは、何らかの医療サービスを受けている。独居高齢者も増加していることから、保険サービス以外の生活支援サービスに対するニーズも高い。

以上のような人口動態を踏まえると、地域包括ケアの構築が求められる背景が理解できよう。また、とりわけ独居高齢者の急増を踏まえると、ただ単に医療・介護を整備することにとどまらず、生活のベースとなる住宅の確保と一体化したケアが求められることとなる。

(2) 地域包括ケア提供体制構築上の課題
——在宅生活の継続性の確保に向けて

現場レベルでの多職種協働の推進

島崎は、「生活を支えることを目的とした在宅医療が実質的に備わるためには、在宅医療の各構成要素の質が高く、かつ、それぞれが有機的に結合（連携）し、24時間365日『生活を支える』サービス提供体制が確保できな

ければならない」と指摘している。また、これを実現するうえでの阻害要因として、①多職種協働の困難さ、②所属する組織が異なるなかでの意思統一や迅速な決定の困難さを挙げている（第7章）。

　教育のバックグラウンドや思考ロジックが異なる職種間の連携の困難さは、在宅医療やケア提供者間だけでなく、ケアマネジメント担当者と医療・ケア提供者間でも生じている（第10章）。厚生労働省は、多職種協働の推進に向け、地域ケア会議の普及・促進を図ろうとしている。また、ケアマネジメントの見直しの一環として、ケアプラン様式のなかに予後予測を取り入れ、医療職と介護支援専門員間の連携強化を図ろうとしている。川越が指摘しているように、福祉系の介護支援専門員は、要介護高齢者の現在の生活を維持したいという意識や意向が強く、症状・病状やADLの予後をイメージしたうえで、今何をすべきかの観点から取り組むといった意識が弱い。

　「連携」とは、お互いの強みと弱みを理解しあったうえで、お互いの機能を補完しあうために行うものである。ただし、連携自体が目的ではなく、あくまで「要介護高齢者の生活機能の維持・向上を図る」という共通目標を達成するために連携を行うのである。

　介護支援専門員が、要介護者本人、家族の意向をベースに、ケア職主体でケアマネジメントを行う形ではなく、医療職を交えたケア会議を開催し、そのなかで、要介護者や家族へのインテーク（受理面接）を十分実施したうえでゴールを設定したのち、解決すべき課題、課題解決に向けた具体策を多職種で検討し、ケア方針を本人・家族を交えながら合意形成していくといった、利用者主体の包括的なチームアプローチに発展させていくことが、多職種協働を進めるための実践的、かつ有用な方法であると考える（第8章、第10章）。

多様な住まいの整備と適切な医療・ケアの提供

　人件費が高く、土地取得が困難な都市部では、後期高齢者の急増に伴う在宅医療・介護ニーズの増大に対し、それに応じた量の介護保険施設を整備することは困難である。また、家族介護力も低下し、個々の自宅への訪問診療などを行う体制を十分に確保することも実質的に困難である。したがって、高齢者が集住し、そこに外部から医療やケアが提供される体制を構築するこ

とが現実的な対応策となる。サービス付き高齢者向け住宅（サ高住）の整備促進はこのような背景を受けたものである。

ただし、サ高住の居住者への適切な医療・ケア提供を実現するためには課題も多い。三浦・落合は、運営事業者自身が介護サービスも提供し、かつ、事業収入の多くを介護サービス事業に依存している現状では、入居者のサービス選択の自由が保障されているか疑問が残ると指摘している（第9章）。

介護保険では民間参入を促しているため、入り口での規制力は弱い。一方で、出口となるケアやケアマネジメントの質の評価体制は構築できていない。今後は出口での質評価体制を強化していく必要があるが、そのための対策の1つが「地域ケア会議」である。サ高住の居住者に対するケアプランを、市町村職員、地域の医療・ケア関係者が含まれた地域ケア会議のなかで報告してもらうことで、自ずと質のチェックが可能となる。この仕組みができれば、包括払いのサービスの内容に対するチェックもできる。地域ケア会議を切り口とした質の評価の推進が、結果として介護サービスや費用の適正化にもつながるものと考える。

保険者機能の強化

地域包括ケア提供体制を構築するうえで、市町村が果たす役割は非常に大きい。特に、①ニーズ調査や地域ケア会議に基づく地域診断とそれに基づく課題抽出と課題解決策の検討、②在宅医療、介護、生活支援、住宅に関するニーズ分析と必要サービス量の確保への取り組み、③適切かつ実現可能な介護保険事業計画の策定などが重要な役割として挙げられる。第15章で取り上げた大分県臼杵市の取り組みは、日常生活圏域ニーズ調査などを通じた地域マネジメントの一例と言える。また、市が医師会などの地域のキーパーソンや大学と連携しながら、在宅医療の普及を主体的に図っている千葉県柏市の取り組みは、非常に先駆的なものと言える（第14章）。また、土地取得が困難な首都圏において、行政が所有地を貸与し、事業運営は事業者が受託する形でのコラボレートにより地域密着型サービスを展開している小山らの取り組みは、都市部における実践的な事業展開方法として注目される（第13章）。

第5期の介護保険事業計画から、計画自体が、地域包括ケア構築のための計画として位置づけられ、その流れは今後も継続する。地域包括支援センターの委託率が約7割を占めるという事実からもわかるように、これまでの市町村は自らが主体的に地域包括ケア構築に取り組むといった姿勢が弱く、定期的な人事異動によって専門職も育ちにくい構造になっていた。今後は、市町村が主体的に関わるような意識付けとそれを支援するような体制構築（専門職の養成強化、マネジメントスキルの習得支援）が求められる。

制度面からみた課題

島崎は、在宅医療を推進するうえでの制度面からみた課題として、①医療と介護の所管問題（都道府県と市町村の役割分担）、②訪問診療体制の脆弱さ、③多様な住まいの整備問題を（第7章）、松本は、①在宅医療を整備する地域の単位の問題、②都道府県と市町村の役割分担の問題を挙げている（第14章）。

在宅医療やケアを包括的・継続的に提供することを考えれば、両者が指摘しているように、市町村がその主体となるのが現実的対応ではないかと考えられる。都道府県でも、地域医療計画のなかで在宅医療に関する計画を策定することになっているが、市町村では実施が難しい在宅医療やチームアプローチができる人材育成などを都道府県が担うなどの棲み分けの整理が必要であろう。

なお、本書では、ケア従事者の確保策については言及できていない。この問題に関しては、堀田（2012）、川越（2009）などの先行論文を参照されたい。

4　高齢者は変われるか？
──参加型地域包括ケアシステムに向けて

第2章では、地域包括ケアシステムについて、従来の提供者視点から利用者視点への転換を模索すべきであること、また各種のICT技術の進展により、このような発想の転換が可能となりつつあることを論じた。このような利用者視点への転換を大いに期待したいのであるが、これを実現しようとすれば、言うまでもなく、利用者自身にも発想の転換が求められることとなろう。

この最終節では、このシステムが円滑に機能するために、利用者にどのような発想の転換や自覚を求めるべきかについても付記したい。言うまでもなく、利用者にあまりに多くを求めることには無理がある。このシステムの利用者は、高齢者、特に超高齢者であることが多いからである（以下75歳以上の高齢者を超高齢者ということにする）。

　また利用者自身の自覚を求めるに先立って、次のことを念押ししておく必要がある。近年、年金制度などに関して、世代間の公平性に欠けるという議論が盛んである（第3章）。この種の議論が行われる際、高齢者の保有する資産額が、若年者に比べて多額であることが指摘される。たしかに若年者の雇用問題が深刻化し、ワーキングプアが増加するなかで、世代間の分配問題は避けて通れない問題である。かつてのような「高齢者＝弱者」という発想を超えなければ日本の将来はない。

　しかしながら、同時に次のような点にも留意する必要がある。それは高齢者が保有する資産の重要な一部分である「住宅資産」は、放置しておくと減価していくという点である。そして、資産価値を持つものとして住宅を維持していくためには、たとえばリフォームなど維持のための努力が必要であり、それには地域コミュニティの力が必要である。

　もちろんそれでも住居を自己の資産として保有する世帯は、そうでない世帯と比べて恵まれており、一定の資産を有する高齢者を一律に「低所得者対策」の対象とすることはできない。多くの高齢者はさまざまな意味で、近隣住民などと共同で自衛する努力が求められる。

　そして場合によっては、資産価値が高いうちに、若年者との住み替えなども含めて、移住（引越し）する可能性を追求することも必要となろう（これを推進するための公的機関なども存在する）。

　しかしながら、このようなアイデアは諸刃の剣である。高齢期における移住はリスクを伴う。たとえば、これまで在住してきたコミュニティにおける人間関係を失うことが、いかにその後の健康に影響を及ぼすかの実証研究は数多い。また認知症の初期の段階で、近隣住民との適切な人間関係が存在することは、重要な社会資本（social capital）であり、その後の症状の悪化防止に寄与するという研究もある（Christakis and Fowler, 2009）。

地域包括ケアシステムの構築に当たっては、住民の主体的な参加が不可欠である。さまざまな専門職者の助力を得ながらも、自らの意思を明確にし、コミュニティづくりなどに積極的に関わる姿勢も求められる。

参考文献

Christakis, Nicholas A. and James H. Fowler（2009）*Connected*, Little Brown and Co.（鬼澤忍訳『つながり――社会的ネットワークの驚くべき力』講談社、2012年。）

川越雅弘（2009）「看護師・介護職員の需給予測」『季刊社会保障研究』第45巻第3号、pp. 214-228。

堀田聡子（2012）「ケア従事者確保に向けた諸課題――オランダの経験から」『季刊社会保障研究』第47巻第4号、pp. 382-400。

索 引

Alphabet

ADL（日常生活活動）　152, 175, 191, 314
Ageing in Place　1, 2
APDL（日常生活関連活動）　152
ICF（国際生活機能分類）　150
ICIDH（国際障害分類）　150
Journal of Ageing Research　2

あ行

アセスメント　193
ア・ラ・イエ　180
アフォーダビリティ　118
安心生活お守りキット　303
生きがい就労　291
医師　41
　──会　300, 315
　──確保　41, 73, 82
　──不足　73
遺族世帯　235, 312
遺族年金　233, 253
医療　27, 75
　──・介護に係る長期推計　78
　──・介護費用　44, 217, 225, 294, 312
　──制度改革大綱　57
　──ソーシャルワーカー　197
　──法　128
　──保険　52, 311
インターフェース・ロス　141
遠居　18, 20
オレンジプラン（認知症施策推進5カ年計画）　93
オレンジリング　302

か行

介護　27, 75, 156, 283
　──家族　264
　──教室　264
　──サービス事業者　53
　──災害　263
　──支援専門員　192, 195, 209, 314
　──職員　41, 54, 154, 222
　──認定委員会　53
　──報酬　38, 53, 86
　──予防　65, 153, 222
介護保険　53, 103, 149, 150, 171, 177, 217, 243, 294, 311
　──事業計画　285, 316
　──施設　164
　──被保険者　54, 58
　──法　77, 97, 104, 113, 269, 272
　──料の地域差　59
顔の見える関係会議　287
可処分所得　229, 255, 312
柏市豊四季台地域高齢社会総合研究会　281
家族政策　50
家族の介護力　134, 314
過疎県・地域　11, 31, 293
家庭内介護　264
家庭奉仕員制度　264
貨幣的ニーズ　100
借上方式　117
看護職員　41, 92, 197, 268, 287
　──需給見通し　41
患者　140, 283
　──中心の医療　132
　──調査　129
緩和ケア　141
キッズサポーター養成講座　302

機能低下　151
救急医療体制　37, 73
共助　97
居住困難　107
居住状態　18
居宅　138
　──サービス → 在宅サービス
　──優先原則　98
きらくえん　183
近居　18, 20
グループ・プラクティス　143
グループホーム　144, 158, 268, 290
グループリビング　179, 181
ケア
　──職　155, 160, 314
　──ハウス　109, 271
　──プラン　54, 178, 188, 192, 198, 266, 287, 314
　──マネジメント　89, 100, 153, 188, 191, 266, 316
　──マネジャー　160, 285, 287
結果アドバイス表　300
限界集落　34
限界税率　66
現金給付・現物給付　119
健康の駅　270, 274
健康保険法　128
憲法第13条　133
憲法第25条　115, 133
県民総生産　44
公営住宅（公共住宅）　4, 114, 117
郊外都市　33
後期高齢者　49, 280
　──医療　120, 217, 243
　──医療制度　58, 75
　──医療保険　312
公助　97, 103
厚生年金　228, 247
厚生労働白書　28, 59
高福祉・高負担　45
幸福追求権　133
高齢化　9, 49, 163
　──速度　11

　──率　49, 264, 279, 293, 294
高齢者　229, 311
　──医療制度改革会議　75
　──円滑入居賃貸住宅（高円賃）　163
　──家計　217, 225, 251, 312
　──虐待防止法　104
　──所得　229
　──住まい法　163, 270
　──専用賃貸住宅（高専賃）　163, 174
　──の居住の安定確保に関する法律　163
　──保健福祉推進十か年戦略　114
　──向け優良賃貸住宅（高優賃）　163
高齢社会白書　281
国民医療費　43
国民健康保険　52, 294, 217, 243, 312
国民生活基礎調査　131
国民負担率　47, 48
互助　97, 163
個人の尊厳　133
国庫負担　55, 312
孤独　3
こぶし園　263
コミュニティ　28, 300, 317
コレクティブ・ハウジング　179
コンパクト・シティ　30

さ行

サービス付き高齢者向け住宅（サ高住）　30, 93, 95, 115, 144, 163, 266, 270, 281, 290, 315
財源　43, 76, 311
　──構成　55
在宅
　──医　138
　──医療　39, 82, 127, 135, 147, 281, 289, 314
　──介護　173, 284
　──介護支援センター　264
　──看護　173
　──限界　138
　──サービス　53, 264, 298

―― 複合型サービス・施設　265, 266, 269
―― 療養支援診療所　128, 130
最低居住水準　119, 180
作業療法士　78, 197
サテライト型居住施設　272
サポートセンター　109, 265, 271, 274
参加型地域包括ケアシステム　316
支給対象物件　119
自助　97, 163
施設サービス　53
持続可能な地域づくり　307
市町村　65, 145, 285, 315
社会
　―― 支出　48
　―― 資本 → ソーシャル・キャピタル
　―― 的入院　106, 265
　―― 福祉制度　102
社会保険　47, 101, 311
　―― 料　43, 312
　―― 料関数　66
　―― 料軽減（免除）制度　66
社会保障
　―― ・税一体改革　52, 76, 311
　―― ・税一体改革大綱　81
　―― 給付費　47
　―― 国民会議　41, 51, 74, 218
　―― 審議会　75
　―― 政策　47
　―― 制度改革国民会議　83, 90
　―― 制度改革推進法　83, 90
　―― に係る費用の将来試算　221, 246, 312
　―― に関する集中検討会議　76
集住型ケアマネジメント　189
住生活基本法　163
住宅　93, 110, 113, 313
　―― 系住まい　164
　―― 資産　317
　―― 政策　4
　―― セーフティネット　116
　―― 手当　106, 110, 118
　―― 扶助　114, 120

10 病院地域連携会議　286
終末期　1
　―― 医療　283
　―― 医療に関する調査　132, 137, 283
主治医　138
　―― ・副主治医制　286
首都圏高齢者人口　31
障害高齢者　150
障がい者制度改革推進本部　51
生涯純受給率　63, 64
小規模多機能型居宅介護　268, 271, 290
少子高齢化　27, 49, 73, 294
消費税　52, 83, 312
将来人口推計　9, 17, 62, 221, 243
ショートステイ　264, 285
所得
　―― 格差　67, 312
　―― 再分配　67
　―― 調査　106
資力調査　106
人口　9, 219, 282
　―― 減少　33, 294
　―― 増加率　15
　―― 動態　48, 63, 64
　―― 動態統計　129
身体機能　152, 159
診療所　294
診療報酬　38, 84, 143
　―― 改定　74, 85
推計年金可処分所得　231, 249
住まい　28, 75, 110, 143, 164, 172, 314
住み慣れた地域　1, 82, 104, 113, 133, 263, 298
生活
　―― 機能　159, 314
　―― 支援サービス　75, 173
　―― の質（QOL）　191
　―― 保護　49, 102, 106, 118, 122, 257
　―― 保護基準　313
　―― 保障　28, 47
　―― を支える医療　135, 145
生存権　115
政府・与党社会保障改革検討本部　76

生物レベルのケア　150
世代会計　61
世代間・世代内の公平性　65, 81, 312
全国消費実態調査　226, 232, 246
選別主義　97
相互扶助　29, 101
ソーシャル・キャピタル　108, 317
ソーシャルワーカー　100, 266
租税関数　66
措置　97

た行

第3の医療　130
退院
　　——支援　191, 193
　　——時ケアマネジメント　191, 194
　　——前ケアカンファレンス　193, 197
　　——前訪問指導　193
大都市圏高齢者人口　31
多職種協働　313
　　——ケアマネジメント　203
団塊世代　10, 50, 163, 180, 282, 313
短期入所生活介護　264, 265
単身
　　——高齢者　113, 171
　　——低所得者　107
　　——女性　235, 256
　　——世帯　28, 234, 258, 312
地域　30, 138, 300
　　——医療拠点　289
　　——医療計画　27, 36
　　——機能の維持　28, 41
　　——ケア会議　315
　　——ケア整備構想　59
　　——住民　307
　　——振興協議会　298, 305
　　——パートナー制度　307
　　——福祉計画　27, 36
　　——包括支援センター　103, 189, 285, 290, 316
　　——包括報酬　273, 275
　　——密着型サービス　272, 315
地域包括ケア　1, 59, 105, 113, 127, 265, 276, 297, 311
　　——研究会　75, 102
　　——システム　27, 28, 75, 86, 92, 103, 113, 172, 274, 285, 308
チーム医療　82
地方自治体　145, 312
中学校区　30, 145, 273
中山間地域　34, 37, 38
忠実義務　141
超高齢社会　29, 135, 281
長寿医療制度（後期高齢者医療制度）　52
長寿社会　280
賃金　228, 241
　　——構造基本調査　225
　　——上昇率　219
終の棲家　264
通所介護　264, 266
定額報酬　88
定期巡回・随時対応型訪問介護看護　76, 88, 128, 166, 266, 290
デイサービス　154, 264
低所得者（対策）　3, 104, 114, 118
適正家賃額　120
東京大学高齢社会総合研究機構　280
特別養護老人ホーム　154, 263, 272, 294
独居　3, 19, 20
　　——高齢者　313
都道府県格差　244
都道府県別世帯推計　17
都道府県別推計可処分所得　243, 312

な行

ナースコールシステム　266
75歳以上高齢者　11, 31, 75, 280, 313
なるほど認知症講座　301
2015年の高齢者介護　103
日常生活圏域　75, 103, 191, 285
　　——ニーズ調査　297, 315
日常生活行動　→ ADL
認知症　3, 82, 89, 93, 173, 297, 298, 300, 317
　　——サポーター養成講座　302

索　引　323

　　──支援ネットワーク　302
　　──施策推進5カ年計画（オレンジプラン）　93
　　──対応型共同生活介護　269, 290
　　──地域資源マップ　303
年金　225, 241
　　──給付額　228, 241
　　──の地域間格差　242
　　──保険　48, 247, 311

骨太の方針2006　73

ま行

マイナンバー制度　40
マクロ経済スライド　249
まちづくり　30, 136, 281
見守り　179, 182
民生委員　266, 297, 304
持家率　4

は行

パーソナルソーシャルサービス　100
配食　264, 269
　　──サービスステーション　269
バリアフリー住宅　269
非貨幣的ニーズ　100
人レベルのケア　150, 158
貧困　67, 237, 312
　　──高齢者　4
　　──ビジネス　109, 119
複合型サービス　75, 88
福祉系住まい　164
福祉政策　47
普遍主義　100
ふるさとの会　109
平均在院日数　192
訪問
　　──介護　28, 88, 264, 265, 285
　　──看護　150, 268, 285
　　──看護ステーション　128, 130, 268, 288, 290
　　──診療　285
　　──リハビリテーション　88, 199
ホームヘルパー　182
補完性原理　102
保健・医療・福祉複合体　142
保険者機能　315
補足給付　98

や行

UR都市機構　280
ユニバーサルハイツ　270
要介護（者）　54, 104, 113, 153, 171, 272, 297
要介護高齢者　49, 191, 263, 314
要支援（者）　54, 113, 171, 297

ら行

ライフサポートアドバイザー　183
リービッヒの最小律　140
理学療法士　78, 88, 151, 197
離職率　156
リハビリテーション　75, 88, 151, 191
利用者視点　36, 316
リロケーション・ダメージ　269
累進性　66
老親扶養意識　131
老化曲線　151
老人
　　──福祉　103, 270
　　──福祉法　97, 272
　　──ホーム　144
　　──保健法　128
老年化指数　10
老年従属人口指数　10
老老介護　131
65歳以上高齢者　10, 38, 279

執筆者紹介 (目次順)

西村周三（にしむら しゅうぞう）	国立社会保障・人口問題研究所名誉所長
鈴木　透（すずき とおる）	国立社会保障・人口問題研究所人口構造研究部長
金子能宏（かねこ よしひろ）	国立社会保障・人口問題研究所政策研究連携担当参与
岩渕　豊（いわぶち ゆたか）	内閣府大臣官房審議官
髙橋紘士（たかはし ひろし）	国際医療福祉大学医療福祉学部教授 財団法人高齢者住宅財団理事長
白川泰之（しらかわ やすゆき）	医療経済研究機構研究主幹
島崎謙治（しまざき けんじ）	政策研究大学院大学教授
備酒伸彦（びしゅ のぶひこ）	神戸学院大学総合リハビリテーション学部教授
三浦　研（みうら けん）	大阪市立大学大学院生活科学研究科教授
落合明美（おちあい あけみ）	一般財団法人高齢者住宅財団調査研究部部長
川越雅弘（かわごえ まさひろ）	国立社会保障・人口問題研究所社会保障基礎理論研究部長
山本克也（やまもと かつや）	国立社会保障・人口問題研究所社会保障基礎理論研究部室長
小山　剛（こやま つよし）	社会福祉法人長岡福祉協会理事
松本直樹（まつもと なおき）	柏市保健福祉部福祉政策課長
西岡　隆（にしおか たかし）	臼杵市理事

国立社会保障・人口問題研究所研究叢書
地域包括ケアシステム
──「住み慣れた地域で老いる」社会をめざして

2013 年 3 月 30 日　初版第 1 刷発行
2015 年 2 月 20 日　初版第 3 刷発行

監修者─────西村周三
編　者─────国立社会保障・人口問題研究所
発行者─────坂上　弘
発行所─────慶應義塾大学出版会株式会社
　　　　　　　〒 108-8346　東京都港区三田 2-19-30
　　　　　　　TEL〔編集部〕03-3451-0931
　　　　　　　　　〔営業部〕03-3451-3584〈ご注文〉
　　　　　　　　　〔　〃　〕03-3451-6926
　　　　　　　FAX〔営業部〕03-3451-3122
　　　　　　　振替　00190-8-155497
　　　　　　　http://www.keio-up.co.jp/
装　丁─────後藤トシノブ
印刷・製本────萩原印刷株式会社
カバー印刷────株式会社太平印刷社

　　Ⓒ2013　National Institute of Population and Social Security Research
　　　　　Shuzo Nishimura, Toru Suzuki, Yoshihiro Kaneko, Yutaka Iwabuchi,
　　　　　Hiroshi Takahashi, Yasuyuki Shirakawa, Kenji Shimazaki, Nobuhiko Bishu,
　　　　　Ken Miura, Akemi Ochiai, Masahiro Kawagoe, Katsuya Yamamoto,
　　　　　Tsuyoshi Koyama, Naoki Matsumoto, Takashi Nishioka
　　　　　Printed in Japan　ISBN 978-4-7664-2022-7

慶應義塾大学出版会

国立社会保障・人口問題研究所研究叢書
日本社会の生活不安
──自助・共助・公助の新たなかたち
西村周三監修／国立社会保障・人口問題研究所編 ●4200円

パネルデータによる政策評価分析
[1] 貧困のダイナミズム
── 日本の税社会保障・雇用政策と家計行動
樋口美雄・宮内環・C・R・McKenzie・慶應義塾大学パネルデータ設計・解析センター編 ●4000円

[2] 教育・健康と貧困のダイナミズム
── 所得格差に与える税社会保障制度の効果
樋口美雄・宮内環・C・R・McKenzie・慶應義塾大学パネルデータ設計・解析センター編 ●4000円

[3] 親子関係と家計行動のダイナミズム
── 財政危機下の教育・健康・就業
樋口美雄・宮内環・C・R・McKenzie・慶應義塾大学パネルデータ設計・解析センター編 ●4000円

日本の家計行動のダイナミズム
[Ⅵ] 経済危機下の家計行動の変容
瀬古美喜・照山博司・山本勲・樋口美雄・慶應─京大連携グローバルCOE編 ●3400円
[Ⅶ] 経済危機後の家計行動
瀬古美喜・照山博司・山本勲・樋口美雄・慶應─京大連携グローバルCOE編 ●3400円
[Ⅷ] 東日本大震災が家計に与えた影響
瀬古美喜・照山博司・山本勲・樋口美雄・慶應─京大連携グローバルCOE編 ●4200円

表示価格は刊行時の本体価格(税別)です。